新时期大学生心理危机的预防与干预研究

黎四美 刘玥 李静 著

中国纺织出版社有限公司

内 容 提 要

本书全面阐述了大学生心理危机表现与识别、大学生心理危机的诱导因素、大学生常见行为心理危机与应对、大学生心理危机预防与干预措施、新时期大心理危机预防与干预发展等相关理论内容，选取若干典型案例进行阐述剖析。精心选编了一些与案例相关的概念、知识点等作为延伸阅读，增加了全书内容的理论性、知识性和信息量。大学生心理危机的预防和干预不是一朝一夕的工作，而是需要学校、社会、家庭共同配合完成的长期工作，特别是学校应建立和完善以大学生心理危机干预系统为载体的大学生心理危机干预机制。

图书在版编目(CIP)数据

新时期大学生心理危机的预防与干预研究 / 黎四美，刘玥，李静著.--北京：中国纺织出版社有限公司，2022.11

ISBN 978-7-5229-0109-1

Ⅰ.①新… Ⅱ.①黎… ②刘… ③李… Ⅲ.①大学生—心理干预—研究 Ⅳ.①G444

中国版本图书馆CIP数据核字(2022)第223554号

责任编辑：张　宏　　责任校对：高　涵　　责任印制：储志伟

中国纺织出版社有限公司出版发行
地址：北京市朝阳区百子湾东里 A407 号楼　邮政编码：100124
销售电话：010—67004422　传真：010—87155801
http://www.c-textilep.com
中国纺织出版社天猫旗舰店
官方微博 http://weibo.com/2119887771
三河市宏盛印务有限公司印刷　各地新华书店经销
2022年11月第1版第1次印刷
开本：787×1092　1/16　印张：10.25
字数：215千字　定价：98.00元

凡购本书，如有缺页、倒页、脱页，由本社图书营销中心调换

前　言

近年来，大学生心理健康教育工作已引起国家的高度重视。教育部于2011年出台了《普通高等学校学生心理健康教育工作基本建设标准（试行）》，充分肯定了大学生心理健康教育的重要性，以推进我国大学生心理健康教育工作科学化建设、促进大学生的健康成长、培养造就拔尖的创新人才，进一步全面贯彻党的教育方针、建设人力资源强国，推动高等教育改革、加强和改进大学生思想政治教育。《高校思想政治工作质量提升工程实施纲要》对高校心理育人质量提升体系也提出了明确要求，特别是强调要充分利用网络等媒体，营造心理健康教育的良好氛围。政策文件的相继出台，为开展大学生心理健康教育提供了强有力的政策支撑，标志着大学生心理健康教育工作不只是学校的行为，同时也是国家规定的素质教育行为，是全面推进素质教育的重要举措，是促进大学生健康成长、培养高素质合格人才的重要途径，也是加强和改进大学生思想政治教育的重要任务。

在高校中，学生是高等教育的主体之一。随着我国高等教育的发展，高等教育大众化的实现，学生来自学习、就业、人际交往、生活等方面的压力变大，心理健康问题也逐渐凸显出来。特别是随着"00后"走上历史舞台，进入高校学习，时代赋予的个性特征使他们有了不同的大学生标签，他们的父母等长辈都是"望子成龙""望女成凤"，加之过于宠爱使他们的思维方式与认识世界的观念发生了变化，逐渐形成其独特的人格，如自我评价与自我期望偏离实际等，他们自身的心理平衡系统还有待健全。而入学后他们步入新的环境，包括学校、城市都是新的生存环境，面临着新的学习、就业等压力。外界环境的复杂性、不确定性与心理成长的滞后性作用，使大学生心理问题逐年上升，由心理问题引发的心理危机呈上升趋势。

目前，我国高校心理健康教育的实施手段更加科学化、现代化，逐渐形成了以心理健康课程教学为主渠道、以学校心理咨询中心为主阵地、以学生工作队伍为主力、以大学生社团为补充的、比较完善的大学生心理健康教育工作格局。但许多高校心理健康教育是以补救性为主，重点放在个别有心理困扰和问题的学生身上，没有投入较多的精力对大学生群体进行分类研究，没能有针对性地关注大学生中一些存在心理方面隐患的高危群体，如新生群体、贫困生群体、毕业生群体等，也没有为其提供有效的心理帮扶。

心理危机预防是大学生心理健康教育的应有之义。高校在开展大学生心理健康教育过程中，心理危机预防是避不开的工作环节，是高校亟须重视的工作内容。在此背景下，本书全面阐述了大学生心理危机的表现与识别、大学生心理危机的诱导因素、大学生常见行为心理危机与应对、大学生心理危机的预防与干预措施、新时期大心理危机预防与干预发展等相关理论内容,选取若干典型案例进行阐述剖析。精心选编了一些与案例相关的概念、知识点等作为延伸阅读,增加了全书内容的理论性、知识性和信息量。大学生心理危机的预防和干预不是一朝一夕的工作,而是需要学校、社会、家庭共同配合完成的长期工作,特别是学校应建立和完善以大学生心理危机干预系统为载体的大学生心理危机干预机制。全书可读性和可借鉴性较强,希望能够帮助推动院校大学生心理危机干预工作的进行,成为院校辅导员和心理健康教师开展大学生心理危机干预工作的参考书和指导书。

本书由武汉东湖学院黎四美、湖北大学知行学院刘玥、内蒙古财经大学李静担任著者,具体撰写分工如下:黎四美撰写第一章至第三章,刘玥撰写第四章、第五章,李静撰写第六章及附录,全书由黎四美统稿审定。

著者

2022 年 10 月

目　录

第一章　大学生心理危机概述……………………………………………………01
　　第一节　认知心理危机……………………………………………………01
　　第二节　大学生心理危机的表现…………………………………………06
　　第三节　大学生心理危机的识别…………………………………………12
　　第四节　心理危机自测……………………………………………………13

第二章　大学生心理危机预防与干预理论知识概述……………………………15
　　第一节　心理危机预防与干预理论知识简述……………………………15
　　第二节　大学生心理危机预防与干预体系的构建………………………20

第三章　大学生心理危机的诱导因素研究………………………………………35
　　第一节　人际关系类诱导因素分析………………………………………35
　　第二节　学业压力类诱导因素分析………………………………………44
　　第三节　心理疾病类诱导因素分析………………………………………53
　　第四节　个人情绪类诱导因素分析………………………………………57

第四章　大学生常见行为心理危机与应对分析…………………………………67
　　第一节　行为与行为危机干预理论………………………………………67
　　第二节　当代大学生心理危机的分析……………………………………75
　　第三节　大学生行为危机的预防与干预…………………………………84

第五章　大学生心理危机预防与干预分析………………………………………93
　　第一节　大学生心理危机预防工作内容与方案…………………………93
　　第二节　大学生心理危机预防措施简述…………………………………102
　　第三节　大学生心理危机干预内容与方案………………………………110
　　第四节　大学生心理危机干预措施简述…………………………………115

第六章　新时期大学生心理危机预防与干预发展分析 126
第一节　大学生心理危机预防与干预工作的现实反思 126
第二节　新时期大学生心理危机预防与干预实现途径 138
第三节　大学生心理危机预防与干预长效机制的建立 148

参考文献 151

附　录 154
附录1　高校心理危机干预工作指南 154
附录2　学生心理危机预警登记表 155

第一章　大学生心理危机概述

第一节　认知心理危机

一、心理危机的定义

心理危机，简称危机（crisis）。危机一词最初来自希腊文（crimein），意指转折点，即在实践过程中的任何一个曲折变化点。目前在西方学术界对心理危机的定义比较权威的是美国心理学家卡普兰（Caplan），他指出，心理危机是指个体面临重大或突然的生活逆境事件，如亲人死亡、婚姻破裂、天灾人祸等，既不能回避，又无法用往常解决问题的方法来应付时所呈现出的一种心理失衡状态。但危机是"危"和"机"的双重性，卡普兰只认为心理危机是一种由困难情境导致的心理困扰，强调了心理危机的危险性，却忽视了心理危机也是一种机遇。格林兰和詹姆士认为危机是一种整体状态，在这种状态中，人们遭受重要生活目标的挫折或其生活周期和应付刺激的方法受到严重的破坏。

我国学者樊富珉认为危机有两层含义，一是指如地震、空难、疾病等出乎人们意料发生的突发事件；二是指个体所处的紧急状态。苏巧荣、苏林雁认为，危机更多指的是一种认识，认为某一事件或境遇已经超过了当事人的资源和应付机制所能解决的范畴；若没有得到及时缓解，就会使得个人情感、认知、行为等方面的功能失调。

综合上述观点可知，心理危机本质上是随着危机事件的发生而出现的一种心理失衡状态，而不是个体经历的危机事件本身。因此，心理危机的概念是：当个体或群体面临突然的严重灾难、重大的生活挫折或公共安全事件时，由于事件主体无法及时通过自身力量调节和控制自己的感知与体验，从而形成情绪和行为等严重失衡的心理状态。

二、心理危机的分类

（一）根据危机刺激的来源分类

可以将心理危机分为发展性危机、境遇性危机和存在性危机三种。

1. 发展性危机

发展性危机（developmental crisis），又称为内源性危机（endogenous crisis）、内部危机（internal crisis）、常规性危机（normative crisis）。指正常成长和发展过程中的急剧变化

或转变所导致的异常反应。心理学家埃里克森（Eric Erikson）认为，人生是由一系列连续的发展组成的，每个阶段都有其特定的身心发展课题。当一个人从某一发展阶段转入下一个发展阶段时，他原有的行为和能力不足以完成新课题，新的行为和能力尚未建立起来，发展阶段的转变常常会使他处于行为和情绪的混乱无序状态。如儿童与父母的分离焦虑，身心发育急剧变化的青少年的情感困惑，青年期的职业选择和经济拮据，新婚夫妇对婚姻生活缺乏足够心理准备和处理夫妻角色的能力，缺乏足够育儿本领的父母面对第一个孩子的诞生；中年职业压力、下岗失业、婚姻危机，子女离家，父母死亡；习惯于忙碌的退休老人、衰老、配偶离去、疾病缠身；等等。如果没有及时为承担新角色培养新的能力和应对方式，每个人都有可能产生发展性危机。如果一个人没有及时建设性地解决某一发展阶段的发展性危机，他未来的成长和发展就会受阻碍，他就会固着在那一阶段。

发展性危机被认为是常规发生的、可以预期的，又是独特的，在生命发展的各个时期都可能存在。如果个体有足够的时间和机会对发展性转变作出适应性的调整，如获得有关信息、学习新技能、承担新角色，就会减小危机对个体心理上的冲击和损害。但是，如果个体缺乏处理危机的经验、对挫折的耐受能力差、缺乏自信、不会与人相处等，发展性危机对他的冲击就会很严重。

2. 境遇性危机

境遇性危机（situational crisis），也称外源性危机（exogenous crisis）或环境性危机（environmental crisis）或适应性危机（adaptive crisis），是指由外部事件引起的心理危机，即，当出现罕见或超常事件，且个体无法预测和控制时出现的危机。如地震、火灾、洪水、海啸、龙卷风、疾病流行、空难、战争、恐怖事件等。境遇性危机具有随机性、突然性、意外性、震撼性、强烈性和灾难性，往往对个体或群体的心理造成巨大影响。

卡普兰根据危机产生的原因，进一步将境遇性危机分为三类。

（1）丧失一个或多个能满足基本需要的资源

具体形式的丧失包括亲人亡故、失恋、分居、离婚、使人丧失活动能力的疾病、肢体完整性的丧失、被撤职、失业、财产丢失等；抽象形式的丧失包括丢面子、失去别人的爱、失去归属感、失去特定身份等。丧失引起的典型的情绪反应是悲痛和失落。

（2）存在丧失满足基本需要资源的可能性

比如，得知自己有可能下岗、失业等。

（3）应对生活变化对个体原有能力提出更高的挑战

常见的情况是本人地位、身份及社会角色的改变所提出的要求超过了个体原有的能力。例如，由中学升入大学的生活适应、毫无准备的职位升迁等。典型的情绪反应是焦虑、失控感和挫折感。

无论哪一种境遇性危机，都具有以下共同的特点：

①当事人有异乎寻常的内心体验（情绪），伴有行为和生活习惯的改变，但无明确的精神症状，不构成精神疾病；

②有确切的生活事件作为诱因；

③面对新的难题和困境，当事人过去的举措无效；

④持续时间短，几天或几个月，一般是 4～6 周。

3. 存在性危机

指伴随重要的人生问题，如关于人生目的、责任、独立性、自由和承诺等出现的内部冲突和焦虑。存在性危机（existential crisis）可以是基于现实的，也可以是基于后悔的，还可以是一种压倒性的持续的空虚感、生活无意义感。如一个 40 岁的人从未做过有意义的事，没有任何成就，没有产生过任何影响；一个 50 岁的人，一直独身并与父母在一起，从未有过独立的生活，而到现在却永远失去了机会；一个 60 岁的退休者觉得自己的生活毫无意义，这种空虚的感觉永远无法以有意义的东西来弥补。

（二）根据危机发生的早晚分类

可以将心理危机分为急性危机（acute crisis）、慢性危机（chronic crisis）和混合性危机（multiple crisis）三种。

1. 急性危机

由突发事件引起，当事人产生明显的生理、心理和行为的紊乱，若不及时干预会影响到当事人或他人的身心健康，甚至会出现伤害他人或自伤行为，需要进行直接和及时的干预。

2. 慢性危机

由长期、慢性的生活事件导致，如有这样一个抑郁患者，4 岁时家庭出现变故，家庭气氛变得异常紧张、严肃，令人窒息。"家"失去了往日的欢乐，家人对患者的关爱也不复存在。患者自己讲，当时家里没有一句多余的话，如果谁在无意中提到这件事，都要遭到严厉的呵斥。原本慈爱的父亲变得性格暴躁，原本性格内向的母亲变得更加不爱讲话，家里气氛非常沉闷。患者非常聪明、敏感，回忆当时的情况时，感到异常的痛苦，20 多年过去了，当年的情景和内心的体验仍非常深刻，并记忆犹新。父母沉浸在巨大的痛苦之中，完全没有意识到自己还有更重要的责任——抚养其他未成年的孩子并减少对其他子女的负性影响，对孩子形成慢性危机。慢性危机需要比较长时间的咨询，并需要找出适当的应对机制，一般需要转诊给长期的专业咨询工作者。

3. 混合性危机

很多情况都是多种因素混合导致的多种危机共存。如一位创伤幸存者存在酒精依赖问题，失业人员的抑郁情绪问题，婚外恋人员的经济、家庭暴力问题，等等。因此处理危机时一定要分清主次。

三、心理危机的特征

现实生活中的危机涉及面很广泛，既有不同群体的各种不同危机，也有同一群体不同时期的同一危机。不同的心理学家对危机具有什么特征持不同的观点，归纳起来，主要有以下特征。

（一）普遍性

心理危机的产生、发展及激化经历着复杂而微妙的心理过程。几乎每个成长中的个体都不同程度地经历过心理危机，但心理危机并非必然导致极端行为。事实上，心理危机并不像我们想象得那样神秘，它就在大学生的身边，甚至正存在于某些大学生的心里。心理危机从一定意义上来讲是每个人成长过程中都会遇到的事，没有人能够幸免。虽然在人生中危机是不可避免的，但是只要我们把握机会、设定目标、形成计划、妥善处理，是可以度过危机的。

（二）机遇性

危机意味着风险，又蕴藏着机遇。一方面危机是危险的，因为它可能导致个体严重的病态，包括对他人和自我的攻击；另一方面危机也是一种机会，因为它带来的痛苦会驱动当事人寻求帮助，解决问题，从而使自己得到成长。在危机状态下，如果大学生成功地把握了危机或及时得到了适当、有效的心理危机干预或帮助，个体可能就学会了新的应对技能，不但重新得到了心理平衡，而且能获得心理上的进一步成熟和发展。危机的成功解决能使个体从危机中得到对现状的真实把握、对过去冲突的重新认识，以及学到更好地处理将来危机的应对策略和手段，这就是机会。没有危机，就没有成长，如果当事人能够有效地利用这一机会，就会在危机中逐步成长并达到自我完善。

（三）危机的复杂性

心理危机是复杂的，可以是生物性、环境性和社会性危机，也可以是情境性、过渡性和社会文化结构性危机。而造成危机的原因可能是生理的，也可能是心理的和社会性的。另外，由于个性不同，个体面临危机也会采取不同的反应形式，例如，有的当事人能够自己有效地应对危机，并从中获得经验，使自己变得成熟；有的当事人虽然能够渡过危机，但并没有真正地解决问题，在以后的生活中，危机的不良后果还会不时地表现出来；而有的当事人在危机开始时心理就崩溃了，如果不提供及时、有效的帮助，就可能产生有害的、难以预料的后果。一旦危机出现，便会有很多复杂的问题卷入其中。

（四）动力性

伴随危机，焦虑和冲突总是共同存在的，这种情绪导致的紧张为变化提供了动力。也有人把危机看作成长的机会或催化剂，它可以打破个体原有的定势或习惯，唤起新的反应，促使个体寻求新的解决问题的方法，增强挫折的耐受性，提高其适应环境的能力。例如，对药物成瘾、网络成瘾的治疗，他们将问题拖延到较为严重的程度，以至于治疗者不得不将问题分步处理。个体在成长和追求的同时，也意味着带动一个可能受挫的机制，如能及时调整，适应变化，则能形成动力，促进心理健康发展。

（五）困难性

当个体处于危机中时，其可供利用的心理能量降到最低点，有些深陷危机的个体拒绝成长，危机干预者需要帮助处于危机中的个体重建新的心理平衡。这就需要运用专业的心理学支持，常用的方法有"支持治疗""认知领悟疗法""家庭治疗""合理情绪疗法"等。但无论哪种方法，都有其独特的适用范围，没有治疗心理危机的通用方法。另外，还有些危机愈后容易反复，治疗起来有一定困难。

四、心理危机形成的阶段

将心理危机的形成和演变过程分为四个阶段。

（一）警觉阶段

创伤性应激事件使当事者情绪焦虑水平上升并影响到日常生活，因此可采取常用的应对机制来抵抗焦虑所致的应激和不适，试图恢复原有的心理平衡。当一个人感受到自己的生活突然出现变化，或即将出现变化时，他内心的基本平衡就被打破了，表现为警觉性提高，并且开始体验到紧张。为了达到新的平衡，他试图用自己以前在压力下习惯采取的策略作出反应。处于这一阶段的个体多半不会向他人求助，有时还会讨厌别人对自己处理问题的策略指手画脚。

（二）功能恶化阶段

经过第一阶段的尝试和努力，当事人发现自己习惯的解决问题的办法未能奏效，常用的应对机制不能解决目前所存在的问题，创伤性应激反应持续存在，焦虑程度开始增加，生理和心理等紧张表现加重及恶化。当事人的社会适应功能明显受损或减退。为了找到新的解决办法，他开始试图采取尝试错误的方法解决问题。在这个阶段中，当事人开始有了求助动机，不过这时的求助行为只是他尝试错误的一种方式。需要指出的是，高度的情绪紧张多少会妨碍当事人冷静地思考，也会影响他采取有效的行动。在这一阶段中，干预者应将干预的重点放在帮助当事人处理紧张焦躁的情绪上，并向他保证：问题总是可以解决的。

（三）求助阶段

如果经过尝试错误仍未能有效地解决问题，当事者的情绪、行为和精神症状会进一步加重，内心紧张程度也会持续增加，促使其想方设法地寻求和尝试新的解决办法，应用尽可能地应对或解决问题的方式来力图减轻心理危机和情绪困扰，其中也包括社会支持和危机干预等。在这一阶段中，当事人的求助动机最强，常常不顾一切，不分时间、地点、场合和对象地发出求助信号，甚至尝试用自己过去认为荒唐的方式，比如，一向不迷信的人去占卜。此时当事人也最容易受到别人的暗示和影响。咨询员对于处于这个阶段的求助者影响最大。

需要注意的是，在这个阶段中，当事人会采取一些异乎寻常的无效行动宣泄紧张的情绪，比如，无规律的饮食起居、酗酒、无目的地游荡等。这些行动不仅不能有效地解决问题，反而会损害当事人的身体健康，增加其紧张程度和挫折感，并降低当事人的自我评价。因此，干预者应该首先帮助当事人停止这些无效行动，并与他一起寻找解决问题的新办法，干预者在此所起的作用是参谋和顾问，而不是包揽一切的保姆。

（四）危机阶段

如果当事人经过前三个阶段仍未能有效地解决问题，会很容易产生习惯性无助。他会对自己失去信心和希望，甚至对自己整个生命意义产生怀疑和动摇。很多人正是在这个阶段应用了不恰当的心理防御机制，使得问题长期存在、悬而未决，当事者可出现明显的人格障碍、行为退缩、精神疾病。有的甚至会企图自杀，希望以死摆脱困境和痛苦。强大的心理压力有可能触发从未完全解决的、曾被各种方式掩盖的内心深层冲突。有的当事人会产生精神崩溃和人格解体。在这个阶段中，当事人特别需要通过外援性的帮助（包括家人、朋友和心理帮助的专业人员）度过危机。干预者在这一阶段需要做两个方面的工作：第一，通过交谈促进当事人的情感流露，加深他对自己处境和内心情感的理解，使当事人在与咨询员的交流中恢复自信和自尊；第二，作为参谋或顾问，帮助当事人学习建设性地解决问题。

第二节　大学生心理危机的表现

一、大学生心理危机的定义

在高校范畴内，心理危机的概念实质上是和前面所谈到的概念无差异的。但由于高校的环境特殊性，使高校范畴的心理危机也持有特殊性。对大学生心理危机的定义是：处于高校这个特殊环境里的大学生在其日常学习和生活中，由于自我意识与人际关系的模糊性、突发事件与应对能力不足等各种原因，无法利用自身已拥有的资源和应激机制去克服所遇见的身患重症、考试落榜、恋爱失败、重大灾难、突发事件、人际关系的处理不当等危机事件对其心理的冲击，从而导致内心的紧张不断积蓄，并由此进入心理失衡状态。如果只通过学校制度、社会法律阻止和处理这些严重心理失衡所引发的事件，而没有及时给予其心理方面的干预与疏导，则可能造成潜在的心理压力，从而发展成为严重的心理障碍或心理疾病，不利于大学生的健康发展。

二、大学生心理危机的特征

由于大学生这个群体具有特殊性，他们的文化水平较高，心理发展水平正好处在埃里克森所认为的"自我同一性的角色混乱"时期，这是人生中最重要的阶段。他们在这一时期产生的心理危机的特点往往既有一般心理危机的普遍性，也有自己的特殊性，它的特殊性主要表现在以下五个方面。

（一）易发性

心理危机的产生是个体内部和外部环境条件共同作用的结果。大学生正处于自我意识迅速发展并趋向成熟的过渡期，积极与消极心理并存，情绪调节及压力的应对能力不成熟。这个时候的大学生很容易出现理想自我和现实自我的分化与矛盾、自豪感与自卑感的矛盾等。基于大学生的心理特征我们不难发现，大学生一旦遇到人际关系、经济困难、家庭变故、恋爱失败、就业求职焦虑等所有大小问题，很容易导致心理危机，并且危机的爆发往往是突如其来的。

（二）易察性

一方面，大学生的学习和生活相对有序和单一；另一方面，大学生活动场所和接触的对象较为固定，且受到学校各种纪律的约束，若发生异常现象，较容易被察觉。

（三）危险与机遇并存

从汉语中"危机"二字的字面意思来看，既包括"危"又包括"机"。"危"在现代汉语词典的意思是指危险、不安全，使人或动物处于危险境地；"机"在现代汉语词典里指机会，好的境遇。可见借助这两个词的意思，我们可以知道危机是危险的，因为其可以导致大学生出现精神崩溃、自残自虐，甚至自杀或暴力犯罪等行为；同时危机又是机遇，因为其孕育着大学生成长发展的希望，当大学生由于自身痛苦和焦虑寻求帮助以后，在自助和他助的过程中，新的成长点会被激发，蕴藏于深处的潜能也将爆发，从而促进个体进一步成熟和新的发展。

（四）缺乏万能或快速的解决办法

大学生心理危机的形成和爆发受其遗传素质、家庭背景、社会环境等多种因素的影响，是非常复杂的过程。同时，危机所引发的症状不遵守一般因果关系规律，难以理解。危机一旦出现，就像一张网，个体微观环境、中观环境、宏观环境相互交叉、相互交织，纠缠在一起，理不出因果。由于我国各民族的文化不同，不同民族的大学生心理危机的决定因素和处理办法受本民族文化的影响，一个地方一个人行之有效的应付办法，在另一个人或另一个地方则可能不适用，甚至起反作用。所以在面对危机时，由于每一个大学生的成长经历不同，所采取的应对方法也会天壤之别，因此，进行心理危机干预时一定要注意灵活多变。

（五）具有时代性

大学生心理危机与其时代背景密切相关，自改革开放以来社会的每一次变迁，均影响着大学生的心理变化。当代大学生的心理危机是与当代社会经济的急剧变革、激烈的就业压力等有关系，尤其是近几年由于我国高校大幅度扩招，使得高等教育成为大众教育，出现的教育资金不足、教育质量下降、学生就业竞争日益加剧等一系列问题都对大学生心理产生深刻的影响。

三、大学生心理危机的类型

大学生的文化背景、家庭背景、个人阅历等情况的不同，心理危机产生的情况也不尽相同。大学生心理危机可分为七种类型。

（一）贫困引起的心理危机

贫困家庭的父母对子女的期望值更高，为了摆脱贫困，为了不让家里人失望，贫困生必须更拼命地努力学习。但由于经济压力，他们既千方百计地寻求机会打工挣钱，又为了得到奖学金拼命地学习。然而，打工是要以耽误学业为代价的，使其陷入迫切想学习又需要打工挣钱的矛盾中，尤其是在因打工使学习成绩下降时，这种矛盾冲突更为激烈。因此，贫困生的这些问题长时间得不到解决的话会使他们由于家庭的期望和经济的压力背上比一般学生更沉重的心理包袱，进而导致其在个性与人格上发生变化，甚至出现某种精神病症状。

（二）人际关系引起的心理危机

现在的大学生中大部分属于独生子女。相对来说，他们个性张扬、依赖父母、缺乏与人合作的精神。进入大学后，面对陌生的人际关系，有时显得无所适从，在处理与舍友、班级同学等关系上显得很不成熟，疏于考虑。人际关系处理不好，就容易产生被孤立的感觉，心理危机随之产生。

（三）感情挫折引起的心理危机

由于大学生生理和心理发育未完全成熟，使与情感相关的问题频发。其中，失恋是一个最严重的情感问题。失恋可能会引起当事人的严重痛苦和愤懑情绪，有的心理素质相对薄弱的学生可能采取自残、自杀的过激行为，或者把爱变成恨，对恋爱对象或所谓的第三者采取残忍的攻击行为。

（四）父母离异或离世引起的心理危机

从个体出生起，家庭便赋予个体包括种族、阶级、经济状况等在内的多种社会特征，而这一切又是通过父母产生作用。父母是大学生的第一任教师，提供心理健康教育的第一堂课，父母的教育为大学生的心理健康发展奠定了基石。可父母的离异或父母一方的离去，使孩子们会由于失去温馨和睦的家庭，得不到父母双方足够的爱而带来心理上的极大创伤、性格上的怪僻特征、身心也变得不健全，因此容易带来行为上的偏差。对于大学生来说更是如此，容易使大学生变得性格孤僻、沉默寡言、缺乏同龄孩子的热情和活力等。因此，这些一不小心就都会使大学生陷入心理危机。

（五）考试失败引起的心理危机

考试本身就是一种压力源，再加上有些学生认为分数是衡量一个学生好与坏的唯一标准，对个人具有意义的考试一旦失败就会引起痛苦的情感体验，通常表现为退缩、不愿与人接触，严重者也有可能采取自杀行为。

（六）遭受校园突发事件引起的心理危机

玛丽·玛格丽特·克尔（Mary Margaret Kerr）提出校园突发事件，指影响到学校正常工作的危机事件或情况（这种情况的起源不一定全是学校本身，也有可能是外在的事件或者由环境因素导致的）导致个人体验到恐惧、无奈甚至是休克。校园突发事件包括地震、海啸、泥石流等天灾，以及凶杀、意外事故、校园暴力等人为的突发事件。遭遇突发事件之后，学生会感到恐惧并失去安全感，带来的主要心理影响表现为抑郁、害怕、痛苦、烦躁、麻木等精神上和心灵上的巨大创伤。

（七）网络成瘾引起的心理危机

网络世界中存在着大量的暴力和色情内容，一些大学生长期沉溺于网络构建的虚拟世界中，会产生对现实社会的认知失调。当自我和现实产生冲突时就会引发心理危机。

四、大学生心理危机产生的原因

大学生心理危机的发生不是孤立的，而是诸种因素相互作用的结果。生理缺陷、抑郁症、消极心理品质等自身因素是导致心理危机的原因之一，但是具有这种特质的大学生是否会出现心理危机还取决于其后天生活环境中有无重大的挫折。因此，应从大学生的自身内部因素和社会、学校、家庭环境等外部环境因素两方面来探讨导致大学生心理危机的危机源。

（一）自身内部因素

"外因是变化的条件，内因是变化的根据，外因是通过内因而起作用。"基于这个道理，自身内部因素是导致大学生心理危机的首要原因。自身内部因素通常包括生理因素、心理因素、精神因素、思想因素。

1. 生理因素

在高校里，由于生理某方面的缺陷而产生心理危机的学生占一定的数量。例如，长相丑陋或个子矮小的大学生难以克服自卑心理，会低估自身价值和能力，认为自己永远得不到别人的尊重，因而心理压力很大。长时间沉湎于这种强烈的自卑中，将使大学生失去心理平衡，对人生和前途失去信心，以至于产生绝望的心理，甚至走上自残的道路。

2. 心理因素

心理素质低也是导致大学生心理危机的自身内部因素。心理素质低的人普遍都对挫折的承受力差。遇到同样的挫折和困难的刺激后，有的人能应付，有的人却因心理上无法承受而出现极端的情绪和行为反应。

3. 精神因素

患有如抑郁症、恐惧症、强迫症、精神分裂症等严重精神疾病的学生，会比心理正常的学生更能体会到紧张、恐惧、担忧、压抑、绝望等不良情绪，这样的学生数量虽然很少，但出现心理危机的概率却很大。

4. 思想因素

思想方面的片面性和狭义性使大学生在思考问题时容易走进误区，并在遇到挫折时采取极端手段。大学生正处于成年初期，他们的思维方式正在由形式逻辑思维向辩证逻辑思维转变，既不稳定又不成熟。大学生思维水平这种飘忽不定的状态使大学生在分析所遇到的危机事件时容易发生片面、偏激和固执的倾向，容易在非理性的思考中自己将自己导入误区。

（二）外部环境因素

导致大学生心理危机的外部环境因素包括社会环境、学校环境、家庭环境。

1. 社会环境变迁

变迁的社会环境是产生大学生心理危机的外部环境因素之一。随着我国改革开放的进一步深化，我国经济以市场为导向，全面融入经济全球化。这样使人们在强化竞争意识的同时，弱化了集体意识。此外，在城乡之间、地区之间和城市内部的社会不平等、社会阶层出现新的变化，对整个社会的发展形成极大的冲击。而这些都在大学校园有了相对应的反应，对大学生的心理产生了巨大的冲击。

2. 学校环境

与大学生的现实生活关系最密切的学校环境，无疑会对大学生的心理状态和行为特征产生直接而明显的影响。从目前高校的发展情况来看，很多大学比起中小学已具备相对完善的心理健康教育机构和心理健康教育系统。但从高校日常管理和服务来看，由于学校扩招和多校区办学，在学校资源有限的情况下，老师们的工作压力增大，有时无法体现"以人为本"的工作理念，对大学生的关心和照顾不够，对大学生的一些现实困难也没有给予及时的正确引导，还有对危机常识和生命教育的关注也不够。这些因素都可能导致大学生缺乏必要的心理卫生知识和心理调适方法，也使一些原本可以被消灭于萌芽状态的异常问题由于得不到及时的解决而酿成悲剧。除此之外，由于大学生民族、信仰、生活习惯、文化背景的不同，学生之间的冲突也时有发生。小冲突如果不能得到及时的制止，就有可能变成大学生危机事件。

3. 家庭环境

家庭是社会的细胞，家庭被认为是"制造人类性格的工厂"，它作为大学生童年生长和后天成长的重要环境，时刻都是与大学生发生紧密联系的最小社会组织，深深影响大学生的心理状况和行为模式。家庭环境对大学生心理发展的影响是逐渐的，在潜移默化中会成为导致大学生心理危机的重要因素。家庭环境包括家庭成员关系、家庭结构的变故、家庭教育等。成员关系不良、父母的离异或家人的突然离世、家长的教育方式失当，一不小心都很有可能使大学生导致心理危机。

除了这些，导致大学心理危机的家庭环境因素还包括家长对大学生心理危机干预的意识淡薄，即使孩子的心理问题已经非常明显，也不知道自己孩子正处于在心理危机中，更不知道如何去帮助处在心理危机中的孩子。

五、大学生心理危机的危害

在我国，随着高等教育进入大众化阶段后，办学规模扩大，越来越多的大学生迈进高校大门，但由于大学生心理危机问题的频繁发生和日益严重，"神圣的知识殿堂"的大学现在不再是童话般美好的"象牙塔"了。任何一种危机事件导致的心理危机都会给学生个体、家庭、学校、社会带来巨大的危害。

（一）对个体的危害

心理危机的产生给大学生个体的身心健康带来严重危害。

1. 心理危机直接危害大学生的身体健康

心理危机的破坏性危害了大学生的身体健康，如一些心理危机的自伤、他伤等极端行为对当事人的身体带来了严重损害，甚至是失去宝贵的生命。这种身体的危害是直接能看到和感受到的。

2. 心理危机也危害到大学生的心理健康

心理健康的危害不像身体健康的危害能直接看到，而是潜在的、不易察觉到的。心理危机给大学生所带来的心理危害主要表现为紧张、忧虑、沮丧、悲伤、惊吓、失控感和痛苦感等非正常的心理状态，常伴有疲惫、失眠、食欲下降等症状。这类伤害是软性的、不可量化的，长远的影响甚至可能超过身体上的直接危害。

（二）对家庭的危害

大学生的心理危机对家庭的危害是不可忽视的。每一个学生背后都有一个家庭，大学生一旦出现心理危机，其后果不仅仅局限于学生本人，也会引发家长的不良反应，如给家庭成员带来痛苦、愧疚、无奈等心理冲击，还会威胁到以后的家庭幸福度和生活质量。

（三）对学校的危害

大学生心理危机对学校的危害也是不可估量的。

1. 破坏学校的安全与稳定

高校生活的集体性和学生群体的同质性，使大学生心理危机更具有传染性，一旦出现一名学生的心理危机就会引起整个学校的不安全与不稳定。

2. 严重干扰学校的正常教学运行秩序

学生是学校的细胞，学校是多数细胞组成的，其中一个细胞出现问题，则会妨碍到整个组织的作用发挥。在正常的教学工作中，学校的每一个人各负其责，学生学习、老师教书、领导干部管理学校。可一旦出现学生心理危机，学校务必立刻组成应急小组以最快的速度参与到此危机中：有人负责寻找心理危机产生的原因、有人负责处理学生本人的相关事件、有人负责当事人和周围学生的心理教育工作、有人负责与家长沟通等一连串的工作。而这些都是正常工作以外的，因此，大学生心理危机的出现打乱了原来各负其责的和谐状态，在某种程度上干扰了学校的正常教学运行秩序。

（四）对社会的危害

大学生心理危机对社会稳定与和谐也带来严重危害。任何国家进行经济建设，都需要国际上良好的和平环境，同时也需要国内情景稳定与和谐的局面。而大学生心理危机的频频发生会给社会的稳定与和谐造成不良影响，如大学生心理危机的自伤或他伤等极端行为的消极影响，不仅仅限于学生本人、家长、学校，还会扩展到引起社会的不稳定，造成对社会方方面面的影响。

第三节　大学生心理危机的识别

一、宏观识别

大学生心理障碍、生理疾患、学习和就业压力、情感挫折、自我期望值过高、在学习上遇到挫折后产生的失落感和心理落差、经济压力、家庭变故以及周边生活环境等诸多因素，都会导致心理危机发生。还有抑郁心理、孤僻性格、自卑心理、抑郁症、精神分裂等精神疾病，是引起心理危机等极端行为的主要原因。

抑郁心理与孤僻性格往往与人格发展、早期经历不良等因素有关；自卑心理往往与自身缺陷、自我期望过高过低等因素有关；而抑郁症和精神分裂是心理问题已经危机化了，并且随时随地都有可能发生极端行为。

二、微观识别

识别大学生个体心理危机可以从以下几个方面来判断。

（一）语言方面

面临心理危机的大学生一般都会在语言上有明显的表现。如小到对他人、家人、舍友、老师的种种不满，大到对社会环境、生活、国家等，时时处处都有不满和怨言，甚至对自己也持不满意和否定的态度；情绪常常易波动，烦躁、易激怒，很少体验到快乐的感觉，总是觉得生活得不如意和困难，觉得别人不理解他们。心理危机严重、有自伤想法的同学会公开讨论生存的价值和意义；他们认为，在现实生活中没有可以珍惜的事和人，生活得没有意义，有要彻底摆脱现有的世界和生活的想法；让周边的人原谅他的种种不足，希望能为他人做点什么；他们对各种媒介上关乎生死的报道比较关注，常会表达与之相关或者类似的观点。

（二）行为方面

心理危机比较严重的大学生体验快乐、幸福的能力下降，他们很少有愉悦、轻松、从容的感觉，原本对于他们意义重大的人或物也不能唤起生活的热情。他们会将很重要或贵重的物品送人；对自身形象的关切态度变化，如原本朴素、不爱穿着的大学生突然很大方，热衷于购买衣服、鞋袜、化妆品或者饰品，曾经很关注个人形象的同学突然变得很邋遢、不拘小节，常常睡懒觉，生活作息规律颠倒；常常会有回避他人的行为出现，并且频率越来越高，总给人一种神秘的感觉；情绪波动异常大，忽而喜欢清静独处，忽而又高谈阔论，与人打闹说笑，但总给人一种不真实的感觉；整理个人的私人物品，常常默默流泪；打电话或者发短信给自己的家人和好友，告知他们请保重自己，不要担心自己。

（三）个性方面

个性是先天的遗传和后天教育相结合形成的稳定的个性心理特征和心理倾向性，大学时期正是个性最终形成的关键期。个性的稳定性是衡量心理正常与异常的重要指标。大学生在面临心理危机的时候性格变化比较明显，如内向的学生突然表现得爱说好动，活泼阳光的学生变得抑郁、沉闷；原本优柔寡断的突然变得很果断、刚毅；生活的兴趣减退，不再关注自己的爱好和需求；生活能力减退，甚至不能自理；对人、事和自己要求严格的同学突然表现出无所谓的态度；对亲近的人情感冷漠；学习、社会交往能力下降，社会功能损伤严重；等等。

第四节　心理危机自测

一、心理测评

心理测评，也称作心理测验、心理测量。一般来说，心理测量是用来检验人们的能力、行为和个性特质的、特殊的测验程序或过程。心理测量通常也指对个体差异的测量，因为多数测量都是在某一定的维度上，测量某人与其他人是如何不同或相似的。

在教育和人力资源领域的心理测量是指通过科学、客观、标准的测量手段对人的特定素质进行测量、分析、评价。这里所谓的素质，是指那些完成特定工作或活动所需要的或与之相关的感知、技能、能力、气质、性格、兴趣、动机等个人特征，它们是以一定的质量和速度完成工作或活动的必要基础。

二、大学生心理测评的必要性

随着国家对学生心理健康的重视，各高校对心理测评工作提供了硬件和软件的支持，心理测评在高校的必要性正逐渐显现。从整体来看，心理测评能够提高高校心理育人工作的科学性和针对性，在大学生群体中发放心理健康量表，能够快速筛查出心理健康状况不佳的学生，提高工作效率，为后续开展心理健康工作和研究提供重要依据。

（一）满足大学生心理健康的需求

随着社会变革加剧，心理健康问题的重要性日渐凸显。近些年，大学生由于心理问题所引发的危机事件层出不穷，大学生心理问题呈现出新的变化和发展态势，给高校的心理健康教育工作带来了新的挑战。

近年来，大学生出现焦虑症状比例较高，除了普遍出现情绪异常的问题，在躯体方面，一些学生出现了头痛、食欲缺乏、乏力以及不同程度的睡眠障碍。

大学生群体的心理状态始终处于动态变化中，随着社会的发展和环境的改变呈现出不同的态势，暴露出不同的问题。高校学生工作以及心理健康教育工作者必须时时跟进学生动态，把握大学生最新的心理发展情况，才可以做到降低心理危机风险，保障学生心理健康。

（二）满足大学生全面发展的需求

当前，我国高校心理健康教育工作围绕着"立德树人"这一根本任务，要坚持"育心"与"育德"相结合，着力培养全面发展的时代新人。

高校心理育人工作的主要目标是培养大学生完善的人格和积极的心态，培养他们自尊、自爱、自立、自强的良好心理品质，树立符合社会主义核心价值观的人生观和世界观，使他们成长为健康、全面发展的人才。在新时代背景下，高校"心理育人"工作的目的和归宿都是为了育人工作，不仅是"育心"，更要"育德"，实现大学生专业知识和心理道德品质协同发展，培养新时代国家发展需要的合格人才，这是秉持以学生为中心的育人理念的重要体现。

当青年处于读大学的年龄阶段时，需要完成的不仅是学业的长进，还有心理的成熟以及人格的完善。心理学研究证明，大学生的主要发展任务有两项，一项是获得专业知识，另一项是实现自我发展。关于自我发展涉及方方面面，包括自我意识、环境适应、人际关系、情绪管理、挫折应对、婚恋态度、求职择业等，家庭、学校以及社会逐渐开始重视个体全面、均衡的发展。关于实现个体的自我发展，大学生处于青年期，正在向成年期过渡，正是身心发展、逐步走向社会化的重要人生阶段。每一个学生都需要在大学期间完成一系列重大的人生课题，如专业知识储备、智力潜能开发、人格品质优化、思想道德修养、就职择业准备、交友恋爱等，这些重大课题的完成，是大学生成为一个心理成熟、独立，能够走向社会的合格人才的标志。

有效应对和处理学生中因严重心理障碍而可能引发的自伤或伤害他人事件，可参考《高校心理危机干预工作指南》（附录1）。

第二章 大学生心理危机预防与干预理论知识概述

第一节 心理危机预防与干预理论知识简述

一、心理危机干预的定义

所谓危机干预,也称为是危机介入或危机管理。关于危机干预的具体定义和程序,尚未得到统一的观点,有学者提出了心理危机干预的六个步骤,包括:

①从求助者的角度来对需要解决的问题进行明确和理解;
②充分保证救助者各方面的安全,降低危险;
③给予求助者足够的支持,使其产生足够的信任感;
④给求助者提供合适的应对问题的方法和方式,让求助者自行选择;
⑤与求助者商讨共同制定矫正心理失衡状态的对策;
⑥得到承诺帮助求助者制订矫正计划,并按照计划执行相关应对策略。对于大学生心理危机干预来说,指的是以心理危机干预理论为基础,找出大学生心理危机的成因,确定目标并提出解决对策,从而使大学生遭遇的打击事件能够转"危"为"机"。

二、心理危机干预的理论模式

就目前来看,关于心理危机干预理论的相关研究尚未完全成熟,研究者一般采用贝尔金(Belkin)提出的三种干预模式。

(一)平衡模式

平衡模式认为,一旦个体遭遇心理危机,其心理情绪则会处于一种失衡状态,他们在以往生活经验中总结和学习到的应对机制和解决方法已经难以满足当前需要。平衡模式主要适用于早期心理危机的干预,在心理危机出现早期,当事人往往不知所措,处于无序的自我失控状态,此阶段干预的关键在于平衡当事人的心理和情绪,保证当事人情绪的稳定。

(二)认知模式

认知模式认为,危机之所以会对当事人产生心理上的伤害,是因为当事人对危机事件关联情境形成了错误的认知，危机干预工作人员应当帮助和引导危机者认识到自身的认知错误，在此过程中获得理性和自我肯定的成分，从而在思想上更好地把控现实生活中的危机。认知模式适用于心理危机情况基本稳定并逐渐接近心理平衡的个体。

（三）心理社会转变模式

心理社会转变模式认为，人有着双重属性，其一为自然属性，其二为社会属性，因此应当从个体内部因素和外部因素两个方面对人的心理危机进行考查。在分析心理危机成因的过程中，不仅要考虑个体的抵抗能力和心理危机应对能力，同时要了解个体周围环境的影响，如朋友、家人、家庭环境、社区等社会关系带来的影响。危机干预的目的在于将当事人自身应对方式与社会支持和环境资源有机结合，即实现内外结合，找出能够解决现实问题的机会。心理社会转变模式与认知模式相同，也适用于心理状态相对稳定的当事人。

三、大学生心理危机干预的重要性

（一）有利于大学生树立正确的自我认知

大学生正处于青春期向成年早期过渡的关键时期，处于这一阶段的大学生都会逐渐对自己的素质、潜能、特长、缺陷、经验等各种基本能力有一个清醒的认知。心理学上把这种有自知之明的能力称为"自觉"。这通常包括了解并正确评估自己的资质、能力与局限，相信自己的价值和能力，察觉自己的情绪对言行的影响等几个方面。如果个体的自我评估与社会上其他人对自己的客观评价差距过于悬殊，就会使个体与周围人之间的关系失去平衡并产生矛盾，不利于个体成长。

心理危机干预为大学生自我认知的完善提供策略，在比较中认识自我、从他人的评价中认识自我、通过反省认识自我、通过经历分析认识自我。心理危机干预工作人员还会提供相应的接纳自我策略，培养大学生正确的自我认知，使大学生实现现实自我和理想自我的统一、个体自我和社会自我的统一，从而自觉地按照社会发展规律、人民的要求和时代的需要，进行自我教育，将自己培养成对社会有用的人才。因此加强大学生心理危机干预和管理，对于培养大学生正确的自我认知和抗挫能力、预防大学生心理危机事件的发生、全面提高大学生的心理素质具有重要意义。

（二）有利于大学生塑造健全人格

大学生正处于由青春期过渡到成年早期的阶段，生理、认知、情感各方面逐渐发生改变，他们开始关注自我，去发现并体验自己的内心世界，并将自我认识不断地进行分化与整合。霍林沃斯将这一时期称为"心理断乳期"，认为相对于生理断乳期而言，心理断乳期是青年在心理上脱离父母或者其他养育者而变得相对独立的过程，是孩子从幼稚走向成熟的转折时期，反映了青少年心理上的进步。"心理断乳期"又称"危险期"，由于当代大学生多数是独生子女，在进入大学之前受原生家庭环境和应试教育压力影响，平日里以学习知识为重，生活起居多数由家长代劳，社交范围也仅限于校园及学校周边，他们并未见过广阔的世界，人格尚不成熟，三观也尚未完全定型，人格塑造方面还有很大的发展空间。

在进入大学这个小社会后，他们离开父母走向独立，开始独立进行社交并认识世界。由于接触社会机会较少，社会阅历较浅，人格尚未完善，这个阶段的他们需要承担青春期不曾体会过的压力，经历挫折与摔打，很容易因为外界负面事件的影响而出现情绪波动。

随着社会环境的日益复杂，大学生们面临的学习、生活、就业与情感等方面的压力越来越大，在这种背景下，正处于"危险期"阶段的大学生易爆发心理危机。因此，高校要加强对心理危机问题的重视与管理，通过进行及时有效的心理危机干预进行人格塑造，使他们朝着积极的方向发展。

（三）有利于大学生培养良好意志品质

大学阶段是处在人生发展的重要时段，是人生观、世界观形成的关键时期。同时对于大学生来说，也是处于由学校到社会的过渡阶段，这时的他们会产生各种冲突与困扰，从而导致各类心理问题出现。这些问题往往会同他们的人生观、世界观、价值观交织在一起。但与此同时，这也是形成良好意志的关键时期。武光路认为，意志坚定的人会自觉地确定目标，并根据目标调节、支配自身行为，克服困难，最终实现目标。大学生应当确立科学的世界观和人生价值观，树立坚定的信念和远大的理想，保持进取向上的个性，培养起适应和改变恶劣环境的能力以及坚韧不拔、积极进取的良好意志品质。

因此，高校在改进与加强大学生思想政治教育工作上，要从心理健康教育、理想信念教育、思想品德教育、价值观教育等各个方面层层铺开，有效地将思想政治教育与心理健康教育工作结合起来，相互补充、相互促进。在日常的德育工作中，及时对大学生中存在的心理问题有针对性地进行咨询，对有心理困扰的大学生提供有效帮助并积极引导，培养他们良好的意识品质。

四、心理危机预防与干预的理论基础

（一）马克思关于人的全面发展理论

马克思关于人全面发展的论述如下。

1. 人需要的全面发展

需要是人的活动积极性的源泉，也是人自身的内在规定性即人性。人只要有了某种现实的需要，就会为了这种现实的需要而去工作。需要成为人发展的动力，而人的实践劳动也就成了满足人需要的必要条件。马克思指出，在人的生存和发展过程中蕴含着多层次的需要，人通过从事劳动与社会活动来满足自己的需要，而人在社会化的交往过程中又会不断产生出新的需要，将这种新的需要转化为人的内在发展因素。在自然经济发展时期，生产力水平极度低下，生产出来的产品极度匮乏，人的需要只能在一个较对较低层面上获得相应的满足，而在资本主义时期，人们在物质方面得到满足，但是人们的精神需要却相对地匮乏且得不到相应的满足。只有人们进入共产主义社会，生产力极其发达，物质和精神层面都得到极大提高，人在物质和精神等多方面的需要才会得到满足。因此，人的需要发展是推动自我成长的重要组成部分。

2. 人能力的全面发展

马克思指出，任何人的职责、使命都是全面地发展自己的各项能力。由此可见，人的能力提升是人得到良好发展的核心，人的能力又具体包括思维能力、创造能力等，在其中马克思最关注的就是人的劳动能力的全面发展，劳动成为"现实的人"从事社会实践的最重要的方式，而劳动能力也是"现实的人"具备其他某种能力的前提条件。因此，只有人的能力得到了全面的发展才能促进人的全面发展。

3. 人特性的全面发展

马克思对于人的个性的发展给予高度重视，认为个性的全面发展体现在个体的主体性和独特性等方面的提高和发展，只有每个人都能冲破固有的、单一的框架结构，表现出与众不同的个性，社会才能进步。马克思指出，人在历史发展过程中社会最初形成的是以"人的依赖关系"，每个人都依附于在群体的周围，其自身的独特性得不到发挥；其次形成是"以物的依赖性"为基础，人们的自主性得到了发挥，人与人之间可以自主地进行着物质的交换；最后形成的是"人的全面发展"，形成了所谓的"自由人的联合体"，在自由的环境下，人多方面的能力也得到提高，为人的个性的全面发展提供充分条件。

4. 人一切关系的全面发展

马克思指出在现实性上，人是一切关系的总和，认为人是在一定历史条件下进行的发展过程中的人。人的全面发展就体现在"现实的人"之间所建立起来的社会关系当中，如人的需要满足以及能力的提升都必须从这种社会关系中来获得。

因此，社会关系在一定程度上还能反映出个体的发展程度，在人类社会发展的初期社会关系比较单一，社会交往还仅限于停留在群体之间，作为个体的人通过实践活动与周围的事物建立起各种各样的联系来推动人的全面发展。高校心理危机干预的根本目的是促进大学生的全面发展，原则上遵循马克思主义关于人的全面发展理论，以确保方案规划的科学性及有效性。

（二）素质教育理论

20世纪80年代以来，改革进程加快，对于国民素质的要求也提出更高的标准，这无疑也是对教育的工作提出新要求，随之而来的教育改革掀起一阵阵的浪潮，而符合时代要求的素质教育就在这样的背景下孕育而生。

素质教育作为一种全新的教育模式，也是顺应时代潮流发展的产物。素质教育首先是以立足于人的发展为核心，依据人的发展和社会发展的规律，以达到全体学生身心和谐的全面发展，做到尊重学生的主体性，在实践的过程中充分挖掘人自身的潜能和体现人的个性。其次是尊重学生的自身特点，从这个意义上来说这与当代社会所提倡的人发展的多样性与个性化是相适应的。最后素质教育就是要体现出人在社会发展中的重要地位，在社会化的发展过程中，成功突破阻碍的方式就是通过教育学习的途径，促进人的全面发展，进一步巩固人在社会发展过程中的核心地位，只有这样人才能在这种现代化的发展过程中，充分发挥自身的潜能、促进自身个性的发展，从根本上提高自身的整体素质。素质教育不仅可以为学生的发展提供准备，更重要的是追求学生的终身发展的效益，这样一来就把教育的发展提升到了"以人为本"的价值新高度。而核心素养的提出正是对于素质教育内涵的补充和完善，是深化教育改革的重大举措，也符合新时代背景下对于教育发展的新要求。

（三）社会主义核心价值观理论

社会主义核心价值观是我国文化体系发展的内核，它是对我国优秀文化的高度概括和集中凝练，又引领着我国文化事业的建设，指导着我国社会生活的开展。它以促进人的全面自由发展为最终的奋斗目标，也是符合广大人民群众的迫切需要的根本体现；从国际来看，它也是提高自身国际地位以及增加文化软实力的具体表现。社会主义核心价值观的理念已经远远超越了以个人主义、功利主义为主要内容的资产阶级核心价值观，这种理念已经实现了人类价值的根本变革。在党的十八大报告里提出要坚持以人为本，倡导富强、民主、文明、和谐，最终实现共同富裕；倡导自由、平等、公正、法治，人民当家作主，每个人实现自由全面发展；倡导爱国、敬业、诚信、友善，确立一种新型的人与国家、人与社会、人与人、人与自然的关系，确保国家经济社会持续、又好又快发展，以及社会全面进步和人的全面发展。

大学生不仅是文化发展的推动者，还是社会发展的主力军。因此，加强对大学生价值观的引领，一方面可以推动人的发展，能够正确认识社会发展的客观规律以及明确时代赋予自己的历史使命，另一方面可以提高自身的价值追求，社会主义核心价值观可以引导社会思潮。价值观作为核心素养的内核，大学生核心素养的高低直接关乎高校教育的发展前景，积极构建大学生核心素养体系是各高校目前一项刻不容缓的工作。因此，价值观对于构建核心素养体系具有重要的意义，一方面核心素养的提出是对社会主义核心价值观中"以人为本"教育理念的落实和践行。另一方面在高校的发展过程中，作为高校的主体来说，不仅要结合高校自身的发展特点充分发挥价值观的引领作用，还要充分发挥学生的主动性，引导学生实处用力，坚持知行合一，将社会主义核心价值观实现日常化、具体化，使大学生从内心深处真正地认同这种价值理念。如果把大学生核心素养比喻成一个人成长的发动机，那么价值观可能就是这台发动机的引擎，它不仅能为人的发展提供最初的原动力，而且还是推动大学生健康成长的力量源泉。

（四）成人初显期理论

美国心理学家阿奈特教授提出的成人初显期理论，关注的是18~25岁的人。在他看来，成人初显期是一个独立存在的时期，在这个时期，个体无法独立承担责任，他的未来并不确定也不清晰，他虽然离开了青春期，但是还没有完全进入成人期，他在探索人生无限的可能性。阿奈特认为，这个时期的年轻人，还没有稳定的成人生活，他们在不同的领域探索着未来，尤其是恋爱和职业这两个方面。他们会尝试不同的恋爱、不同的职业，在一次一次规划和调整中寻找自己最愿意接受的事物，从而顺利地过渡到成人期。他们高度关注自我，会无限憧憬自己未来的生活。成人初显期理论，把大学生学习生活这一时期囊括在内，全面细致地分析了这个时期年轻人的心理状态。事实上，阿奈特对年轻人的剖析，与当前我国大学生群体的状态存在一定的相似性。在开展大学生心理危机预防教育的过程中，不可避免地要分析大学生的心理，把控大学生心理危机产生的原因，等等。长大而未成人的青年大学生也正处在成人初显期，成人初显期理论对本研究深入了解和掌握大学生心理提供了借鉴和参考。

（五）积极情绪"拓延—建构"理论

积极心理学兴起于20世纪末，主张关注人积极向上的部分，通过培养个体积极的力量来应对生活中可能出现的问题，从而促进身心健康成长。积极情绪"拓延—建构"理论，是在积极心理学的基础上发展而来的，主要研究人性中积极的一方面。该理论认为，积极的情绪，如高兴、满足、快乐、喜悦等，这些情绪能够最大程度上拓延每一个个体自身的认知和感知能力，从而实现及时有效地获得有用的信息，并将这种信息付诸实践活动。积极的情绪也有助于个体建构个人资源，增强个体的心理调节能力和问题应对能力，提升个体幸福感。积极情绪的"拓延—建构"是一个循环生成的过程。处在积极情绪下的个体，能够在事物发展变化的过程中发现的积极成分，发现蕴含其中的积极意义，从而适应外部环境的变化；同时，发展积极的意义、产生的积极成果又会在一定程度上促使个体产生积极情绪，从而投入到新的认知活动中去。不断的情绪积累，对个体而言是一个循环往复的资源积累的过程，对个体成长具有重要的意义。

从积极情绪的"拓延—建构"理论可以看出，调动个体积极的情绪对于个体的成长至关重要，在大学生心理危机预防教育的过程中，也要着重调动开发大学生自身的积极情绪，使其看到世界万物积极的一面，从而让大学生有一个积极的心态来面对和应对大学期间所遇到的问题和心理危机事件，学会用自身的资源解决心理上的变化，让内因带动外部问题的解决。

第二节　大学生心理危机预防与干预体系的构建

一、大学生心理危机预防与干预体系的概念

（一）心理危机干预体系

心理危机干预体系是在采集心理危机案例之后，将其整理、研讨、总结而得出的科学的系统的心理危机干预方案，由此进一步形成心理危机干预机制，演变为一项复杂的系统工程。武光路认为，心理危机干预体系是在明晰大学生心理危机内涵与特征的基础上，构建一个积极的、科学的能有效对大学生心理问题进行针对性干预的体系。李剑锋认为，应该在高校积极构建科学的心理危机干预体系，开展多样的心理危机干预工作。

心理危机干预体系构建包括机构的设置、制度的建立等。若仅仅依靠危机干预中心的力量则无法取得最好的干预效果，因此心理危机干预工作应该做到层层划分，按逻辑紧密交织，最终形成完整的体系，以供相关部门进行实际操作。该类体系通常由一个母体系和

多个子体系组成，体系中最主要机构是心理危机干预中心，心理危机干预中心下设危机快速反应小组、心理咨询室等机构。危机快速反应小组能够在突发危机状况下做到快速反应、快速行动，使危机的危害降到最低；心理咨询师负责为大学生进行心理普查，建立心理档案，密切掌握学生心理发展的方向，对筛选出的高危人群进行重点监控、预约来访，避免心理危机的爆发。综上，心理危机干预体系是一种能够确保各个网络节点之间联系通畅，使危机中的个体得到及时的预警、帮助和干预，从而使处于危机中的个体得到最好救助的运行机制。

（二）大学生心理危机干预体系

大学生心理危机干预体系是在明晰大学生心理危机的内涵与特征的基础上，在高校设立的大学生心理危机干预长效机制，该机制通常以干预中心为枢纽，联系着校内学生处、校医院、校保卫处、辅导员和个体社会支持系统；在校外，与医疗服务机构、心理咨询机构、公安部门建立工作网。危急情况下，要确保各个网络节点之间联系通畅，使危机中的个体能得到及时的预警、帮助和干预。廖贵芳提出心理危机干预子系统由五级要素构成，分为两条通道：一条是班级、年级、院系、学校、医院，第二条是宿舍、楼栋、社区、学校、医院。它形成的自下而上、自上而下地双向多层次干预机制和医、校结合学生心理疾病诊疗快速绿色通道，实现了大学生心理危机干预的五级联动，层层把关，无缝接轨。

由于大学生心理危机干预工作是一项复杂的系统工程，故而心理危机干预体系的建设更是一个值得深入研究的重要课题。心理危机干预体系在国外高校已被广泛应用，但我国近些年才开始重视高校对心理危机干预体系的建设相关事宜。综上，大学生心理危机干预体系是当大学生处于心理危机状态时，通过干预系统及时发现，并给予心理层面的疏导和帮助以及实现层面的支持，促使个体调整好情绪和行为的失衡状态，使其自我功能得到提升的干预机制。

二、大学生心理危机干预体系的建立

面对大学生群体变化频率高、变化周期短、竞争高、压力高的情况，高校建立完善的心理危机干预系统的任务迫在眉睫。

（一）大学生心理危机应急处置体系

1. 健全顺畅高效的大学生心理危机应急处置程序

当危机事件发生时，高校在处理方式上首先要确保干预的及时性，其次各个部门分工明确，冷静高效地处理危机事件。高校应当从危机事件处理总流程、处理方式和态度、如何安抚受害人家属以及如何应对舆情等几个方面加以探讨。

（1）危机事件处理总流程

当大学生发现危机事件时应迅速向辅导员或其他任课教师报告，根据情况，在第一时间展开紧急处理，并向上级部门汇报。第一时间发现人也要尽自己所能进行紧急处理，同时寻求帮助。当消息到达学校领导时，当值领导应快速判断事件的严重程度，若认为严重，则迅速派人通知其他相关人员，比如，校长、副校长、心理健康教师等。心理健康教师也应同时对当事人或目击者进行心理安抚。学校领导也需马上成立紧急应对小组，综合处理该事件，如有必要，协同学生家长一起探讨解决方案。在校内统一口径，征得家长同意后，公布事件及处理情况。妥善处理事后，弥补原有的漏洞。

（2）处理的具体方式及态度

在处理过程中，若受害人的人身安全与学校财物发生冲突，学校应以受害人的人身安全为重。如果与学校现行的规章制度相违背时，应灵活处理，高校也应当不惜一切代价，保证受害人的人身安全。

（3）安抚学生家属及时通知

心理危机学生的家长，在快速高效处理的前提下，尽量让家长参与其中。其中最为紧要的便是行动，但在行动的同时也要在言语上尽可能地安慰家属。如果家属有过激举动及指责，甚至提出无理要求，应以安抚对方情绪为先，表示会承担责任，负责到底。坚决避免一切正面冲突，严禁指责家长的任何言行及过失。如果在处理赔偿的过程存在无法调和的分歧，应当聘请双方都信任的权威机构进行评判。

（4）从容应对舆情

随着现代通信技术的发展，媒体对人们生活产生的影响也越来越大。但媒体的利益与学校的利益并不完全一致，如何协调才是关键。在对危机进行初步处理后，高校应当及时对外公布。但需要注意的是，在对外界公布前，需要与家长协商后，一起公布，但内容单列。这样家长意见不等同于学校决定，同时让外界知道学校不是蛮横单干。严格检查所有来访人员的证件，记录其单位、地址及联系方式，并告知如果事情有新进展会及时通知。等事件结束后，给所有来访记者寄去感谢信，从而结束媒体的影响，防止有后续的负面报道。

2. 健全大学生心理危机处置及时体系和调度机制

许多高校虽然建立了心理危机干预体系，但忽略了及时性问题，导致在心理危机事件真正出现的时候，整个干预系统形同虚设。导致这个问题的根本原因是学校无法合理利用自身的资源和力量解决大学生心理危机，高校应建立调度机制，合理调动校内外各处资源，把危机事件的危害降到最低程度。在调度机制中，直接领导者应是辅导员，辅导员在校内引导调度机制的工作方向，推动心理危机干预工作的展开。由于辅导员与学生密切接触，因此辅导员应尽力做到关注学生的动态，如果发现有异常情况，能够及时进行正确地引导。辅导员应合理调度学生，下设"心理互助员""心理互助员"是在各班级学生之中挑选一些交往能力较强的学生，在进行相关技能培训之后，与班级中的潜在心理危机的同学组成心理互助团队，帮助他们渡过心理难关，并向心理健康教师汇报相对严重的案例。这种调度机制应从宿舍、班、专业、系，四个方面层层下设，紧密布织。同时，辅导员应对心理健康教师进行适当调度，让心理健康教师融入学生群体，关注学生的心理状况，再从心理健康教师收集到的反馈信息中进行筛选，获取关键信息。心理健康教育教师应在每学期期初、期中、期末各对学生进行一次"大学生心理健康综合测量"并对特别需要的学生进行个别的测量，这为及时发现有异常的学生并对其进行早期干预提供了保证。

（二）大学生心理危机预防体系

该体系的主要工作是预防，工作对象为大学生群体，目的是提高大学生心理健康水平，及其适应环境的能力。心理危机预防体系的成员主要包括：高校管理人员、辅导员以及心理健康教师。高校管理人员主要负责与校外心理机构保持联络，制订关于大学生心理健康辅导的相关计划，心理健康教师负责在高校开展心理健康课程，向大学生普及心理健康知识。辅导员负责在教学管理上渗透心理健康理念，正面鼓励学生，同时与家长保持较好的沟通与联系。三方协作，共助大学生健康成长。

1. 建立大学生社会支持系统

大学生群体思想尚未完全成熟，存在冲动性和不稳定性，当他们遇到麻烦、困扰和逆境的时候，希望得到理解、帮助与支持，因此，建立社会支持系统十分重要。大学生的社会支持的来源主要集中在家人、朋友、老师和同学。当个体处于童年期及青少年期的时候，由于同外界接触的范围较小，社会支持系统多为原生家庭和学校，其中原生家庭所占比例较大。但在个体进入高校之后，由于身在异地，能够利用到的家庭支持系统受到限制，这时高校能够给予的支持占比大幅度提升。因此，来自高校的社会支持对大学生心理方面的成长起着至关重要的作用。学校应当从根本上做到尊重学生、理解学生、关爱学生，全心全意为学生提供心理上的支持，降低心理危机事件发生的频率。

（1）帮助大学生构建来自高校教师队伍的社会支持系统

在传统应试教育的环境下，社会各界对中小学教师工作责任的规定基本定位在教课上，高校教师更是上完相关专业课便离开学堂，课余时间与大学生接触不多。但对大学生而言，本专业的任课老师学识渊博，能够帮助学生明晰专业发展的前景和职业规划。这些都十分有利于学生理清思路、调整学习计划、合理安排学习时间。

基于此，学校对教师的定位应从"教书"扩展到"教书育人"，高效利用专业课教师这个有效资源，让教师在课前或课后，与大学生进行互动，在思想层面引导学生，给予学生社会支持和人文关怀。

（2）帮助大学生构建来自高校管理队伍的社会支持系统

高校管理人员对学生的支持同样十分重要。高校管理人员应该对不同特征的大学生群体提供不同的社会支持，具体情况具体分析，给予大学生有效的社会支持。首先是给予经济支持。经济危机是诱发大学生心理危机的重要因素。学校管理人员不仅要按照法律规定给校内的贫困生发放助学金，还应根据贫困生的经济状况，与学校后勤部门沟通，酌情为他们创造条件，助他们在校内勤工俭学，缓解他们的经济压力，例如：帮助他们联系食堂送餐员或清洁人员的兼职、校内菜鸟驿站小时工等，以减轻他们经济上的压力。其次是交往支持。马斯洛在需求理论中强调个体对归属感的需求是最基本的需求之一，归属感的缺失容易导致心理危机的爆发，因此学校需要帮助学生维护良好的人际关系。高校管理人员应该尽可能地关注到每一位学生，尤其是气质类型为抑郁质的大学生，平日里应多关注他们的生活与心理状态，避免他们因为社会支持系统的缺失，诱发心理危机。

（3）帮助大学生充分利用个体社会支持资源

这一点是就大学生个体与危机干预工作人员两者来说的。大学生个体要主动利用自己潜在的支持资源；而危机干预工作人员也要保持与大学生个体的社会支持系统的联系。大学生一般离家较远，平日里联系密切的多为同学、朋友和教师，但家人仍是他们依赖的避风港，家人的支持相对于朋辈群体而言，对大学生个体的影响更大，因此高校不能忽视对家人这一重要支持资源的利用。

2. 建立大学生心理健康教育和生命观教育制度

近年来，大学生因生命观教育缺失而引起社会不良影响的事件层出不穷，本质上都是对生命的意义和价值的根本否定。因此，教育部多次强调高校应加强生命教育和价值观教育。

（1）生命教育的目的是让大学生懂得珍视生命的价值

生命教育既包含对自身生命的珍爱，也包括对大自然中的其他生命的敬畏。生命是普遍联系中的一个分支，自然界中的所有生命都是互相依存的，人类的生存同样依赖生命体的延续，生命的神圣性是人类永恒的追求。按照普遍联系的理论，人类对其他生命的关怀，终究会回馈给人类本身，即关爱其他生命便是关爱人类自身。反之，漠视其他生命的存在，人类也会付出相应的代价。因此，人对万物负责，归根结底就是在对自己负责。人应当懂得敬重大自然的一切生命。同时，珍爱自己的生命与珍爱他人的生命一样重要。这是生命平等的内涵所要求的，也是我们在反思生命的价值与意义的过程中必须贯彻的一点。

（2）价值观教育是预防大学生心理危机干预的重要途径

当下已有许多高校通过开设相应的心理健康课程，对学生进行系统的、全方位的教育和指导，帮助学生完善自我、提高适应力并学会正确地管理情绪，帮助大学生建立较为全面的心理危机预防知识体系。学校应该根据大学生普遍存在的心理问题，适时举办相关讲座，加强在人文方面的相关知识渗透，帮助他们正视自我、接纳自我、积极发展自我。通过就业指导课程，帮助学生正确认知自己专业的就业前景，合理规划自己的未来。此举可在就业问题方向上有效化解潜在心理危机。

同时，学校应适当增加危机教育，开展心理训练活动，以实践活动为载体，通过相关活动提高学生的心理素质。

（3）构建立体化教育模式

高校可通过将安全教育网络立体化的方式加强教育效果，譬如采用漫画的方式使案例更加鲜活，通过光盘放映的方式刺激大学生的感官。还可以利用网络，通过建立网上心理健康教育基地，将相关法律知识、自救知识、心理健康知识上传到网络并进行科普宣传。同时还可以采用主题班会、宣讲会、专题讲座等方式，丰富高校心理教育的方式，使其做到多元化、常态化。

3. 建立家校合作的大学生心理危机干预模式

大学生的心理问题多数与早期家庭不良的教育观念及方法有关，边玉芳在研究中发现家庭因素是学生爆发心理危机的重要诱因。因此单靠学校的力量是远远不够的，学校必须合理利用学生的家庭资源，同学生家长联合起来，对学生进行多维度的心理危机干预。家庭应当高度配合学校，双方须有着同样的目标，家校联动机制才有实现的可能性。具体操作可以从下述几个方面着手。

（1）建立家长告知制度

一方面是"报喜"，即高校将大学生在校期间的优异表现通过短信、QQ、邮箱等渠道及时反馈给学生家长，让家长对学生的行为给予正强化；另一方面是"报忧"，当学生出现违纪情况或者受到处分的时候，学校也应第一时间以网络或者电话、短信的方式告知家长，让家长配合学校对孩子的思想行为进行干预。

（2）建立学生家长定期联系辅导员制度

学生家长与辅导员保持稳定的联系，家长应将学生经历的家庭变故如实反馈给辅导员，让辅导员加以监督观察，这样有助于学生心理档案的及时更新，有助于学校对学生的心理状况进行分析，对学生进行早期心理干预，防止心理危机情况持续恶化，造成不可估量的后果。

（3）构建良好的家庭支持系统

大学生在大学校园受到委屈和伤害之后，家长的支持有助于大学生心理创伤的修复，即家庭支持系统，辅导员首先要教导家长学会共情，不要对孩子进行过多的批评、辱骂或者施以暴力，要成为他们心灵的港湾，成为他们最后愿意倾诉心理状况的避风港，家庭支持系统的核心在于沟通，辅导员要嘱咐家长控制情绪并引导他们改变沟通方式，家长需要定时主动打电话关心孩子情况，多鼓励关心孩子，正面积极评价孩子，在接纳、尊重、平等、欣赏的家庭氛围中，他们才会变得平和、自信、友善，建立良好的沟通关系，有效减少心理危机爆发的可能。

4. 建立高校心理危机干预队伍

高校管理人员和辅导员平日与学生接触密切，容易得到学生的信任，高校应对他们进行系统的培训，让他们能够有效地参与学校心理危机干预体系，发挥他们的价值，从而提升高校心理危机干预工作的效率。高校应以学院为单位，成立大学生心理危机干预小组，小组由辅导员、心理健康教师和高校管理人员组成，由各学院的管理人员担任组长，对大学生心理状况进行全方位的监测与管理。辅导员在班级中设置心理委员，心理委员容易察觉到身边同学的异常行为，能够协助辅导员完成心理危机预防工作，组织同学参与学校组织的心理健康教育活动，协助完成潜在心理危机学生的日常监护工作。高校还需建立大学生心理健康社团，让经过专业培训的心理委员担任社长，观察身边学生心理状况，并告知其如发现异常情况应及时向心理危机干预小组进行汇报。

此外，心理危机干预工作人员要遵循保密原则。心理危机干预工作人员不仅要具有专业技能，还要具备职业素养。不论是高校管理人员、辅导员还是心理委员，都要具备良好的职业素养。个人的心理健康情况属于隐私问题，在临床心理咨询工作有明确规定，来访者与心理咨询师应签署保密协议，除紧急情况外，不得泄露来访者的相关信息。高校心理危机干预工作同样需要遵循保密原则，非紧急情况下，不得泄露危机个体的相关信息。高校应在系统培训时着重强调此项原则，防止危机个体信息外泄、扩散，造成不可挽回的后果。

（三）大学生心理危机预警工作机制

对于大学生心理危机预警机制，不同的研究者从不同的角度制订了不同的实行方案。

高校应以心理学为出发点，从以下四个方面着手：一是健全大学生心理危机预警分类机制；二是健全心理健康状况排查和心理健康档案工作机制；三是健全国校联动机制；四是健全大学生心理健康主体互动机制。

1. 健全大学生心理危机预警分类机制

在完成大学生心理普查并综合动态观察信息后，各高校要通过对心理危机严重性进行评估，对学生的心理危机的程度进行分类。对此，各高校还要建立大学生心理危机分类预警制度。首先，学校要成立专门的评估小组，在校心理危机工作小组指导下展开工作。小组成员主要为辅导员、心理健康教师、高校管理人员以及相关技术人员，关于技术人员，高校可根据需要邀请当地心理指导中心或省内有关专家。

评估小组的职责是评估学生心理危机等级，并将其归类。高校管理人员负责召集小组成员，进行日常指导工作；心理健康教师全面掌握学生情况，完成备案工作；辅导员负责反馈学生日常观察等重要信息，做好观察记录，与心理健康教师进行信息整合；专业技术人员负责危机等级的评定和记录工作，最后得出评估报告。

进入评估阶段的学生包括以下三类：一是心理问卷筛选得分高的学生；二是心理问卷筛查得分较高且与心理委员日常观察结果一致的学生；三是心理问卷筛选得分低但辅导员、任课教师和心理委员察觉到其行为存在异常的学生。心理危机干预人员应继续与这些大学生进行面谈，搜集更多信息、核实心理筛查和心理委员日常观察中获取的信息，确定学生的心理危机等级，并拟写评估报告。最后，经评估得出的一类、二类、三类危机学生分别进行不同的备案处理。一类危机学生不需要备案，但辅导员需要掌握这些学生的情况；二类危机学生需要在学校心理危机干预中心备案；三类危机学生不仅要在学校心理危机干预中心备案，还要进入学校心理危机预警库，进行及时预警和上报，除了心理危机干预小组要掌握相关信息之外，预警结果还应该上报给校级领导及教务处，必要时还要对任课教师、宿管人员以及与危机学生密切交往的人员进行预警。对于存在严重心理危机的学生，必要时需将其情况反馈到省市级心理健康教育指导中心进行备案（流程见图2-1）。

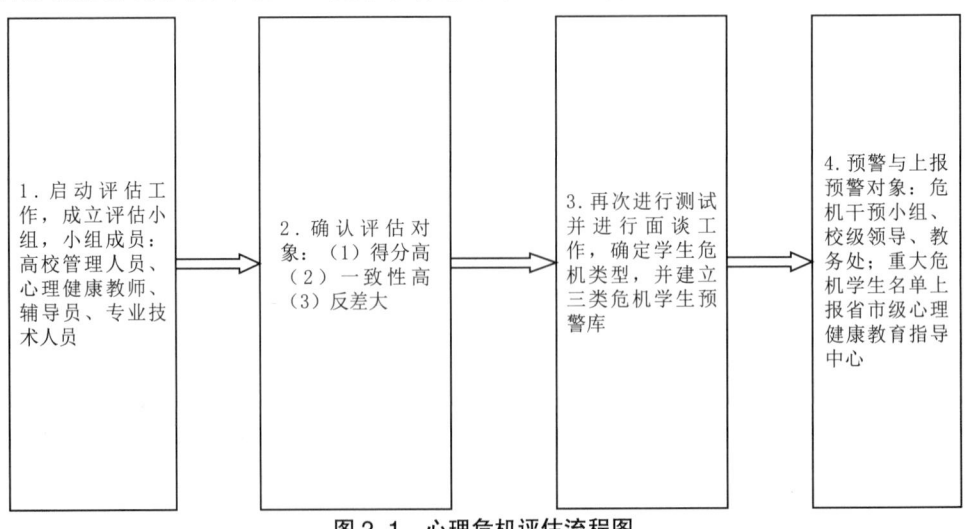

图2-1　心理危机评估流程图

2. 健全心理健康状况排查和心理健康档案工作机制

心理健康普查和心理建档工作是大学生心理健康教育的常规工作，高校可以通过《中国大学生心理健康量表》（CCSS）、症状自评量表（SCL-90）、大学生心理健康调查表（UPI）等工具对大学生进行心理健康普查，进一步筛选出心理危机干预和预警对象。具体可从三个方面进行构建。

（1）进行心理普查

在新生入学时就要进行全面普查，并为他们建立心理档案，一旦发现有危机倾向或者识别程度高的危机个体，应将其挑选进入监控数据库，安排心理健康教师与个体进行定期约谈和疏导。心理档案能够提供重要的预警信息。大学生心理档案应该坚持科学性、有效性、保密性、动态性的原则。

（2）校内心理危机干预中心还需建立心理健康信息反馈及汇报制度

汇报的主体主要是指与有心理危机倾向的学生经常接触的同学；反馈的主体是心理危机干预人员，及时向有关领导和上级心理危机干预中心反馈其关注学生对象的心理状况。汇报机制的及时性是信息收集和分析的基础；反馈机制的及时性也是进一步筛查高危个体的关键。为了尽早排查和及时干预，应在宿舍内设置宿舍心理信息员，并对其进行系统培训。宿舍心理信息员的广度为每个寝室设立一名，由他们平日观察寝室成员的心理动态，并每周以开会的形式报告给心理委员，实时观察班级内学生心理状况。同时，辅导员方面可要求学生写心理周记，引导学生通过写周记的形式阐述近期的负面经历，由辅导员定时根据周记内容了解学生心理变化动态。

根据筛查结果和统计情况，及时向高校心理危机干预中心上报，形成预警指标体系。

3. 健全大学生心理危机预警家校联动机制

家庭作为学生的情感支柱、经济来源对学生的心理产生直观影响，因此，在危机识别、危机引导、危机干预和危机后干预的整个过程，高校都不应忽视家庭的作用。高校应构建的学校和家庭之间的全通道联动模式，才能打破原有的层面和角度上的限制，让学生能够得到全方位、多维度的干预与治疗。

（1）辅导员需要电话联系家长

辅导员在发现存在心理危机的学生之后，应在第一时间联系校内心理危机干预中心，反馈学生的心理状况，并由校内心理危机干预中心进行专业评估。在心理危机干预中心评估之后，倘若确定其为心理高危学生，辅导员则需第一时间通过电话联系学生家长，约好时间和地点，建议学生家长前来学校进行面谈。

（2）启动多方会谈

在家长到校之前，心理健康教师与辅导员、学校相关负责人、危机干预小组其他成员要先进行一次多方会谈，商讨会谈框架，做到处理思路保持一致，再进一步地探讨干预方案。在家长到校之后，与家长交谈的过程中，态度要诚恳，让家长感受到学校的专业和诚意，明确交代多方会谈的目的是通过探讨学校和家长各自的职责和教育优势，帮助孩子走出当前的心理危机。在合作过程中，心理健康教师需向家长强调保密原则，明确告知家长孩子的特殊情况学校会给予严格保密，消除家长的疑虑。心理健康教师需向家长说明情况，告知家长此类学生属于心理高危个体，从身心健康与生命安全角度考虑，均不具备住校资格，及时向家长说明退宿的必要性。然后由心理健康教师从专业角度向家长反馈学生目前存在的心理问题，进一步说明严重程度，以及转介治疗的必要性，然后辅导员将学生自开学以来的具体表现向家长做详细反馈，教务处领导向家长强调身心健康的重要性，表达家校合作共同为学生心理康复而努力的意愿，最后双方积极探讨干预方案。

（3）会谈结果

一般将学生分为两类：转介生和在校生。转介生是指在家长了解情况后积极配合，将其及时转介到校外专业医疗机构进行治疗的心理危机学生。

在学生转介前，心理健康教师需要做好登记，通知辅导员和教务处请假备案，并在第一时间办理住宿、请假或者休学手续以配合长期心理治疗，辅导员应协助家长到相关科室尽快办理相关手续。在办理住宿手续过程中，辅导员需与宿管员沟通，强调该生若想重回学校住宿，必须有心理健康教师的评估才能准其住校。在此期间，需将该生情况在心理危机干预中心备案并及时反馈到教务处，定期与家长保持联系，了解学生在外就诊情况，并将了解到的情况反馈到心理危机干预中心。直到学生康复后，要求复学或住宿，需要递交申请书和医生出具的康复证明，再经过心理危机干预中心的评估才能予以批准，学生在校期间需定期在心理危机干预中心随诊，若有复发征兆要及时反馈到心理危机干预中心。

4. 健全大学生心理健康主体互动机制

传统的心理危机干预一般采取被动的干预模式，一直等到危机出现，心理危机干预人员才进行干预。这就容易造成对危机事件处理的被动。一般而言，处于危机事件中的大学生很难意识到自己正处于心理危机状态，他们往往不会主动地去接受干预。因此高校应当转变干预模式，化被动为主动，健全主体互动机制。高校心理危机干预中心要主动与校外专业的心理咨询机构建立长期合作关系，建立大学生心理危机干预联动机制。一方面是高校在发现危机个体的干预难度超过高校自身解决范围时，主动与专业心理机构取得联系，完成相关的转介工作；另一方面校外专业心理工作者主动进入校门，担任校外专家，参与心理危机预防与紧急危机干预工作。

同时，大学生心理健康主体互动机制要随网络发展而调整，老旧的方案多数已不能满足大数据的要求，也不方便进行数据统计，现今的互动机制应紧跟时代的步伐。譬如辅导员可使用手机或计算机软件向学校有关部门上报学生心理危机预警登记表，比较快捷便利。辅导员还可实时更新重点关注对象的心理状态，实现动态跟踪学情；在辅导员、心理危机干预中心、教务处、校长室等多个信息端实现多项信息反馈和流通。

此外，学校心理危机干预人员还可以将所有上报的学生数据通过软件下载总报表，再进行汇总，以便进行下一步筛查。

三、高校心理健康教育课程的基本属性

（一）高校心理健康教育课程的概念

心理健康教育课程概念的形成经历了一个相当长的探索时期，因为心理健康教育课程是包含了众多学科在内的综合教育活动，它包括了现代心理学、教育学、社会学、生理学等。它其实是将多个学科的理论与教学教育活动有机结合的产物。所以对于心理健康教育课程的界定目前仍处于初步形成阶段。

从 20 世纪 80 年代以来，我国各地就相继开展了心理健康教育课程的教学活动，但是各地对于心理健康教育提法却不尽相同，有些地方称之为心理卫生教育或者是心理品质教育，还有些地方称之为心理素质教育，更有些地方干脆直接就叫做心理教育。尽管它们在教学内容、教学目标和教学方法等方面具有高度的一致性和共同性，但是由于提法各异使我们很难对其有一个统一的、整体的深刻了解。直到 1994 年，中共中央《关于进一步加强和改进学校德育工作的若干意见》中提到了"通过多种方式对不同年龄层次的学生进行心理健康教育和指导，帮助学生提高心理素质，健全人格，增强承受挫折，适应环境的能力"。这是中共中央首次使用"心理健康教育"一词，在此后的各种重要文件和重要法规中"心理健康教育"一词相继出现并且得到了大家的广泛认可，对于"心理健康教育"这一专业术语的使用也得到了全国性的统一。2001 年，教育部又颁发了针对大学生心理健康教育的重要文件《关于加强普通高等学校大学生心理健康教育工作的意见》，之后的 2004 年 10 月，中共中央、国务院颁布的《关于进一步加强和改进大学生思想政治教育的意见》中明确指出"要努力拓展新形势下大学生思想政治教育的有效途径，开展心理健康教育"。2005 年 1 月教育部、卫健委、共青团中央在《关于进一步加强和改进大学生心理健康教育的意见》中提出"加强和改进大学生心理健康教育是新形势下全面贯彻党的教育方针、推进素质教育的重要举措，是促进大学生心理健康成长、培养高素质合格人才的重要途径"。

（二）高校心理健康教育课程的特征

高校心理健康教育课程是一门既传授心理健康基础知识，又启迪心理健康发展的课程，它是整个高校心理健康教育体系的基础，理解这一点有助于阐述其特征。目前，虽然国内学者对于高校心理健康教育课程的特征看法不一，但是通过整合与归纳我们认为其特征可以包括以下几点：活动性、体验性、开放性和人本性。

1. 高校心理健康教育课程的活动性

活动性是高校心理健康教育课程的突出特征，它是以现代活动课程理论为基础的，把心理健康教育寓于活动之中。这就要求教师需要根据心理健康知识设定特定情境、组织相应活动，引导大学生在活动中获得心理体验，培养良好的心理品质。其实，人的心理发展往往是在人与人的相互交流、人与环境的有机互动中实现的，是实践活动把心理学的知识升华为良好的心理品质。

教师运用心理学的相关知识，围绕着大学生的学习生活来组织相应的活动。这样就使

大学生在活动之中获得了心理体验并且发展了心理素质。人类行为的活动必然伴随着人类心理的活动。一方面，心理健康课程的活动性是以提高学生心理素质为根本目的，而另一方面，其他各种教育活动都有其特有的教学训练内容，因此，它们无法取代心理健康教育的活动课程。马克思主义活动理论不仅发现了人活动的基本特征，还为我们提供了科学设计活动的理论基础：人的活动具有客观现实性、社会历史性以及主观能动性。所以，当我们在进行心理健康教育课程的活动过程中，应该更多地把全社会的需要和大学生的心理全面协调并且有机地统一起来，要有明确的活动目的而不是为了活动而活动。值得强调的是，为适应大学生群体发展的多样性要求，活动的内容可以全面多样、活动的形式也可以五花八门，不拘泥于某种特定的形式。通过课程的实施最大程度地让每一个大学生在活动中感受、体验、受训和启发，使大学生在活动的过程中探寻认识的来源，找回自我的位置。增强学生的参与意识、引导学生的实践意识并且灌输学生的主动意识，充分发挥其自主创新思维是高校心理健康教育课程活动性的优势所在。引发大学生对自身的潜能的认知，在课程活动中培养自身的温情、亲情与友情，最终形成互尊互爱的良好品格。

2. 高校心理健康教育课程的体验性

体验性是高校心理健康教育课程的基本特征，其课程能否具有实效，很大程度上取决于大学生的内在心理是否产生真真切切的体验以及体验的程度，因为体验所强调的不是活动的结果而是活动的过程。总的来说，高校心理健康教育课程是以大学生为主体、以活动为出发点来进行的，活动其本身并不是我们所追求的根本目的，借助活动这一有效载体给大学生带来心理上的丰富体验才是我们这门课程的根本目的。

我们认为只有了解大学生的心路历程，使他们在思维碰撞和情感交流的过程中产生深刻的情绪和情感的体验，才能真正地促进大学生心理品质和心理能力的发展。高校心理健康教育课程注重学生自身的体验性，它不仅仅是一种学习方式，更是外在物质力量内化为学生心理品质的基础。从某种角度上来说，体验是内心感悟与情景陶冶的有机融合，也是基于直觉与经验的内在提升。体验无法获得问题的直接答案，但是在体验的过程中却蕴含着答案。高校心理健康教育课程其实是将体验作为心理构建的一座桥梁，它把外部的自身体验与内在的心理活动联系起来。体验的关键就在于它能够激发大学生心理的内化机制并且在内化的过程中生成与建构良好的心理品质，达到心灵成长的目的。所以，我们认为教师应该确立大学生在心理健康教育课程中的主体地位，更多地去营造一种、去设定一种"亲身经历"，这种"亲身经历"可以引导大学生进行深刻地感悟、细心地琢磨、不断地探究，从而促进其心理的反思和内心的构建。在高校心理健康教育课程的进行过程中，一方面教师与学生之间不断地互动，另一方面教材与课程之间也不断地互相作用，随着课程的进程，体验性也就得到了越来越明确的诠释。教师与学生可以通过各种活动体验进行情感上的交流，使彼此的思维不断地发生碰撞，这样可以很大程度上帮助大学生解决成长环境中遇到的各种问题与困惑，充分激发其潜能，进一步促进全体学生在原有的心理基础上实现全面的、可持续的发展。

3. 高校心理健康教育课程的开放性

开放性是高校心理健康教育课程的结构特征，在高校心理健康课程的过程中，学生在传递知识、掌握技能以及形成良好行为习惯的同时，还可以注重挖掘学科课程、活动课程与环境课程的开放性。教师可以引入社会中发生的、并且与大学生息息相关的事件进行开放式地讨论，让学生可以畅所欲言，表达自己内心的想法，让他们大胆地分析与讨论，既没有严格的程序，也没有标准的答案，更没有分明的是非，完完全全地开放大学生的内心感受，使其表现出真实的自我。

总的来说，高校心理健康教育课程所涉及的内容与涵盖的要素都不是封闭孤立的，而是有机互动的开放性整体。具体表现为心理健康教育课程目标的开放性、心理健康教育课程内容的开放性和心理健康教育课程活动的开放性等。对于课程目标的开放性，其目标在于促使学生认识自身的心理，实现对自我心理水平的"认知"、增加对自我心理能力的"训练"、强调对自我心理品质的"陶冶"，从多个角度全方位立体式地开展高校心理健康教育课程。对于课程内容的开放性，主要涵盖了五个基本要素，即认知经验要素、意志品质要素、情感经验要素、社会经验要素和生活经验要素。认知经验要素是高校心理健康教育课程的首要位置，在教育过程中由教师进行有效的疏导和干预，建立正确、健康、理性的认知；意志品质要素则是要求大学生在学习生活中有目的地进行意志品质的历练；情感经验要素是通过心理健康教育课程创设各种活动与情境，使大学生体验到各种情绪反应，促使他们学会调整心态并合理地宣泄不良情绪，建设起追求美好生活的情感动力；社会经验要素要求大学生进入开放的社会，使自身获得克服困难、独立自主和解决问题的能力；生活经验要素则是要求大学生体验生活和珍惜生活。对于课程活动的开放性，主要是要求教师开展丰富多彩的活动，积极发挥人与人的双向互动群体动力效应。最终形成相互尊重、自主独立的人际关系与良好的心理品格，其开放性对于大学生态度与认识的形成发挥着积极的导向作用。

4. 高校心理健康教育课程的人本性

人本性是高校心理健康教育课程的主体特征，课程实施的过程就是教师促进大学生自己主动建构心理认知的过程。在这个过程中，教师的主要作用在于为学生理解和构建心理认知而搭起的"三脚架"。它不是一种静态的课程而是不断变化的动态课程。

高校心理健康教育课程是在学生高度自主的前提下有序进行的，它所强调的中心是大学生。总的来说，心理健康教育课程进行的过程就是大学生主动探究与积极创新的过程，课程的结果也就自然地没有统一的正确答案了。这就为大学生的个性化学习和个性发展提供了积极充分的可能性，但是有一个重要的先决条件那便是对学生的自觉性和自主性的要求。高校心理健康教育课程的产生是对传统课程的一种变革，它是将大学生的心理需求作为课程设计的对象，以大学生心理品质的成长作为课程发展的目标。在此课程思想的指导下，高校心理健康教育课程的充分开展凸显了大学生的主体性和心理上的自我构建，使该课程成为直接塑造其自身的主体实践活动。另外，高校心理健康教育课程的人本性还应考虑到"回归生活世界"的现代教育的走向问题。长期以来，我国基础教育课程教材的编制普遍都远离学生的生活世界，特别是在一些逻辑性强的学科上，它们过分推崇基础的知识与技巧，却较少顾及学生的生活世界。缺少一种以人为本的精神关怀，以至于课程内容相对枯燥，大学生内心对于人文生活气息的诉求得不到有效满足。因此，高校心理健康教育课程应该从学生的实际心理出发，在生活世界中寻找与大学生心理成长特点相适应的典型材料，通过生活化的活动情境自主地认知、体验和反省，它所强调的是场景的设计和情境的渲染，最终达到提升心理品质的效果。

（三）高校心理健康教育课程的功能

高校心理健康教育课程的进行，不但有利于学生的身心健康和全面发展，而且有利于学校素质教育的全面实施，更有利于整个社会的和谐构建。三者由学生到学校再由学校到社会，由小及大，层层递进，为我们梳理了高校心理健康教育课程功能的各层关系，帮助我们对高校心理健康教育课程的功能有一个更为清晰明了的认识。

1. 促进学生身心健康成长

开展高校心理健康教育课程可以促进大学生身心健康成长，它包括塑造大学生的健全人格、提高大学生的适应能力以及促使大学生的全面发展。

（1）高校心理健康教育课程的开展利于大学生塑造健全人格

高校心理健康教育课程对于大学生来说，其意义是广泛而普遍的，它不仅是大学生全面发展的基石更是大学生健全人格的基础。然而，在片面地追求学习成绩至上思想的影响下，学校和教师往往会把焦点放在大学生知识的获得与智力的开发上，而对于学生的优良品格和人格的培养相对缺乏。这就有可能导致大学生的心理发展障碍，既不利于他们整体素质的提高，也不利于其将来的成才与就业。而高校心理健康教育课程的开展正好弥补了这一缺陷，它坚持以人为本，强调尊重、理解和信任，使大学生感受到了自身的价值与存在的意义，并且能够客观地面对自身的优点和缺点，科学地看待自己的现在与未来。

（2）高校心理健康教育课程的开展利于大学生提高适应能力

大学生是我国社会主义事业的可靠接班人和社会的合格建设者，作为社会的一分子，他们不仅需要掌握真才实学，还必须有一个良好的社会适应能力。这既是社会对人才的基本要求，也是现代人心理健康的重要标志之一。因此，通过高校心理健康教育课程对大学生进行社会适应能力的培养是很重要、更是很必要的。人的心理与行为是密不可分的，良好的行为习惯源于良好的心理综合素质，与此同时，良好的心理综合素质又是由良好的行为习惯内化积淀而成的，二者紧密联系、相辅相成。高校心理健康教育课程就是根据现实生活中大学生行为中的问题，采取有效的、科学的心理辅导、咨询和训练等方法，提高大学生的心理素质，促使其养成良好的行为习惯，从而培养和增强他们对于全社会的适应能力。

（3）高校心理健康教育课程的开展利于促进大学生的全面发展

当今的社会所需要的人才是全面发展的人才，教育的目标也自然是培养全面发展的学生。要想对大学生进行德、智、体、美、劳等方面的发展，就必须先进行高校心理健康教育，而心理健康教育课程必然成为这一目标的重要环节。大学生只有具备健康的心理状态和良好的心理素质，才能够历练出健康的体魄，才能够产生对事物的正确认识，才能够有效地进行学习与智力的开发，才能够熟练地掌握劳动的技术与技巧。健康的心理可以使大学生正常地进行生活和学习并能够使他们很好地与周围的环境契合，达到平衡与协调的同时可以根据自己的兴趣爱好进行探索。不仅如此，它还有助于大学生认识自己、了解自己，努力发挥自身潜能，对于不利因素具有良好的承受能力，适应周围环境的变化并且乐于接受新鲜事物。开展高校心理健康教育课程可以提升大学生的心理健康水平，为他们的全面发展保驾护航。

2. 推动高校素质教育的实施

开展高校心理健康教育课程可以推动各高校素质教育的实施，它包括实现高校的教育目标、减轻大学生的学业负担以及实现高校的创新教育。

（1）高校心理健康教育课程的开展利于学校实现教育目标

以马克思主义关于人的全面发展思想理论为基础，培养社会主义事业的合格建设者和可靠接班人，是现阶段我国高等教育的培养目标，而全面发展更是这一目标的重中之重。因此，大学生心理健康教育水平的高低与他们能否全面发展有着至关重要的联系，它不仅是其中不可或缺的一部分，更是对全面发展这一教育理念的优化与贯通。我们可以明显地看到，高校心理健康教育课程对于大学生的全面发展有着很大的影响力，二者相互促进、相辅相成。随着我国改革开放进程的逐步深入以及社会环境关系的日益复杂，未来社会对于人才素质的要求也越来越全面化，特别是对心理素质的要求也会越来越高，高校心理健康教育课程正是实现这一心理素质要求的有效途径。我们要努力确立现代心理健康教育的观念，根据客观环境积极适应教育的方式与方法，从而不断地提高大学生心理健康水平。

（2）高校心理健康教育课程的开展利于学生减轻学业负担

减轻大学生学业负担涉及方方面面，开展高校心理健康教育课程作为一种有效途径只是其中的一部分。学业上的负担多种多样，既有源于外部的压力如社会压力、学校压力又有源于内部压力如家庭压力、自身压力。大量的调查和研究表明，大学生内部的心理压力是造成学业负担过重的主要原因，因此，有必要开展高校心理健康教育课程以减轻学生的心理压力，全面提高他们的心理承受能力。另外，心理健康教育课程可以激发大学生的学习动机，培养他们广泛的学习兴趣，正确客观地感知外界的事物，建立起良好的自尊与自爱；它还可以提高大学生的心理承受能力，有效降低各种过度学习而带来的学业压力，从而调动他们的主动性与积极性，使他们提高学习的效率和学业的质量。由此我们得到启示，减轻大学生学业负担不仅可以从学业的数量与难度上进行，还可以从心理健康教育课程入手，提高其心理承受能力并且激发起心理潜力。

（3）高校心理健康教育课程的开展利于学校实施创新教育

培养大学生的创新精神和实践能力是当代高校教育的核心目标，而维护和促进其心理健康水平也是保障大学生创新精神与创新能力的重要基石。现在的研究表明，提高心理健康水平、促进心理健康和个性的全面发展是培养创造力、创新能力的前提条件。所以我们认为，创新能力是每个人都具备的一种潜在的心理能力，它与心理健康有着密不可分的内在联系。基于这一点我们可以看出，个体创新能力的发展水平是其心理健康水平的一个重要指标,即心理健康是人们在进行创造活动的一个内在前提。只有心理健康的人,才能成为创新人才,创新人才应具有创新精神和创新意识、创新思维和创新人格、创新能力和实践能力三个方面的创新素质特征。开展高校心理健康教育课程就是为了促进大学生自我意识的协调发展,增进其优良的人际关系,塑造其完整而又独立的创新思维与创新能力,充分发挥其潜在的自我创新人格与个性。

第三章　大学生心理危机的诱导因素研究

第一节　人际关系类诱导因素分析

中学时期，学生的精力都集中于学习，以应对升学，生活环境相对稳定，但同学之间缺乏交往。进入大学后，生活环境发生变化，社会关系也变得复杂起来，部分大学生缺少交往必需的宽容、热心、信任和技巧，容易出现人际交往不适。人际交往不适，会给大学生的心理健康和学业追求带来不良影响，因此其容易陷入心理紧张和情绪压抑之中。

一、大学生人际关系的理论分析

（一）心理素质与大学生人际关系

发展心理学家布朗芬布伦纳提出的"生态系统"理论，他认为个体就是个体与整个系统中各个环境产生的相互效应发展起来，系统会影响着个体，个体也反过来作用着系统，大学生所处的环境主要是校园。大学生是独立的个体，在个体中就是一个完整的循环系统，系统的每个子系统都相互影响、相互作用，在大学生这个独立的系统中，事实上，心理素质的各个维度不会孤立地存在于个体内部，而是存在于心理素质的各个维度，即性格品质、心理能力、心理动力等组合共同发挥作用，各个维度相互促进、相互影响的循环，在循环的路径中，顺畅则能促进个体的发展，促使个体有积极的行为表现，一旦系统内部失去平衡或者某个子系统不运转，则会阻碍个体的发展，个体内部的心理结构对个体行为起着主导作用。我国学者张大均也指出心理素质是本源，心理健康等外在表现是标，心理素质对心理健康水平起保护作用，即高心理素质水平的个体在面对负面事件，比如，工作、生活，具备人际关系能力抵御，能享有更好的社会支持环境保护因素，形成良好的外部保护系统，并促进个体良好的心理健康，从而我们可以推断，心理素质是内源性因素，大学生的人际关系是经过心理素质在个体的循环而表现出的行为与态度，大学生表现出的良好的人际关系是个体内在心理素质的反映。因此，心理素质与大学生人际关系具有内在关联。

美国社会学家斯宾塞提出了社会适应这个概念，他认为个体在与外界环境进行互动的过程中，不断进行社会化，接受一系列道德规范，行为上逐渐符合社会规范，在面对外界刺激时，行为受到内心的制约。传统社会中，需要通过血缘、地缘进行建立人际交往的纽带，在现代社会，更多会通过业缘的纽带进行相互依赖、相互支撑。大学生在探索外界环境时，与他人产生人际互动，想要在一张大的社会网格中生存，需要进行社会适应的锻炼，任何人都不能脱离群体而单独生存，在人类社会中，人与人之间都会形成这样或那样的关系，就像费孝通先生所提出来的"差序格局"，以地缘来处理人际关系，而在人情社会中，拉近彼此的距离，会得到他人的帮助，得到主观与客观的社会支持，为达到从他人处获得社会支持，需要个体积极地与他人进行人际互动，在拥有良好的人际关系的基础上才能进一步获得社会支持。如何促进个体进行良好的社会适应，在与人交往过程中形成良好的人际关系，需要依靠个体具备强大的心理素质，正如研究指出，个体在社会中生存需要的和展现出来的社会适应性是一种心理素质，心理素质强的大学生拥有强大的情绪控制能力，在遇到外界环境的刺激时，能力迅速稳定、保持冷静以及能够做出正确的决策，不仅如此，心理素质强大的个体拥有良好的性格品质，性格品质在心理素质中发挥着长期的作用，稳定而有序的性格品质则会表现出坚强、乐观的特征，有助于形成人际关系。此外，人际交往能力强的大学生可以提升人格魅力，人际交往强的大学生能够平衡好出度数和入度数，并且在生活中处理好人际交往中可能出现的问题，甚至可以游刃有余地处理在一段人际关系中出现的问题，修补裂痕，维护良好的人际关系。

（二）性格品质与大学生人际关系

《性格与道德心理》一书用二分法对性格进行定义，把性格划分为内向和外向的性格，并对内外向性格进行了阐述，在性格理论中，存在大五人格、人格特质论等，划分为不同的性格，其中应用较为广泛的是马丁·塞里格曼的性格优势理论，性格优势作为一组积极的人格特质，通过三个方面反映出来，即个体的认知、情感和行为，马丁·塞里格曼指出每个个体都是独立的人，有着不同的性格，并且他认为24种性格力量能为人们带来"原本的快乐"。正如拉特（Rutter）所言，拥有良好性格品质的个体在面对逆境时的表现会更出色，阿哈特（Achat）也发现乐观的性格可以减少因生活中遇到应激事件所给人带来的压力，国内外的研究表明，个体的性格中具备优良品质对生活具有积极的影响，在众多关于性格的探讨中，大部分学者认可性格决定论，认为不同的人格特征会影响个体不同的应对方式，艾春燕也提出大学生采用积极的应对方式，其心理健康水平会更好。也就是说性格的特征可以决定一个人的行为模式和应对策略，也可以决定一个人对人际关系的处理方式，进而决定其人际关系的质量。

性格是一种人格特征，主要表现在对学习、对他人、对事物的态度和行动上，对待学习的性格可以表现出踏实、坚持、勤奋、主动、认真与乐学的特征，对待现实的性格表现出勇敢、灵活、坚强、冷静、自信、乐观与包容的特征，对待他人的性格表现出友善、诚信、温和、热情与合群的特征，这与性格优势的24种性格力量或行动价值相吻合。也就是说对待学习的性格、对待现实的性格与对待他人的性格也可以展现为性格优势。人际关系与行动者的个性、动机、性格等心理因素密切相关。性格优势会进一步影响人际关系，性格作为心理功能的动力系统，有着情绪调节能力，能够影响人的心理健康。沙利文（Sullivan）提出"人格与个体生活在其中的人际关系环境相辅相成，两者永远无法分离"。赛尔未茨和施克德（Selmitz & Schkede）也提出，人格会影响个体的发展，一方面，会影响个体的做事风格，另一方面，也会从各个方面来对人际关系产生作用。在马丁·塞里格曼的性格优势理论中，乐观可以通过学习行为获得，学习者的性格是影响学习者学习风格和学习方式非常重要的因素。个体的学习可以分为两种模式，一种是个体通过直接经验的方式来获得的行为模式，另一种是依靠观察他人的行为而获得的行为模式，在后者中，班杜拉认为，在人类行为的众多活动中，观察学习行为活动有着复杂的过程，在这个通过观察学习行为中不断地模仿，进而形成个性。同时，任何形式的学习都必须经过观察的步骤，在观察之后个体会模仿新行为，是否对外展示新行为跟强化的效果有一定关联，在未强化时也可以把新行为展现出来，在经过强化之后的行为可以内化于个体。班杜拉也提出人的行为是由内外因素相互作用共同影响的，人是在不断地观察他人行为，进而人际交往方式通过模仿他人而获得的。由此可见，对待他人的性格能表现出性格优势的其中一个特征，大学生对待学习的态度可以影响其人际关系。

不仅如此，在这社会支持三个方面中，都是社会组织或者个体给予的情感上与物质上的支持，拥有社会资源才能从他人处获取社会支持，在人们想要改善面临的困境时，会充分地利用身边的社会资源寻求帮助以摆脱现有的困境，在社会资源中，其中人际关系资源是最重要的社会资源，人们的人际关系资源可以在遇到困境的时候起到积极的作用。费孝通也指出，中国传统社会是一个熟人社会，差序格局是中国传统社会最根本也是最基础性的社会结构，在这个"以己为中心"的结构中，往往会进行人情的交换，在交换的过程中获得社会支持。王宏通过对高中生研究发现，社会支持越好，人际关系越好，反之亦然。Godenow 研究发现通过与他人建立亲密关系来获得归属感，也就是说，学生期望在交往中形成良好人际关系，以获得归属感。大学生意识到自身处于校园这个也同样存在差序格局的微系统中，能更明确、清晰地认识社会结构，对现实的态度越清晰，那么越希望得到社会支持，在得到社会支持的前提条件是获取社会资源，而人际关系是最重要的社会资源。对待现实的性格表现出来越积极，那么，个体越重视人际关系的培养，是性格优势的体现。

在社会系统中，人们习惯性地使用"黄金法则"进行交往，黄金法则表现为在任何事情里，你们想要得到别人如何对待自己，那自己也需要如何对待他人。马斯洛指出人们有被爱与被尊重的需求，因此，在正常社交中，人们秉承"若先取之，必先予之"的原则进行交往，相信先付出才会有回报，在社会交往中体现"黄金法则"，人们更多的是优先对待他人，发挥性格优势的作用，以满足他人被爱与被尊重的需求，进而促进良好的人际关系。也有研究指出，主动的人往往能带来良好的人际关系，能够有效地减少社交焦虑，同时，主动性人格在大部分领域都有调节作用，主动性人格的大学生在校园的社交过程中比非主动性人格的大学生更容易处理好各种局面以及人际关系。张舒、刘拓、夏方婧等研究结果表明，在社会网络中，保持主动与被动的平衡对个体最有利，出度数在平衡值中的个体其人际关系较好，换言之，在人际交往过程中个体主动性发挥着至关重要的作用，先付出再追求回报。

总之，性格完美度对人际关系有着促进作用，表现出性格优势的个体其人际关系更加良好。

（三）心理能力与大学生人际关系

心理资本由传统的人力资本衍变而来，传统的人力资本包括个体的身体健康状况、知识以及表现出来的能力，心理资本在人力资本理论中的健康内容从身体健康扩展到心理健康，20世纪末部分研究显示，个体中拥有一些积极的心理要素对于预防以及治疗心理疾患具有积极作用。卢森斯（Luthans）等人将心理资本扩展至组织管理的领域中，研究表明心理资本能够指导员工进行积极的组织行为，也就是说，心理资本可以帮助个体做出积极的行为，是促进个体成长与发展的重要因素。心理资本理论认为，个体所拥有的心理资本是非常关键的心理资源，可以有效调动以及管理其他资源，从而提高个体的社会适应，心理资本具备保护个体发展的特征，大量研究结果显示，心理资本不仅对个体的态度有积极的影响，并且对个体的行为也有积极的促进作用。在许多研究成果中，特质论中和森（Hosen）等人认为心理资本能在个体中表现出持久且稳定的特征，具体也包括人格倾向、自我监控和认知能力等。在状态论中，卢森斯认为心理资本是由多种因素构成的综合体，是一种重要的个人积极心理能力。肖汉仕指出心理能力包括学习发展能力、获取快乐能力、人际交往能力、自我调控能力和心理承受能力五个方面，这些心理能力都表现为一种稳定而持久的心理资本。在我国学者肖雯与李林英对大学生的研究中，认为心理资本是大学生在人生发展阶段所具备的积极的心理能力，心理资本中积极的成分能够帮助大学生获得正确自我认知，获得自我肯定。豆建指出大学生人际关系与心理资本水平呈正相关。学者肖进认为大学生宿舍人际关系对个体心理资本具有促进作用，无论是大学生人际关系还是大学生宿舍人际关系都能与心理资本发生交互作用，相反，心理资本也能够正向预测大学生人际关系，具有完善的心理资本，能够提升人际交往能力，包容与接纳他人，在学习以及生活中更有亲和力。心理资本在个体的成长中表现出更为积极的心理状态，同样，这也会在人际交往的过程中展现出来，当个体自信、充满希望以及具备技能时，个体的人际交往必然会更顺畅。卢森斯等人也认为心理资本对人际关系具有积极的影响作用。

在个体的系统中，人际交往能力表现为较为突出的心理资本，人天生就具备交流的能力。在马克思看来，人际交往着重指的是人与人之间的相互交流，这实质上就是一种社会交往。有研究指出，人际适应性就是个体在进行人际交往过程中逐渐具备的心理能力。人际交往能力是在不同的人际交往情境中为了实现自我的目标、满足情感需求以及增进人际关系等期望而表现出来的社会能力，人际交往能力是培养学生人际关系的基础。人际交往能力是构成心理能力的基本要素，学者文瑞玲指出，人际交往能力能够预测个体的心理弹性，人际交往能力强的大学生在人际交往中通常比较主动，能够主动接触他人，愿意与他人分享，在分享的过程中提高心理弹性水平，进而建立良好的人际关系。具备较强的人际交往能力者在人际交往过程中，善于处理各种矛盾，从而增加他们积极的人际心理体验，会更加向往与人交往。蒋艺也有类似的发现，人际交往能力对人际关系具有显著预测作用，人际交往能力是发展人际关系必备的一项重要能力。据此，心理素质水平高的个体能够控制自己的内心，并且能够按照社会规范或者行为准则来做出相应的行为，在与他人进行人际交往过程中，发挥自身所拥有的各种心理能力，在人际交往过程中，遇到挫折能发挥个体的心理承受能力，不仅如此，在与朋友相处过程中遇到尴尬的情境可以发挥其获取快乐能力进行调节，还可以在与他人交往过程中展现其学习发展能力与心理承受能力。

班杜拉提出，个体合理的人际交往方式是通过观察他人的行为获得的，强调的是观察学习的重要性，在观察学习之后对心理和行为上进行及时的调整。姚振东研究指出，学生的学业发展能力比传统的学业能力更为宏观，学习发展能力包含着学习能力以及发展的能力，在学习能力的基础上发展扩大知识面，更能体现学生在学习之上的发展变化，而不是单纯地围绕着个体的学习活动。大学生掌握了学习发展能力，就拥有了更强的心理资本。人们做出行为就是观察周围环境以及榜样，对榜样是具备高度认知，人是具备认知本领，因此，个体的自我调节体系可以在观察模仿中不断修改，在此环节中获得信息，并且得到有效的反馈，在个体内部，学生具备对自己情绪的控制以及调节能力，有学者对高中生采用团体辅导的形式，以提高情绪调节能力的方法改善消极的学业情绪，从而在人际交往的过程中，自觉调整自己的社交行为，对形成良好人际关系具有促进作用。承受是对个体对消极事件的承受，有研究表明，承受能力弱的个体在面对挫折时往往被消极的情绪控制，进而陷入泥潭当中，良好的人际关系与战胜挫折相辅相成，在此基础上，大学生需对自我有一个全面的认知。在以往的研究中，获取快乐的能力也被称为乐观、乐观智力或者乐商，大学生的乐商对生活满意度有积极的影响作用，也可以通过心理韧性的中介进而提高个体生活满意度，具备获取快乐能力这个心理资本的大学生，可以从所经历的消极事件中获取积极成分，使积极的力量影响或者感染他人。有研究指出，心理能力对于决策能力具有潜在的预测作用，正如卢桑斯等所言，心理资本是个体表现出来的积极的心理状态，是对个体的认识和行为有着重要影响的心理资源。

二、人际关系的概念及其大学生人际关系的特点

（一）人际关系定义

人际关系是指人和人之间在不同行为过程中最直接的心理上的关系，或心理上的距离。人际关系反映了个体与群体在寻求满足其社会活动需要的心理情况，因此人际关系的好坏发展取决于交往双方对社会需要的满足程度。人在社会中不可能是独立存在的，人的存在是社会中各种关系产生作用的结果，人为什么能发展自己，正是通过和别人发生作用，从而实现自己的人生价值。

（二）人际关系分类

1.按照人际关系形式的途径分类

不可选择型人际关系主要是由血缘及先天和其他社会条件及因素决定的，是一个人与生俱来的，不可选择的，比如，父子关系、母女关系、父女关系、兄妹关系、亲属关系等。

可选择型人际关系是指按实际交际的需要，选择交际对象而形成的人际关系，是个人可以自愿选择的、个体自己做主的人际关系，如夫妻关系、朋友关系、同事关系。

2. 按照人际关系连接的纽带分类

血缘关系是由婚姻或生育从而产生的人际关系。如父母与子女的关系，兄弟姐妹关系，以及由此而衍生的其他亲属关系。它是人先天的与生俱来的不可选择的关系，在人类社会产生的最开始就已经存在了，它是人类最早形成的一种最原始的社会关系中的基本关系。血缘关系是社会的最基本的人际关系，是社会各种组织的基础，对社会的生产及人们的生活起着决定性作用。比如，家庭关系、家族关系、氏族关系。

空间距离关系是指以地理位置的远近为人际交往的区域，源于在一定的地理距离范围内产生共同的生活接触、沟通及交往活动产生的人际关系，如同乡关系、邻居关系。人的家乡观念、乡里乡亲观念就是这种关系的反映，如邻里关系、老乡关系、社区关系、城乡关系。

业缘关系是指人们由从事工作或行业活动的需求而建立的人际关系。如在一个公司里面的领导与下属关系、上下级的关系和同事关系、同级关系，行业外部的彼此合作关系、伙伴关系、较量关系、约束关系等，又如，同事之间的关系、同学之间的关系、战友关系。

趣缘关系是因人们有着相同的兴趣爱好、志趣相同而结成的一种人际关系。它是为了满足人们精神层面的需要而结成的社会关系。如朋友关系、情侣关系。

3. 按照人际关系的心理倾向分类

主从型人际关系是指人际交往中的一方处于主导的支配地位，另一方则处于被支配或服从的地位。主从型的人际关系是最牢固的一种关系，如夫妻关系。主从型的关系相对更为牢固。

合作型人际关系在合作型的人际关系中，关系中的人们有相同的目标和理想，为了能够达到共同的目标，彼此能默契地配合和相互忍让对方，在双方意见发生不同的时候，往往能够互相理解和退让。一般来说，人们都希望与他人建立这种类型的关系。

竞争型人际关系竞争型的人际关系是一种令人振奋、又使人心力交瘁的不稳定的关系。竞争的双方为了达到各自的目标，常常会全力以赴争取到胜利。

4. 按照人际关系所属的群体特征分类

正式群体中的人际关系正式群体人际关系是指，为了完成组织所规定的特定目的与特定工作而产生的正式的、官方的组织结构。在正式群体关系中，人们应当从事由组织目标所规范的行为，并使自己的行为倾向于完成这个组织的目标。

非正式群体中的人际关系非正式群体关系是不经官方规定，没有正式的结构组成，也不由组织确定的关系。往往是人们为了满足社会交往的需要，而在工作的环境中自发形成的一种无法承认、却切实存在的群体。

（三）大学生人际关系分类

大学生活和高中生活相比有着非常多的不同。特别是对远离自己家乡，到异地上大学的同学来说，更是存在天差地别。原本说的家乡语言不再使用了，更没有同一种地区方言，来自同一地区的老同学和熟悉的人也没有了，能够安慰自己、照顾自己生活的父母和家人也都不在自己身边了。"独立"这个词开始第一次正式进入了大学生的生活。但是，独立并不是代表着大学生一个人生活。由于故乡所建立的人际关系距离非常远，从而产生了新的人际关系。因此，大学生能够在完全不同的环境下开始新的人际关系，这取决于他们自身对人际关系的处理能力。大学生是否能巧妙地处理在大学这种不熟悉的环境中的人际关系，直接对大学生大学时代的学习好坏、日常生活、心理健康好坏、身体是否健康有着重大影响，更重要的是大学校园的人际关系，对大学生大学毕业后，对未来人生道路的规划产生直接影响。

作为人际关系的对象，大学生人际关系的基本构成简要介绍如下。

1. 同学关系

这种关系是大学生人际关系中最为常见的人际关系，也是最基础的人际关系。大学生如果建立团结平等、和谐友爱、互相关心、互相照顾的同学关系，不仅能增强同学彼此之间的情感交流，而且能促进高校的校园风气、学习氛围的和谐；同时能提升大学生高尚的品德和素养，增进大学生良好个性的全面提升。

2. 师生关系

这种关系是大学生人际关系最基本的关系之一，也是大学生在大学生涯中重要的关系之一。大学生尊重老师并拥有良好的师生关系，不仅使上课的教学质量得到保障，更会对大学生在学习的过程中、生活和工作之中产生深远影响，大学生如果拥有和谐的师生关系，能够让大学生完善自己的品格和素养，给大学生带来一个愉快、勤奋的大学生活。

3. 情侣关系

原来在中学家长和学校都禁止学生谈恋爱，但是到了大学就没有了这方面的限制，谈恋爱是很多大学生，在大学生涯才会建立的人际关系，也是人际关系的重要一部分。大学生要树立积极的恋爱观念，促进大学生建立正确的世界观以及人生观，对健全自己的人格有很大帮助，更有助于提升自身的道德品质等多方面培养。

4. 群体关系

这种关系是指大学生在学习生活、日常生活、工作生活的同时，参与社会组织的实践活动、学校组织的业余活动中，拥有同样的学习及兴趣爱好，拥有相同的价值观，并有着相同的认知或想法而组成的个别小团体，由于他们年龄相仿、性格相似、成长背景相似，有着相同的气质特点和仪表风度，各方面能力相当及个性特点相似或相互学习而形成的非正式的群体团体。一般来说，可区分为：老乡关系、家乡关系、同宿舍关系、各式各样学习、兴趣爱好社团的关系、人情关系等。大学里普遍存在大学生的这种群体关系。大学生能否将这种关系处理得当，将会对高校的校园风气、不同专业的风气、校园氛围的建设产生直接影响，更对校园文化的建设产生很大影响。

5. 网络关系

中国进入21世纪以来，由于人类的信息化快速发展，从而影响了整个社会的生产，以及生活方式和习惯的改变，这是产生的一种新的人际关系。网络让人产生新的社会交往活动以及众多人际关系、构成，赋予了全新的定义，从时间和空间上根本改变了传统的社会交往和人际交往方式，导致产生了许多新颖的观念及准则，从QQ到全民参与的校园网，到现在的微信，大学生的人际关系也随着交流形式的改变有了新的变化。

（四）思想政治教育对大学生人际关系的作用

思想政治教育对人与人际交往行动起着引导作用，思想政治教育的过程其实也是人与人相互交往互动的过程，其意图是在许多人际关系的行为中，让大学生正确地认识自己，并全面地了解他人和社会，促进建立人与人之间和谐的人际关系。促进大学生不断提高人际关系的实践能力，从而实现大学生的自由、全面发展。思想政治教育在充分发挥自身积极作用的基础上，能够更有效地指引大学生构建良好的人际关系。思想政治教育在大学生构建良好的人际交往关系，具体表现有：思想政治教育对人生价值、目标和行动发挥了充分的导向的社会作用。思想政治教育价值导向是以马克思主义的人生观、世界观和价值观的，它的目的在于对大学生树立正确的价值观和正确价值方向起着引导作用，更对大学生树立马克思主义的正确交往观念及准则起着积极作用，以先进的事迹榜样引导道德人格以及行为目标，从而实现提升大学生思想的道德素质，并完善人格修养，进而促进大学生人际关系中交往能力的综合发展。

1. 思想政治教育的育人作用

大学生完善自身的人格，是大学生树立正确的思想基础上的。人格是什么意思呢？意思是一个人的品格、品德、思想层次、道德情操、行为标准等，是一个人相对稳定的并且相对重要的心理特征的总和。思想政治教育发挥的重要任务：就是塑造大学生健全的人格，促进大学生形成崇高丰富的精神世界，拥有健康良好的心理素质，形成优秀的道德素养。促进大学生自身的全面发展，促进大学生提升人际关系中的心理素质和人际交往能力的提升，促进全社会的全面自由发展。

2. 思想政治教育的协调作用

大学生在大学生人际关系中矛盾和冲突与社会上的人际关系相对而言，是有所区别的，但大学生可能会在学习和日常生活中，在与别人的交往中产生交流或沟通上发生冲突，产生矛盾，这个时候，思想政治教育可以对大学生的人际关系充分发挥协调作用，在对大学生切身利益的充分尊重基础上，增进高校教育者和大学生的沟通和相互理解，高校教育者能够有效快速地掌握大学生在思想和情绪上的变化。此外，思想政治教育同样有着很多方式，能够增进教育者和学生、同学、舍友等人际关系中的交流和沟通，能够促进大学生宣泄情绪，并能交换彼此的需要，从而改正交往过程中的态度，加深彼此了解，加强大学生人际关系问题处理能力，促进在人际交往中的良好沟通。

3. 思想政治教育的激励作用

大学生人际关系中是需要主动并积极地与人交流，在这种交流中，思想政治教育能够充分发挥他的激励作用，但是思想政治教育的实施者必须尊重、关心、理解其他人，这样才能处理好人际关系，不然就不能通过对方的语言和肢体表情动作等形成凝聚力，思想政治教育应当产生人才方面的收益、情感收益以及生产经济的收益。思想政治教育都是在这个前提条件下发挥作用的，需要借助外在的物质条件以及思想方式，通过多个方面促进大学生在处理人际关系时的行为思想发生变化，进而增加人际关系的原始动力，最大限度地激发大学生的积极以及创新性的人际关系的动力，思想政治教育将大学生的内在需求转化为在人际关系中的实践行动的目标，从而建立和谐的人际关系，大学生建立良好的人际关系是在发挥了思想政治教育的激励作用的基础上实现的，这一作用能够引导大学生拥有良好的人际关系。

三、大学生人际交往健康的主要标志

（一）乐于交往

乐于交往即有交往的需要与意愿。心理学家通过实验证明，一个人若与世隔绝，社会交往被剥夺，往往会呈现不同程度的心理障碍。因此，一个心理健康的人应乐于交往，待人真诚，富有同情心，能在交往中找到生活的乐趣。

（二）善于交往

人际交往健康的人不仅乐于交往，而且善于交往。他们对人际关系有敏锐的感受力，能及时调节自己的行为，以适当的方式和别人建立和谐的关系。即使在人际交往遭遇困难时，也能采取成熟的方式应对，绝不企图逃避。

（三）善于赞赏别人的优点

具有良好人际关系的人，善于发现并赞赏别人的优点和长处，能够尊重他人的独立性，设身处地帮助别人，并乐意听取别人的意见，学习他人的长处。

（四）有积极肯定的自我认识

有积极肯定的自我认识即具有良好的自我感受和自制力，善于发扬自身长处，在人际交往中能保持独立自主，不轻易盲从他人。

（五）有友善的幽默感

有友善的幽默感这是很重要的，幽默感是人们适应环境的工具，是人际关系的"润滑剂"，用幽默的办法对付烦恼，不仅可以化解痛苦，而且可以使人际关系变得轻松、愉快。

在现实生活中，不可能每个人都会达到健康的人际交往标准，而且由于交往双方的社会、文化、心理因素等方面的差异，人际关系中还经常有障碍出现。

四、大学生人际交往的障碍及原因分析

（一）大学生人际交往的障碍

1. 缺少知心朋友

这些大学生通常能正常交往，人际关系也不错，但自感缺乏能互诉衷肠、同甘共苦的知心朋友，为此，有时不免感到孤独和无奈。

2. 与他人交往平淡

这些大学生能与他人交往，但总感到与人相处的质量不高，缺乏影响力，多属点头之

交，难以保持良好的人际关系，经常感到空虚、迷茫和失落。

3. 感到交往有困难

这类大学生渴望交往，由于能力有限、方法欠妥、个性缺陷或交往心理障碍等原因，致使交往不尽如人意，感到苦恼。

4. 社交恐惧症

这类大学生对人际交往敏感且害怕，极力回避与他人接触，不得不交往时则感到紧张、恐惧、面红耳赤，难以自制。为此，常陷入焦虑、痛苦和自卑中，影响身心的健康成长。

（二）形成大学生交往不适的原因

1. 客观方面

大学生的集体生活：一方面创造了彼此交往的条件；另一方面也构成了矛盾纠纷的源泉。同学们来自五湖四海，个性、习惯、喜好千差万别，磕磕碰碰的事难免发生。特别是新生，面对生疏的环境，总会或多或少地产生孤独感与失落感，从而影响人际关系。另外，现代社会生活节奏加快，人际关系日趋复杂的大背景对大学生的人际交往也有消极影响。

2. 主观方面

从交往的个体上看：包括个体的认知因素、性格因素及能力因素等。大学生对自己有无正确的评价，会影响人际交往中的自我表现：低估则自卑，导致人际交往中行为畏缩；高估则自大，导致交往中指手画脚，而一些不良性格和能力局限也容易造成人际交往障碍。

第二节　学业压力类诱导因素分析

为了提高就业竞争力，大学生除了要完成必修的学业外，还要参加各种等级考试和资格考试。频繁的应考、学业压力、重修等，都成了学生的学业危机。

一、大学生学业压力的基本概念

（一）学业压力

"压力"的概念从最初的物理学定义，迁移到现在的心理学领域、卫生领域的定义，其实质内涵并没有发生改变，都是指某物对外界刺激的反应。具体到心理学中，学者们倾向于将人所感受到的压力定义为一种状态、一种反应，即个体的身心对外界的过度要求或威胁产生的一种紧张状态，进而做出一定的反应来应对紧张感觉，或者采取积极措施，或者采取消极措施。这种紧张状态是由于外界的强大压力而产生的，如果没有来自生活情境中或是工作情境中的威胁，个体就不会感觉到紧张。将"压力"的概念运用到学习情境，就是学生的学业压力。

学业压力是指学生在学校里与学习活动有关的各种负担，即通常所说的"课业负担"，其中既包括主体以外的客观环境因素构成的学业负担，也包括主体精神因素构成的学业负担。在心理学研究领域，学业负担一般是在学生与环境的交流过程中，对学生提出要求继而使学生产生学业压力。持系统论的学者认为，学生的学习行为是一个系统，包括学习的物理技术环境，学习中的人际关系，还有学生自我。物理技术环境是指学校的教学设备、教学环境、班级学习气氛、教材等；人际关系环境指与学生学习有关的同伴间、学生与家长、教师间的关系等；自我系统是指与学生学习有关的个体的智力、非智力等方面。学生的学业压力正是由这三种环境的相互交织、作用而产生的。

（二）学习动机

动机，是心理学概念，是指引起个人行为，维持该行为，并将该行为导向某一目标的过程。一个动机得到满足了，另一个动机相继而起，或同时有几个动机引导一个人的行为。学习活动引向一定的目标。学习动机是由学习需要和诱因两个方面构成的。学习需要是学生追求学业成就的心理倾向，是社会、学校和家庭对学生的客观要求在学生头脑中的主观反映。学习需要是学习动机产生的基础。但是，只有学习需要并不代表会产生学习动机，当出现与学习需要相适应的外部诱因时，才会产生学习动机。

1. 学习动机的含义

（1）动机

在心理学中，动机是指驱动人或动物产生各种行为的原因。动物的行为简单，其行为原因比较容易理解。人的行为复杂，其行为背后的原因则不易解释。在心理学家研究心理现象时，直接观察到的是外界施加的刺激和机体（人与动物）做出的反应（行为）。至于包括人在内的机体为什么会出现这样或那样的行为，在心理学回答涉及行为起因的问题时便假设一个中间变量，即动机，以解释行为的起因和动力。在涉及动物行为动机时，常用需要和内驱力来解释。如食物剥夺引起饥饿，这种饥饿刺激作为一种内驱力驱使动物寻找食物；动物吃到食物，饥饿消失，停止寻找食物的行为。在涉及人的行为时，除了使用需要和内驱力等概念之外，还采用目标、兴趣、愿望、理想、信念等概念来解释。因此，需要、目标（或目的）、内驱力、兴趣、理想、信念等都成了描述人的行为原因的术语，它们表达的概念难以严格区分。

动机有两种功能：第一，唤醒与维持功能。动机水平高的个体同动机水平低的个体相比，其情绪和意识处于较高的唤醒状态，在动机指向的目标达到之前，这种唤醒状态将维持下去。如学生在迎接高考或中考时，其唤醒状态保持较高水平，一直要到考试结束后，思想和情绪才会放松。第二，指向功能。有较强动机的个体，同无动机的个体相比，其思想和行为更集中指向满足动机的客体或事物。如一名球探与一名普通球迷同看一场足球赛，由于球探有特殊动机，其行为指向与普通球迷不同，他将注意力集中在他关注的球员表现上。

动机是以内驱力和诱因为必要条件而存在的，内驱力是指推动有机体的能量，包括生理的内驱力和社会的内驱力；诱因是指吸引有机体的行为目标，即能满足有机体需要的目的物。当有机体的行为被内驱力激起并指向一定的诱因时，就会产生行为的动机，直接推动一个人进行某种活动。

（2）学习动机及其构成

学习动机是激发个体进行学习活动，维持已引起的学习活动，并使学习行为朝向一定目标的一种内在过程或内部心理状态。学习动机的两个基本成分是学习内驱力和学习诱因，两者相互作用，形成学习动机的系统。

学习动机的内部构成。对于教育心理学家和教育实践工作者来说，他们更为关注的是学生在课堂中表现出的学习动机。在课堂里学生主要有哪些需要和动机可以促使他们把自己的行为指向学习？它们是由哪些心理因素构成的？根据美国著名教育心理学家奥苏贝尔的观点，学生课堂学习动机由以下三个方面的内驱力（需要）构成。

①认知的内驱力。内驱力是一种要求了解和理解的需要，要求掌握知识的需要以及系统地阐述问题并解决问题的需要。不少心理学家根据经验和实验证明，一般来说，这种内驱力多半是从好奇的倾向，如探究、操作、领会以及应付环境等有关的心理素质中派生出来的。认知内驱力可能是一种最重要和最稳定的动机。这种动机指向学习任务本身（为了获得知识），满足这种动机的奖励（知识的实际获得）是由学习本身所提供的，因而也被称为内部动机。目前，教育心理学家越来越重视内部动机的作用，越来越强调以"了解和理解"激发进一步学习的动机的价值。他们指出，教育的主要职责之一，是要让学生对获得有用的知识本身发生兴趣，而不是让他们被各种外来的奖励所左右。

②自我提高的内驱力。自我提高的内驱力是个体对因自己的胜任能力或工作能力而赢得相应地位的需要。这种内驱力把成就看作赢得地位与自尊心的根源，它显然是一种外部动机。所以，对于学生来说，成就动机这个自我提高的内驱力，既可促使学生把自己的行为指向当时学业上可能达到的造诣，又可促使学生在这一成就基础上把自己的行为指向今后在学术和职业方面的目标。换句话说，自我提高的动机，既是学生在学习期间力图用学业成绩来取得名次或等级的一种手段，也是他们在未来的学术生涯或职业生涯中谋求做出贡献和取得地位的一种手段。

③附属的内驱力。附属的内驱力指的是一个人为了赢得长者（如家长、教师等）的赞许或认可而表现出来的把工作做好的一种需要。这是一种典型的外部动机。学生求得学业成就，并不是把它看作赢得地位的手段，而是为了要从长者那里获得赞许或认可。这里必须指出的是：第一，学生与长者在感情上具有依附性，长者是学生所追随和效仿的人物；第二，学生从长者那儿博得的赞许或认可（如被长者视为可爱的、聪明的、有发展前途的人，而且得到种种优惠的待遇）中获得一种派生的地位，所谓派生地位，不是由他本身的成就水平所决定的，而是从他所追随和效仿的某个人或某些人不断给予的赞许或认可中引申出来的；第三，享受到这种派生地位乐趣的人，会有意识地使自己的行为符合长者的标准和期望（包括对学业成就方面的一些标准和期望），借以获得并保持长者的赞许，这种赞许往往使一个人的派生地位更确定、更巩固。

应该注意的是，在成就动机中表现出来的认知内驱力、自我提高的内驱力与附属的内驱力这三个组成部分的不同比例，通常因年龄、性别、社会地位、种族起源以及人格结构等因素的不同而有所差异。因此，学生课堂学习动机中既有内部动机的成分，也有外部动机的成分，课堂教学的一个主要目标应是促使学生对学习活动本身产生兴趣，使之产生内部动机。同时，也不应否认外部动机的作用，应该使两者互相配合，共同发挥激励作用。

学习动机的外在诱因。学习诱因是指吸引有机体的行为目标，即能满足有机体需要的目的物或刺激物。诱因可以是简单的物体如食物、水等，也可以是复杂的事物如名誉、地位等。诱因按其性质可分为两类：一是个体因趋向或取得它而得到满足时，这种诱因（如食物）称为正诱因；二是个体因逃离或躲避它而得到满足时，这种诱因（如电击）则称为负诱因。

2. 学习动机的分类

（1）根据学习动机内容的社会意义划分

学习动机可以分为正确的、高尚的学习动机和错误的、低下的学习动机。判断学习动机正确与错误或高尚与低下的标准是看它是否有利于社会和集体。如把学习看成是对社会多做贡献和应尽的义务，则是正确、高尚的动机，而把学习看成猎取个人名利的手段，则是错误的、低下的动机。但这种划分有时难以正确地掌握标准，因此，需持谨慎态度。对许多低年级的学生来说，他们可能并不理解什么是高尚的动机，他们可能就是为了一个好的分数或为获得父母的奖赏而学习的。因此，这种划分有简单化之嫌。

（2）根据起作用时间的长短划分

学习动机可以分为直接的近景性动机和间接的远景性动机。直接的近景性动机是指由活动的直接结果所引起的对活动的动机，如学习是为了应付老师的测验或为了博得老师的好评等。这种动机很具体，效果比较明显，但不够稳定，易随环境的变化而变化。间接的远景性动机是指由了解活动的社会意义、活动结果的社会价值而引起的对某种活动的动机，如学习是为了实现个人对社会做贡献的远大理想而努力学习。这种学习动机既具有一定的社会性和理智色彩，又与个人的志向、理想、世界观相联系。因此，具有较强的稳定性和持久性，能在相当长的时间内起作用。

（3）根据动机起作用的大小划分

学习动机可以分为主导性的学习动机和辅助性的学习动机。人的动机虽然多种多样，但在一定的时期内或某个特定的活动中总是有一种或一些动机处于支配地位，发挥主导作用，称为主导性动机，它对人的活动起着主要作用，制约着活动驱力的大小、久暂及活动的方向。其他动机则处于从属地位，只起辅助作用，则称为辅助动机。

（4）根据动机的强弱标准划分

把学习动机分为普通型学习动机和偏重型学习动机。前者是指对所有学习活动都有学习动机，不但对所有知识性的学科都认真学习，而且对技能型学科甚至课外活动也从不怠慢；后者是指只对某种或者某几种学科有学习动机，对其他学科则不予注意。

（5）根据诱因来源划分

学习动机可以分为内部动机和外部动机。内部动机是指诱因来自学习者本身的内在因素，即学生对活动本身发生兴趣而产生的动机，活动本身就能使其得到满足，无须外力的作用，也不必施以外部报酬和奖赏而使之产生某种荣誉感。

（三）学业倦怠

学业倦怠的概念主要借鉴职业倦怠。国外学者将学业倦怠定义为：学生因为长期的课业压力和负担，而产生精力耗竭，对课业及活动的热情逐渐消失、与同学态度冷漠疏远，以及对学业持负面态度的一种现象。

1. 情绪衰竭

处于学业倦怠状态下的学生缺乏学习热情，对学习冷漠、悲观，在课堂上或学习过程中容易感到疲劳、嗜睡，容忍度低、性急易怒、沮丧无助，神经质或被其他更为极端的心理病态所困扰。

2. 非人性化

用非人性化的态度来对待教师，拒绝接纳教师，不尊重教师，将教师视为没有感情的事物，用蔑视性的称谓称呼教师，从而对自己的学业失败进行合理化。不仅如此，对同学也常常持多疑妄想的态度，同学之间的人际关系不好，矛盾增多。自我控制能力降低，可能会采取一些冒失行为，甚至出现伤人毁物等极端行为，来打破长期以来的单调生活。

3. 低成就感

学生在学业上的低成就感主要有两种表现：一种是觉得学习大学课程对自己的人生没有意义，常有空虚无聊感；另一种是学生感到他们无法从学习中获得更大进步，自己付出的努力没有效果或收效甚微时，很容易产生较强的自卑感。当较低的成就感与学业倦怠的前两种症状结合在一起时，学生就会丧失理想和学习动机，通过减少心理上的投入来抗拒改变，这时失败就会成为他的一种生活方式，这就是心理学所讲的习得性无助。

处于学业倦怠状态下的学生，逃课率和暴力行为的发生频度都远远大于正常状态的学生，不仅个人生活质量差，而且给学校的学风、校风乃至整个社会风气都带来了极大挑战，严重影响了学生的个人成才、学校的健康发展甚至国家的人才发展战略，我们应对这种现象给予足够的关注。

二、大学生压力的来源

（一）学业压力

学业压力是当代大学生面临的主要压力。首先，进入大学后，学习环境变得更加自由，学生以自主学习的学习方法为主，并且课程多，难度大，内容复杂，学习任务一点儿也不轻松。这种学习环境的巨大变化容易导致大学生心理上的不适应，与此同时，中学时期是以高考为唯一目标的对知识的理解与记忆，而大学时期注重的是自身能力和综合素质的培养和提高。众多变化交织在一起使大学生心理上难以适应。在这种学习环境的变化中，一些大学生因不能正确定位自己而容易感到失落、迷茫，这种心理上的巨大落差容易引发巨大压力。

其次，社会对大学生的要求越来越高，素质与技能的高要求使大学生在大学期间要掌握的知识和技能明显超过了一般学生，同时，社会对大学生的要求相对比较模糊，并没有具体提到需要学习什么，这就在无形之中给大学生带来更大的学习压力。在学校方面，应试教育仍然是主旋律，忽视素质教育使大学生的心理素质不过关，由于各种评优评先都与分数相关，有时会埋没大学生自身的创造和科研能力。在家庭方面，孩子是父母的未来，父母对孩子的期望过高，一味为孩子安排学校和专业而忽视了孩子的心理教育，盲目从众让孩子考研考博让孩子背负极大的压力。最后，大学生自身对学习缺乏动力，自己的专业与自己的兴趣相差甚远，根本没有求知的愿望，厌倦学习，同时为了顺利毕业而一直在痛苦中挣扎，这使他们容易产生巨大的压力。各种应试压力使学生产生心理失衡，缺乏信心，最后往往会心理上不堪重负。

（二）经济压力

首先，高学费、低收入催生了一批经济贫困的大学生群体，经济困难导致一些大学生产生心理的严重自卑感。对于贫困学生家庭来说，每年上万元的学费和生活费是一项相当沉重的经济负担，贫苦大学生在迈入大学校门的一刻起心理上就一直承受着不同寻常的经济压力。

其次，社会上攀比之风、吃喝玩乐之风盛行，大学校园竞相消费现象也强烈刺激着部分贫困生，物质条件的窘迫使很多贫困生甚至是家庭条件一般的学生产生自卑心理，对这部分学生来说，因经济条件不好造成的心理创伤往往超过贫困本身所带来的压力。这种巨大的压力使他们在生活中缺乏自信，不愿与人交往，心理上产生逃避甚至发展成更严重的心理问题。

最后，许多学生自尊心极强，不愿成为别人关注的焦点，他们不愿接受帮助即使勉强接受帮助也对其心理产生了巨大的伤害，还有一些虚荣心强的学生通过消费与自己经济能力不符的商品来满足自己的虚荣心，一些大学生甚至陷入网贷陷阱的现象普遍存在，这种掩饰自卑心理的做法往往会导致更大的压力以及更严重的后果。

（三）适应压力

当代大学生很多都是独生子女，经济水平的整体提高使物质条件相对富裕，如今大部分家庭都达到小康水平，大部分父母对子女的宠爱很容易使子女逐渐养成一种以自我为核心的处世理念，对父母的依赖性极强，独立生活能力差。另外，大学是半个社会，适应大学生活也是大学的重要内容之一，同时也是高等教育的任务。但是，一些大学生进入大学后，离开了父母的精心呵护，离开了温室的养育，开始独立生活，需要学会处理学习、人际和生活中的每一件事，这使他们完全没有心理准备，容易产生对新生活的迷茫，或者遇到一些问题和矛盾就容易产生巨大的压力。与此同时，大学生对挫折的心理承受力差，面对新的学习方式不能快速适应就容易导致自暴自弃，面对一个新的陌生环境常常感到恐惧与不安。

（四）恋爱压力

爱情是社会一直炒得很热的话题，新闻媒体经常有相关报道。在校大学生基本处在18～25岁的年龄段，面对恋爱压力，一些大学生容易表现出情绪失落、自卑和幻想等严重后果。首先，大学生追求理想中的爱情，在处理爱情与学业关系的时候，更是有一些大学生选择了爱情而放弃了学业，从而荒废了大学的学业，在学业上一事无成，一旦爱情上出现问题就会给其造成巨大的打击，从而当事人心里会产生巨大的压力。其次，失恋更容易形成恋爱压力，它也是恋爱压力的主要来源。一旦面临失恋或者有这种趋势，人就会产生挫折感，心理失去平衡，出现异常。

此外，还有一些大学生认为没有恋爱就是自己没有吸引力，对自己失去信心，从而不敢与外界特别是异性接触，这种心理又进一步助长了压力的形成。

（五）自卑压力

自我评价过低是一种最为常见的自卑心理，他们通常觉得自己一无是处，常常处于消极状态中。还有的学生通过回避行为来避免别人看出自己的缺陷和不足，在学习和生活中说话犹豫，不善于自我表现，容易形成自我封闭的性格。

另外，人际关系不良与缺乏个人特长都会导致大学生产生自卑心理，大学生活丰富多彩，那些在各方面如体育、写作和文娱等方面表现出专长的同学容易受到别人的羡慕，而没有特长爱好的学生会产生消极的自我暗示。最后，过分追求完美对自己要求严格，希望自己完美无瑕，就会无形之中给自己埋下压力的种子，结果难免给自己带来一些不必要的困扰，产生巨大压力。

（六）人际压力

人际交往是人类一种最基本的社会活动，大学生的人际交往是指大学生和与之有关系的一切人的人际关系，不合适的人际关系会给大学生带来很大压力。沟通不良、人际冲突、缺乏社交的基本态度与技能以及各种个性交织往往会造成人际交往不畅。因自负不屑与同学交往和因恐惧不能与其他同学正常交往都会使大学生陷入孤独和封闭的境地，再加上现在社交软件的盛行，低头族的大量涌现使人际关系紧张；有些大学生尽管主动与人交往，但在对人的认识上常有偏见和误解，导致人际关系不协调难以让他人接受；还有些大学生对人际交往带有浓厚的感情色彩，但是缺乏必要的勇气和技巧，最终导致人际交往挫折感。生活在这种封闭或者半封闭的状态中，或者经常不能被其他同学接受，会造成自卑、抑郁等不良情绪，最终导致压力巨大，甚至不堪承受。

（七）就业压力

数据显示，2021届高校毕业生规模909万，同比增加35万，就业压力空前。面对就业大学生更容易产生压力。

首先，林林总总的选择与激烈的市场环境在无形中给大学生带来了巨大压力。大学生面对众多企业与事业单位时，患得患失，无法选择，心中十分矛盾，而一旦没有好工作就会造成更大的压力。有些大学生更是不能解决好求职过程中的失败，一旦遇到挫折就一蹶不振，缺乏正确的心态和信心，这使他们无法很好地与企业单位进行沟通，从而导致恶性循环。

其次，面对就业过程中的多方面压力，心理承受能力比较弱的学生容易产生很大的心理问题，过于自负与自卑都会导致出现问题。在面对双向选择、自主择业的大环境下，大学生在优胜劣汰的市场上成为各种商品，面对严峻的就业环境，很多大学生根本就找不到称心如意的工作。就业本是高校学生最为关注的问题，多方面的现实导致大学生产生焦虑，最终造成严重的就业恐惧。

最后，大学生对自我认识的偏差可能会带来择业心理偏差。两种极端在大学生择业过程中比较常见：一是自我评价过低，不能正确认识到自身的优势与长处，夸大自己的不足与缺陷，这种消极的心理会严重影响他们的求职质量。同时一些大学生性格内向，在求职过程中不善言辞，不敢大胆推荐自己，这种对自己评价过低的学生可能会导致自己认知功能的丧失。二是自我评价过高，认为自己什么都懂，在择业过程中这些学生心理价位偏高，结果往往造成高不成低不就，最后看到别人都签约了而导致不良情绪并给自己带来巨大压力。

三、目前高校在学生学业层面存在问题

学习是学生在学校期间的核心任务，学习的过程也是学生掌握生存技能、适应社会发展的过程。学生在学校学习期间打下的学业基础，决定了其在走入社会时发展的基础以及未来发展的差异性。但在目前的高校，教育体制和学校办学理念的差异，导致学生在完成学业的过程中存在很多问题。

（一）理论与实践相脱节

很多课程的安排和教材的编著已经完全脱离时代发展的需要，学生在学习过程中无法做到理论联系实际。教师本身就对教材内容存在疑虑，这种强迫式的灌输方式只会使学生在心理上产生迷茫，形成逆反心理，很难达到学习的效果。

（二）教学水平参差不齐

学校在教师的选拔过程中唯学历论，缺少对教师教学技能的考核，因此教学过程很难与学生形成共鸣，不能达到预设的教育效果。

（三）职业生涯规划形式大于内容

各个高校都重视对学生进行职业生涯规划的教育，学生在刚入学时就填写职业生涯规划书，但是这种为了做而做缺少实际操作意义。在操作过程中，学校并没有对职业生涯进行有效的指导，学生对职业生涯规划的概念模糊。

（四）高校心理咨询发展缓慢

在学业面临很大压力的情况下，学生难免在心理上出现各种问题。调查表明，大学生中觉得学校心理咨询工作一般和对之不了解的人占大部分，觉得很好或较好的只占16%，有13%觉得很差或较差，真正去学校心理咨询室的人很少，只占很小一部分。学校在这方面的宣传也很少，对学生的心理健康关注程度不够高。学校的心理咨询与辅导工作应当作为重要环节，而很多高校却将之忽略了。

四、学业压力导致的大学生心理问题

（一）考试焦虑，生活烦躁

虽然说大学不像高中那样三天一小考、五天一大考，但是依旧有着较为繁重的学习任务和大量考试，而且考试成绩的重要程度还更高。常规的期末考试直接与是否重修及结业成绩挂钩，而其他的四六级、计算机考试等则又与就业有关。因此，从某种程度上而言，大学生面临的考试压力不比中学生小，只不过从表面上来看考试频次大幅减少。当然，这些考试压力是无法完全消除的，只有在考试压力的刺激下，学生才能认真学习、拼搏进取并取得优异成绩。但是当考试压力过大时，那么其也就变成了负性学业压力，将会对学生的心理健康造成严重影响，使学生产生程度不一的考试焦虑。

在大学生出现考试焦虑的心理问题后，通常会在考试前后的时间段内表现得极为焦虑、烦躁，反而容易导致考试结果不够理想，并且进一步加剧考试焦虑状况，从而陷入恶性循环，对学生的身心健康极为不利。

（二）学习动力缺失，厌学情绪

爆发就目前来看，部分大学生呈现较为强烈的厌学情绪，学习动力缺失，不愿意主动、积极地投入学习中。导致这一问题的原因比较多，既有内源学业压力的影响，也有外源学业压力的作用。

例如，学生自己惰性过重、家长对学生的学业期望过高、学业任务过于繁重等，都会导致大学生感受到过度的学业压力。在这些过度负性学业压力的长期影响下，大学生将逐渐失去学习的兴趣和动力，如果没有及时得到正面反馈的话，那么这种情况将会越来越严重，从而导致学生缺失学习动力，并会爆发出较为严重的厌学情绪。

久而久之，大学生宁愿选择其他方式来消磨时间，如上网、谈恋爱等，从而使其长期处于消极颓废的精神状态。

（三）生活抑郁，漠视生命

当大学生长期面对过度的负性学业压力后，所造成的心理问题会逐渐加剧，到了最严重的时候甚至会使大学生处于长期抑郁，甚至会漠视生命。毫无疑问，这已经是最为严重的由学业压力所造成的大学生心理问题了。通常来说，大学生出现这种症状都是因为长期处于高压状态，没有得到有效缓解，再加上外界因素做导火线而引发的。例如，大学生因为自身学习方法不当，长期以来无法取得理想的学业成绩，再加上自身制订的学业目标过高，那么大学生必然会承受极大的学业压力，从而出现焦虑、烦躁等状况。在长期处于焦虑、烦躁状态下，大学生的心理承受能力将会变得更加脆弱，这时候如果还有外界因素如家长的责骂，教师的漠视等刺激的话，那么很容易导致大学生心理状态失衡。

第三节 心理疾病类诱导因素分析

一、大学生常见心理疾病的识别

(一) 判断正常心理和异常心理的原则

这是一个比较复杂的问题,因为正常心理和异常心理无一明确的界限,正常人在某个时期也会有异常心理活动,精神病人哪怕是最严重时也有正常心理活动。近年来,国内外不少心理学家为正确地区分正常心理和异常心理,制定了不少测验工具和量表,并应用现代化的仪器去处理数据,使心理测量有了很大进步。但是,由于人的心理活动极其复杂,简单的量表测得的结果只能起参考作用,判断一个人心理是否异常及异常的程度,主要还是靠认真观察。

1. 主客观是否一致

主要是观察其心理活动与外界环境的协调性。一个人正常的心理及受它支配的情感和行为,应与外界相协调,而不应发生矛盾和冲突,他们的言谈和举止,应该受到正常人的理解。比如说,一个同学在班级里唱一支一般化的歌曲,可引起大家的掌声,但如果在一个会议上突然引吭高歌,就会引起人们的惊讶。我们说前者为正常心理,后者为心理异常,因为和外界环境不协调。

2. 知、情、意是否统一

就是观察其心理活动与情感和行为的一致性。一个人的心理活动应与受它支配的情感和行为是一致的,比如,一个同学面带笑容地讲述他的不幸遭遇,我们说他对痛苦的事件缺乏相应的内心体验。知觉、情感、意向不协调,也是一种异常心理。

3. 人格是否稳定

人格是否稳定即观察当事人心理活动的相对稳定性。一个人受遗传素质、家庭教育、环境影响,使他们对现实有个比较稳定的态度和习惯的行为模式,这就是人的性格特点。它相对稳定,如果一个人几年来一直寡言少语,不明原因突然变得话多而爱交往,给人一种判若两人之感,这就说明心理异常了。

(二) 高校大学生常见异常精神障碍的识别

大学生中常见的心理问题,大多是成长中的一般问题,通过自身的调节、朋友家长及老师的相助,一般都可以顺利度过。但也存在极少数较为严重的心理障碍,甚至是心理疾病,如神经症、人格障碍等,这些精神疾病在很大程度上影响了大学生的身心健康,严重阻碍了其成长成才和发展。特别是重性精神疾病,对自身和他人都存在极大的破坏性,是校园潜在的危险和危机。作为学生工作者必须认识和学会识别这些精神疾病,做到及早识别,及早治疗,防患于未然。

1. 精神分裂症

精神分裂症是一种常见的精神疾患,病因不清,多起病于青壮年,病前可有一定的心理、社会因素。临床表现主要是在思维、感知、情感和行为等方面出现紊乱和不协调,如怀疑有人迫害自己,饭菜里有毒,外出感到有人跟踪自己,自己的想法被他人洞悉,听到背后有人议论自己,或有声音时常对自己评头论足等。

精神分裂症的诊断目前仍主要依赖于临床,至今仍未发现有确诊意义的生物学指标,实验室的检查只能是排除其他器质性病因。精神分裂症的诊断需要病程至少持续存在3个月,有社会功能明显受损或缺乏现实检验能力,另外,在精神症状表现上至少有下述六项肯定存在。

(1) 联想障碍

联想障碍属于思维形式障碍,是精神分裂症的症状之一,其主要表现为思维联想过程缺乏连贯性和逻辑性,是精神分裂症最具有特征性的障碍。包括联想的速度、范围、途径、自主性等方面的障碍,如思维迟缓、思维奔逸、思维散漫、思维贫乏、病理性象征性思维、语词新作、持续语言、思维破裂、思维不连贯等。

(2) 妄想

原发性妄想或内容荒谬离奇,如认为自己的大脑受无线电波控制,房间里装上窃听器,被人跟踪,周围人都用异样眼光看着自己等。

(3) 情感障碍

不协调,淡漠或倒错,如自言自语,痴笑,喜怒无常等。

(4) 幻听

听到有人评论自己的声音或命令、争论性幻听,感到自己的思维被大声地讲出来等。

(5) 行为障碍

紧张症状群(木僵),或怪异的愚蠢行为。

(6) 意志减退

孤独、退缩、生活懒散,不注意个人卫生,数日不理发、不洗澡等。

2. 抑郁症

抑郁症是以心境低落为主,与其环境不相称,可伴有思维缓慢和运动性抑制,患者表现为自我感觉不良、情绪低落、对外界反应缓慢、联想迟钝、言语动作减少,甚至发生木僵。患者可伴有自卑、自责和自罪观念,严重者可出现幻觉、妄想等精神病性症状。

抑郁症的临床表现有以下几点。

(1) 抑郁心境

这是抑郁症患者最主要的特征,轻者心情不佳、苦恼、忧伤,终日唉声叹气;重者则情绪低沉、悲观、绝望。

(2) 快感缺失

对日常生活的兴趣丧失,对各种娱乐或令人高兴的事体验不到乐趣。轻者尽量回避社交活动；重者闭门独居、疏远亲友、杜绝社交。

（3）无明显原因的持续疲劳感

轻者感觉自己身体疲倦，力不从心，生活和工作丧失积极性和主动性；重者甚至连吃、喝、个人卫生都不能顾及。

（4）睡眠障碍

有 70%～80% 的抑郁症患者伴有睡眠障碍，患者通常入睡无困难，但几小时后即醒，故称为清晨失眠症、中途觉醒及末期失眠症，醒后又处于抑郁心情中。伴有焦虑症患者表现为入睡困难和噩梦多，还有少数的抑郁症患者睡眠过多，称为"多睡性抑郁"。

（5）食欲改变

表现为进食减少，体重减轻，重者则终日不思茶饭，但也有少数患者有食欲增强的现象。

（6）躯体不适

抑郁症患者普遍有躯体不适的表现。患者日常检查和治疗不明原因的疼痛、疲劳、睡眠障碍、喉头及胸部的紧迫感、便秘、消化不良、肠胃胀气、心悸、气短等病症，但多数对症治疗无效。

（7）自我评价低

轻者有自卑感、无用感、无价值感；重者把自己说得一无是处，有强烈的内疚感和自责感，甚至选择自残作为自我惩罚的途径。

二、形成大学生心理疾病的主要原因

（一）社会对心理疾病的认知不足

首先，家庭中家长、学生对心理疾病的认知存在不足表现为不知、不承认、不重视心理疾患的存在。

社会高速发展，大学生心理发育尚未完全成熟，然而现代文明的发展使人类愈发脱离其自然属性，污染、生活快节奏、紧张、信息量空前巨大、社会关系复杂、作息方式变化、消费取向差异、在公平的理念下不公平的事实拉大、溺爱等因素，都使心理疾病逐渐增多并恶化，加上学生本身的学习压力、家庭经济状况困窘等各种原因，大学生已然成为心理疾病的高发人群。心理疾病种类很多，表现各异，而且有可能出现更多，或已经合理化（不认为是心理疾病），家庭往往会熟视无睹，轻视存在问题所带来的严重后果。心理承受能力弱或已有心理问题倾向的大学生可能出现自卑、忧郁、焦虑等心理不适现象，但由于家长不重视或大学生自我认识片面、不愿承认心理问题，从而忽略心理的疏导与治疗；有些甚至是校方已发现问题与家长联系，但家长存在不想承认学生患有心理疾患的心理，或家长因医院就诊困难、医疗费用高、疗程长等原因，单纯依赖校方心理咨询室或心理健康教育解决心理问题；还有一些是大学生入学前已经出现心理问题，但家长对高校隐瞒，使学校未能及时对其建立心理健康档案和协助进行心理咨询疏导，导致学生心理障碍越来越严重，学生不能摆脱痛苦，影响正常的学习和生活，最终因未得到及时的重视与干预而产生更严重的心理危机事件如自残等，这类事件的发生，将给家庭、高校、社会带来极其严重的后果。

其次，家长、大学生对心理疾病的医学专科诊治存在误区。

误区一，在中国的社会，人们对心理疾病存在抵触和常识缺乏，有"讳疾忌医"的心理，以为心理疾病就是"精神病"，往往不愿承认自己已然存在的心理问题，认为是一般心理不适。家长送学生到学校，认为其思想问题可以交给学校的心理咨询和疏导就能得到解决。而到医院就诊，医生则会夸大病情，影响学业，所以拒绝接受医院的专业诊治，这是误区一。

误区二，家长、学生即便"认同"医学专科诊治，但为避免同学歧视，不愿在校期间服用药物，或因服药时间长未按疗程坚持服药，未按时到医院或学校心理咨询中心配合心理疏导、行为训练等辅助治疗。由于未严格按医嘱进行系统治疗导致病情反复或加重。实际上，心理疾病在我国发病率逐年上升。国内心理疾病的专科治疗，即药物心理治疗和行为训练等各种疗法已然成熟，能够治愈很多心理疾病患者。正确对待和干预心理疾病，在很大程度上能够做到控制和减少大学生心理危机事件的发生。

（二）心理疾病干预的专业人才较为匮乏

高校心理健康教育制度化，包括建立大学生心理健康教育工作的领导机制，制定相关机构及工作人员责任制度，建立专业资格准入及审查制度等。其中，专业资格制度非常重要，专业技术人才的素质直接关系到心理健康教育、心理咨询、心理疏导等各项心理疾病干预工作的正常、科学、合理、有效运行。在我国，有心理医生和心理咨询师两种职业，二者的认证部门和认证证书不同。心理医生医学出身，治疗轻度精神病人和非精神病人但有心理障碍的人，有药物处方权。心理咨询师是学心理学，主要解决健康人群的心理问题。高校心理咨询人才需要具有心理学、教育学等专业学历学位，经正规培训达规定标准学时数，并取得结业证书。由于高校地域、规模、收入、职业前途等原因，我国高校心理咨询师等专业人才较为匮乏，专业人才不足或专业技术力量薄弱，直接影响心理健康教育、心理咨询与疏导等各项干预工作的科学、合理、有效开展。

高校心理健康教育是面对全体大学生，心理健康教育的存在一定范畴内，是对大学生心理疾病提前干预形式之一。大学生的身心健康关系到我国人才群体的总体质量，高校心理健康教育是以培养身心健康的社会人才为目的，因此高校心理健康教育模式的构建成为理论研究的重点，学者们提出多种心理健康教育模式并应用于实践中，但由于数据显示大学生的心理健康状况令人担忧，心理危机事件层出不穷，给家庭、学校、社会带来严重后果，所以不得不让我们反思心理健康教育模式的科学合理运行及其效能发挥存在一定问题。有研究提出，当前我国高校中具有普遍性的四种心理健康教育模式：思想政治教育模式、心理模式、医学模式和爱心模式。但对这四种模式进行分析和梳理，发现其存在不合理因素，这些并不是高校心理健康教育工作所需要的模式。

（三）心理疾病干预联动不畅

高校多数设立心理咨询中心，由专业老师带领，建设以辅导员、学生干部为骨干力量的信息员队伍，对学生的心理疾病、心理危机信息能做出一定有效干预，这是高校心理咨询小组的工作职责。高校的校医院、卫生所等部门往往第一时间接诊有睡眠困难、头痛、紧张、胸闷等的神经衰弱病例，以及有直接向医务人员倾诉与同学或室友相处困难、失恋、情绪欠佳等的情感障碍病例，校医仅予生物医学模式诊治这些病例，对心理疾病不警惕，认为身体不适只给药物治疗，未给予心理治疗，会导致对已有心理问题学生出现漏诊、误诊。这部分的心理疾病干预意识不足，在一定程度上影响着高校对心理疾病的干预效能。还有从高校内部相互协作来看，心理咨询部门与学校医疗部门之间的相互协作薄弱，校医与心理咨询工作小组之间无联系或少联系，药物与心理咨询疏导治疗分开，未能最大限度地发挥对心理疾病的干预效能。

第四节　个人情绪类诱导因素分析

大学是青年人聚集的地方，因生理和心理需要，当前大学生谈恋爱的现象越来越普遍。但相当一部分大学生恋爱心理不成熟，不能理智地处理复杂的情感与学业之间的关系，一旦失恋就会陷入情感危机。

一、情绪管理概念

"情绪管理"一词最早是由 Hochschild 提出的。情绪管理是个体在了解自身情绪的前提下，在社会交际需求下，建立科学的情绪调节机制，形成积极、乐观的情绪体验，消除消极情绪并保持乐观的情绪态度。

（一）情绪的种类

我国古代将人的情绪分为喜、怒、哀、乐、爱、恶、惧七种基本形式。现代心理学一般把情绪分为快乐、愤怒、悲哀、恐惧四种基本形式。根据情绪发生的强度、持续时间和紧张度，可以将情绪分为心境、激情和应激。

1. 心境

心境是一种比较微弱而持久的情绪状态。心境也称心情，如心情舒畅或忧郁、平静或烦躁等。心境具有渲染性和弥散性，它不是指向某一特定对象，而是在某一时段内，作为人的情绪的总背景将人的言谈举止、心理活动都染上相应的情绪色彩。如愉快、喜悦的心境，往往使人感到"山笑水笑人欢笑"，悲伤的心情又会使人感到风花雪月也垂泪伤心。所谓"忧者见之则忧，喜者见之则喜"，就是指人的心境。一般说来，心境持续的时间较长，有时持续几小时，有时可能几周、几个月或更长时间。这主要依赖于引起心境的各种刺激的特点和个性差异。

引起心境的原因是多方面的。如工作的成败、生活的顺逆、人际关系的好坏、个人健康及自然环境的变化以及过去的片段回忆等都可能导致人的不同心境状态。而情绪中的认知因素则是心境持续的主要原因。我们的思想对各种引起我们情绪体验的刺激进行评价和鉴定而产生情绪。如果对某种产生情绪的刺激过于强调,那么这种强调的结果就可能导致某种心境。比如,个体失败后若能认识到失败的原因并知道应该继续努力,其失望的情绪会很快消失。但如果太强调这次失败,把它看成一次不可饶恕的错误,那么其失望情绪就会持续而使他处于一种不愉快的心境之中。愉快的心境也一样,主要是我们的认知因素作用的。

心境对人的生活、工作、学习和健康有很大的影响。

首先,心境影响个体的动机。一个人心境好的时候,他将对事物有积极的态度,对工作有较大的兴趣。我们常说,一个人心境不好,连饭也不想吃,不愿意跟别人说话,什么事都不想干,凡事感到枯燥乏味。也就是说,在心境不好的时候一个人的各种积极的动机都是很低的。

其次,心境影响人们记忆的选择性。我们常有这样的经验,即心情不好的时候,往往会回忆起不愉快的事情,而心情好的时候则往往会回忆起愉快的事情。

最后,心境也影响利他行为。在日常生活中,我们可以看到各种利他行为,比如,你在路上自行车坏了,有人主动帮助你把它修好;在陌生的地方有人主动为你带路;学校中成绩好的学生帮助后进的学生温习功课;为社会福利募捐,等等。

2. 激情

激情是一种迅速强烈地爆发而时间短暂的情绪状态。如狂喜,绝望、暴怒等。激情具有爆发性和冲动性的特点,即激情产生的过程十分猛烈,强度很大,并使人体内部突然发生剧烈的生理变化,有明显的外部表现。如咬牙切齿、面红耳赤、拍案叫骂、捶胸顿足等,有时还会出现痉挛性的动作或言语紊乱。同时当个体处于激情状态时,往往失去意志力对行为的控制,有一种情不自禁、身不由己的感受。激情常常是由对个体具有重大意义的强烈刺激或突如其来的意外事件所引起。此外,过度的抑制或兴奋,相互对立的意向或愿望的冲突也容易引起激情。激情有积极和消极两种。消极的激情常常对机体活动具有抑制的作用,或引起过分的冲动,做出不适当的行为。积极的激情往往与冷静的理智和坚强的意志相联系,成为激发人的正确行动的巨大动力。例如,在战场上为保卫祖国领土,为战友复仇所激起的对敌人怒不可遏的无比仇恨,会激励战士英勇杀敌。在重大国际比赛中,为祖国争光所激起的拼搏精神,会激励运动员们克服重重难关去夺取金牌。在这些激情状态中,饱含着爱国主义、集体主义、英雄主义的情感,都是积极的激情状态。

控制激情的方法是:激情爆发前,尽量将注意转移到无关的行为上去;在激情状态中,在做或说某件事时尽量使自己的行为平缓、镇定下来。例如,合理释放、转移环境、言语宽慰等都是较好的调节方式。像找人谈心、痛哭、喊叫,都可以释放怒气和怨气;下棋、散步、听音乐等可以转移当时的状态,冲淡激情爆发的程度和注意力,所以不能用激情爆发为由替自己的错误开脱。当然,控制和调节激情最可靠的办法还在于提高思想觉悟,加强自身修养和加强意志品质的锻炼。

3. 应激

应激是由出乎意料的紧急状况引起的高度紧张的情绪状态。当人必须迅速果断地做出反应的时刻，往往会出现应激状态。例如，司机遇到险情，人们遇到突然发生的水灾、火灾、地震等自然灾害时，刹那间人的身心都处于高度紧张状态中，这时，人所产生的特殊紧张的情绪体验，就是应激状态。应激具有超压性和超负荷性。即个体在应激状态中常常会在心理上感受到超乎寻常的压力，在生理上承受超乎平常的负荷，以充分调动体内各种机能资源去应对紧急、重大的变故。应激的产生与个体面临的情境及其对自己能力的估计有关。当新异的情境、对个体提出的要求是其从未经历过的、与以往的经验不一致且意识到已有的经验难以应对当前情境而产生无能为力时，就会处于应激状态。

人处在应激状态下，可能会有两种表现，一种是动员身体各种潜能，使活动积极起来，表现为情急生智、沉着果断，思维特别清晰、明确，以致能超乎寻常地应对危急局面。另一种是使活动抑制或完全紊乱，处于呆若木鸡、惊慌失措，甚至发生临时性休克的境地。应激状态中，人的行为究竟如何表现，取决于个体的适应能力、个性特征、知识经验特别是意识水平。只要有意识地提高思想觉悟，注意在实践中加强锻炼，人们的应激水平就能逐渐得到提高，应激的积极状态是可以训练的。通过训练，培养思维的敏捷性，提高意志的果断性，增强动作的灵活性，强化技能的熟练性，提高在意外情境下的决策水平，这样碰到新的变故时能当机立断，摆脱困难，转危为安。如军人的实战训练、学生的模拟考试等，目的都在于促成应激状态下的积极反应。

（二）情绪的构成

众多的情绪研究者大都从三个方面来考察和定义情绪：在认知层面上的主观体验，在生理层面上的生理唤醒，在表达层面上的外部行为。当情绪产生时，这三种层面共同活动，构成一个完整的情绪体验过程。

1. 情绪体验很主观

主观体验是个人对不同情绪和情感状态的自我感受，喜、怒、哀、乐等每种情绪都有不同的主观体验，都代表了人们对特定事物的不同感受，也构成了每个人情绪和情感的心理内容。当一个人处于某种情绪状态时，当事人都能体验到，而且每个人体验到的情绪内容、性质、强度等都是主观的，而非客观的。正是由于只有当事人才能真切地体验到不同情境引起的不同情绪，局外人虽然能够从当事人的反应（如表情、姿态、行为等）上察言观色，细心揣摩出其情绪状态，但是却不能直接通过具体刺激来推测其情绪。因为外部刺激与情绪反应之间存在其他中介因素，如感觉、认识、评价等因素，所以标准化的外部刺激，所引起的当事人的情绪反应难以标准化。例如，某企业员工因工作成绩突出，意外领到奖金2000元，该员工可能会兴奋不已，但他身边与他有竞争关系的同事，也可能因没有拿到奖金而感到懊恼，而更多的同事，可能对此并没有在意，因而也不会有什么情绪反应。

作为人们的主观体验，一方面情绪具有不可控制的特点，因此情绪往往"不由自主"地影响人们的心理生活；另一方面，既然情绪是一种主观体验，人们能够通过自主调节来影响这种体验，这也为我们更美好的生活提供了可能和空间。

2. 生理唤醒时时相伴

生理唤醒是指伴随情绪与情感发生时的生理反应，它涉及一系列的生理活动过程，如神经系统、循环系统、内外分泌系统等活动。任何情绪都伴随一系列的生理变化，这种生理变化使我们产生独特的情绪体验。20世纪80年代，艾克曼等研究人员让被测试者用面部肌肉来表达愉快、发怒、惊奇、恐惧、悲伤或厌恶等情绪，同时给他们一面镜子以辅助他们确定自己面部表情的模式，要求他们把每一种表情保持10秒钟，并对他们的生理反应情况进行测量。结果表明，各种面部表情的生理反应存在明显差异。保持发怒和恐惧的表情时，被测试者心率都会加快；保持发怒的表情时，被测试者的皮肤温度会上升；保持恐惧的表情时，被测试者的皮肤温度则会下降。

另外有研究表明，许多情绪都使人的心率加快；发怒时，被测试者脖子以下发热，感觉热血沸腾；恐惧时，被测试者骨子里发冷、浑身发凉等。

3. 外在表现力各方面

人有七情六欲，当人们面临不如意、不顺心的事情时，总会在内心有一种难言的或不愿表述的痛苦。这些痛苦不仅在内心有所反映，而且在外部身体姿态、面部表情等方面也有明显表现，如愁眉苦脸、惊恐万状、怒不可遏。同样，当人遇到快乐事件时，内心也会感到喜滋滋、乐颠颠的，外表也表现出眉飞色舞、喜气洋洋等反应。总体上，喜悦、快乐、悲哀、痛苦、愤怒、憎恨、恐惧、惊讶、爱慕等情绪反应，人人都会经历和体验到，都属于人的正常的情绪活动过程。

情绪与情感有其外部表现，这种表现主要是指表情。这是在发生情绪情感状态时身体各部分的表情或动作，包括面部表情、姿势表情、语调表情等。

面部表情是以面部肌肉活动为主的一种情绪表达方式，汉语中有许多这类词语，如愁眉苦脸、喜形于色、眉飞色舞、眉目传情、横眉冷对等，都是指人们在情绪活动状态时的面部表现形式。面部表情具有双向沟通作用：一方面，面部表情是情绪当事人主观的情绪状态；另一方面，面部表情也为他人了解当事人的情绪状态提供了情绪信息，使病人能够通过其面部表情了解其内心情绪反映情况。

姿势表情包括身体动作与手势。身体动作是表达情绪的重要方式：高兴时的手舞足蹈、前仰后合、载歌载舞；紧张时的手足无措、坐立不安；惊恐时的双肩紧锁、瑟瑟发抖；愤怒时的咬牙切齿、昂首顿足。手势通常是作为一种辅助性语言而使用的，往往被用于弥补口头言语表达方面的某些不足，用于表达同意或否定、拒绝或接纳、喜欢或厌恶等思想或情感。有时，手势也可单独用于表达情感、思想、做出指示等，如举手表决、摆手再见、挥手示意、摊开双手表示无奈等。

此外，语调表情也是情绪表达的重要形式之一。例如，爽朗的笑声、痛苦的呻吟都表达了不同的情绪状态；人们在紧张时，声音尖锐而急促；平静时，语音平缓而沉着；悲痛时，语调悲切、深沉而惋惜。

二、大学生情绪特点及存在的主要问题

（一）大学生情绪的特征和含义

情绪是人从事某种活动时产生的兴奋心理状态或指不愉快的情感，是指感觉极其特有的思想、生理与心理的状态及相关行为倾向。"心灵、感觉或感情的激动或骚动，泛指任何激越或兴奋的心理状态。"大学生正处青春期、生理发育趋向成熟的同时，心理也正在经历急剧的变化，尤其反映在情绪上。情绪的产生是由于人的需要是否得以满足而引起的一种心理体验。大学生的社会地位、知识素养、与社会文化的紧密联系以及特有的年龄阶段上的生理状况，使大学生有着其特殊的需要，从而也使他们的情绪带有自己的特色。

1. 情绪的冲动性与复杂性

大学生有着丰富、强烈而又复杂的感情世界，情绪体验快而强烈，喜怒哀乐常常一触即发，表现出热情奔放的冲动性特点。心理学家常用"急风暴雨"来比喻这种激情性的情绪特征。这种冲动性的情绪尤其是在群体中往往会变得更为激烈。大学生有较强的群体认同感，喜欢模仿，易受暗示，容易受当时情境气氛的感染、鼓动，表现出比单个人时更大胆的举止，因为群体可以增强一个人的力量感，同时在群体中个人可减少其应负的责任。

大学生的情绪冲动性是有其生理和心理基础的。由于性成熟，性激素分泌的旺盛会通过反馈影响下丘脑的兴奋性，而大脑皮层的调节作用一时还不能适应这种情况。因此，在皮层和皮层下之间出现了不平衡状态。心理发展相对缓慢，心理调节机制的不完善，缺乏对外界变化的弹性和应变能力，缺乏对心理活动调节和支配的意志和能力，从而使大学生的生理和心理发展出现了某种程度的不平衡，影响了情绪的表现，使情绪容易冲动。

2. 情绪的摇摆性和弥散性

大学生的情绪容易从一个极端跳到另一个极端，情绪跌宕起伏，表现出动荡不安的状况，他们的积极性往往随情绪起伏而涨落。大学生情绪还有较强的弥散性。一种情绪一经产生，就可能越出原来的对象而扩散开来。在不自觉中，使他们把自己的情绪赋予外物，转移到其他事物中去，即具有较明显的情绪迁移性。正是由于大学生对事物带有强烈的感情色彩，因而他们有时就很难保持实事求是的客观态度。

3. 情绪的压抑性与高情感性

处在青春期的大学生是情感最丰富最强烈的时期，同时也是一个充满压力和冲突的时期，而这往往会导致情绪的压抑性。

相当多的大学生常常感到自己的情感不能尽情得以倾诉，这种感觉有些是自己意识到的原因引起的，有些则是连自己也不知道究竟这种压抑来自何方，只觉得自有一种不满、烦恼，有一种空虚感、孤寂感。例如，一些言情小说与歌曲，能在大学生中引起如此大的反响，绝不是偶然的，这是大学生情感饥饿的表现。处在这个年龄阶段的大学生都有高情感的需求，他们觉得自己的内心充满了情感，充满了爱，但在现实中不能得到充分的满足和寄托。于是，他们就到书籍、音乐中寻找某种程度的共鸣、满足。这其实是一种情感的补偿。

4.情绪的社会—文化性

大学生是对社会—文化变迁最敏感的人，他们的情绪变化在一定程度上反映了社会—文化的变迁和特色。不同的社会—文化下的大学生会有不同程度和内容的情绪特征，这既表现在不同的国度，也表现在不同的时代里、不同的层次里。

当代大学生更多地表现出情绪的开放性、大胆性、进取性（这里的用词不带价值判断）、情绪内容的丰富性以及与传统文化矛盾而带来的情绪矛盾性、冲突性，由急速变化的现代社会引起的情绪应激程度增加而导致的紧张性、压抑性增强等。更值得一提的是目前较多的大学生是在一种众所周知的家庭、学校、社会的环境里成长起来的，从而他们的情绪往往易感而且具有脆弱性、不成熟性。

（二）大学生情绪的作用及功能

大学生正处于发展人格，形成世界观的重要时期。受特定年龄和环境的影响，大学生情绪程度上很强烈但时间上不持久，波动较大。因此，了解情绪的作用从而更好地控制情绪就显得尤为重要。

生活中常出现的舍己为人，体现了情绪对人的巨大作用。我们最深层的感受、我们的激情和渴望是最根本的向导，人类得以生存和延续在很大程度上要归功于情绪对人类的影响力。

情绪是人际通信交流的重要手段，情绪的适应功能从根本上说是服务于改善和完善人的生存和生活条件的。各种情绪的发生，时刻都在提醒着个人和社会，去了解自身或他人的处境和状态，以求得良好适应。社会有责任去洞察人们的情绪状态，从总体上做出规划去适应人类本身和社会的发展。

对于他人的情绪的认知，是一个人处在一个群体中必备的能力。这就是情绪的社会功能。试想，如果一个人无法理解别人试图向他传达的负面情绪，他的生活将怎样？例如，如果无法从他人那里得知情况的危急，事情将会怎样？或者他无法知道自己的言语或者行为已经引起了他人的愤怒？这个人将失去他完整的社会功能，他将无法在人群中生活下去。情绪和语言一样，具有服务于人际通讯的功能。情绪的功能向我们揭示，情绪既服务于人类基本的生存适应需要，又服务于人类社会群体生活的需要。人们每时每刻发生的情绪过程，都是自然环境和社会环境对人产生影响相结合的反应。情绪卷入人的整个心理过程和实际生活，成为人活动的驱动力和组织者。

情绪分为积极情绪和消极情绪，情绪的直观体现就是心态。积极的情绪往往会成为人成功的基石。积极的心态可以增加你克服困难的勇气。拥有积极的心态就会产生积极的思维。当你遇到困难时，你考虑的不是如何逃避，而是如何迎难而上。你看到的不是克服困难的艰辛，而是奋斗本身的快乐以及成功后的喜悦。正是这种积极的情绪所引导的情绪，转化成了你一往无前的勇气。积极的情绪可以为你赢得更多成功的机遇。一个拥有积极心态的人，同时也拥有异常活跃的思维和敏锐的观察力。他能从生活中一件微不足道的小事中获取成功的信息，他能从别人抛弃的垃圾中发现有价值的材料，他能在非常不利的环境中看见希望的曙光。

积极的情绪可以使你保持愉快的心境。生活中没有人能始终一帆风顺，我们总会遇到种种挫折和失败，比如，成绩的下滑，朋友关系的疏远，被老师和同学误解等。这些经历或多或少会给我们带来烦恼和痛苦。如果你总是执着于这些失败的经历，你的人生将是一片灰暗。但如果你可以保持积极的心态，你就会发现阴影之外的大片阳光。

积极情绪能拓展个体即时的思维—行动范畴，包括拓展个体注意、认知、行动等的范围。专家认为消极情绪、积极情绪均具有进化适应的意义。消极情绪能使个体在威胁情境中获益，当个体体验到生命受威胁时，消极情绪会使个体产生一种特定行动的趋向（如体验到恐惧时，流经肌肉群的血液增加，从而为逃跑做好准备），并窄化个体的思维行动资源，从而使个体更加专注即时的境况，迅速做出决定并采取行动，以求得生存。而积极情绪具有完全不同的适应价值，当个体在无威胁的情境中体验到积极情绪时，会产生一种非特定行动的趋向，个体会变得更加专注并且开放，在此状态下，产生尝试新方法、发展新的解决问题策略、采取独创性努力的冲动。积极情绪通过促使个体积极地思考诸多行动努力的冲动。积极情绪通过促使个体积极地思考诸多行动的范围。

（三）大学生消极情绪的表现及产生原因

1. 大学生消极情绪的表现

在这个竞争日益激烈的社会中，大学生的情绪问题已引起了社会的关注。当代高校大学生情绪问题集中体现在以下几个方面。

（1）焦虑

焦虑是一种类似担忧的反应或是自尊心受到潜在威胁时产生担忧的反应倾向，它是大学生常见的消极情绪状态，当他们在学习、工作、生活中遇到挫折时就会产生这种体验。大学生常见的焦虑有自我形象焦虑、学习焦虑和情感焦虑等，焦虑既可以成为大学生成才的内驱力，起到促进作用，也可以起阻碍作用。适度的焦虑能使我们适度的紧张，注意力高度集中，促进学习；但过度焦虑会给我们带来不良的影响，使我们内心极度紧张不安，惶恐害怕，心神不宁，同时还容易产生头痛、失眠、食欲缺乏等不良生理反应。

（2）冷漠

冷漠是人对外界刺激缺乏相应的情感反应，对生活中的悲欢离合都无动于衷。具体表现为：凡事漠不关心、冷淡、退让的消极情绪体验。如有些人对周围的人和事漠不关心，对集体和同学态度冷淡，似乎自己已看破红尘、超凡脱俗、独来独往，把自己游离于社会群体之外。这种人表面上看起来很平静，内心却有着强烈的痛苦、孤寂和压抑感。长时间的冷漠会破坏心理平衡，影响身心健康。

（3）自卑

自卑是个体在自我认识过程中对自己的能力或品质评价过低，轻视或者看不起自己，担心失去他人尊重的一种心理状态。自卑的人大都情绪低落，做任何事情都提不起精神，不敢或不积极参与各项工作和各种活动，甚至在学习上不敢提问，造成了心理上能力上学习上的恶性循环。长期的自卑会导致行为畏缩、瞻前顾后、多愁善感，自尊心极强，过于敏感，严重影响各方面的正常发展。

（4）抑郁

抑郁症状不单指各种感觉，也是情绪、认知与行为特征的一个典型。抑郁最明显的是压抑的心情，也伴随焦虑，对所有活动失去信心和乐趣，渴望一个人独居。抑郁也伴随个体思维方式的转变，在思考中也有心境的转变，消极地看待世界、自我和未来。一般来说，这种情绪多发生在性格内向、孤僻、敏感多疑、依赖性强、不爱交际，生活遭遇挫折和长期努力却得不到报偿的大学生身上。

（5）人际交往

人际交往不良是大学生在人际交往中常表现出的紧张、动作不自然、缺乏自信心、思维不清及讲话缺乏逻辑性，有时甚至不知所措，形成人际障碍。我们渴望友谊，希望丰富的人际交往，也正因为如此，由交往所产生的苦恼和困惑就显得格外突出，如同学间的意见不合，师生间的误解和分歧等。这些问题如果不能及时解决，就会对我们的学习、生活乃至身心发展造成严重影响。

（6）愤怒

愤怒是大学生常见的一种消极情绪，精力充沛、血气方刚的大学生，在情绪情感上容易产生好激动、易动怒的特点。如有的人因一句刺耳的话或一件不顺心的事而暴跳如雷；有的因人际协调受阻而怒不可遏、恶语伤人；有的人因别人的观点或意见与自己相左而恼羞成怒；有的因暂时的挫折或失败而悲观失望、痛不欲生。诸如此类的情绪特点对我们的发展都极其不利。

2. 大学生消极情绪产生的原因

大学生处于心理生理的发展期，情绪受到环境及周围各种因素的影响，容易波动。而消极情绪会让人萎靡、生气甚至引起危险的行为。因此，了解不良情绪产生的原因从而很好地控制情绪就尤为重要。大学生是特殊的社会群体，从大学生的社会地位、知识素养来看，他们既是社会人，在学校的庇护下又不是社会人。特殊的年龄阶段和生理阶段使他们的情绪有特殊的状态。因此，由于一些原因会使消极情绪的产生。产生原因主要有以下一些方面。

（1）大学生的生理和心理

大学生的年龄一般在18～25岁，处于青年早期，其内分泌机能迅速发展，大脑皮层及皮下中枢控制的神经过程的兴奋与抑制常常迅速地增强与减弱，由此造成情绪的多变和动荡。同时，多数大学生心理尚未成熟，他们均有强烈的自我意识，崇尚个人设计、自我实现，一旦个人愿望与客观现实发生矛盾，他们立即表现出明显的内心冲突。所以这一时期，他们对自我的评价是矛盾的，对自我的态度是被动的，对自我的控制是不自觉和不果断的。

（2）大学生的文化素质

大学生是社会群体中独特的文化群体，他们随着知识的增长，观察力、判断力增强，不再人云亦云、随波逐流，对社会和人生剖析更为深刻，但又过于书本化、经验化，导致思维敏锐但看问题偏激，一条路走到底，极易陷入泥沼而不能自拔，常感失望、无助。

（3）承受挫折能力问题

目前在高校就读的大学生大部分没有经历过挫折。在进入大学之前，他们是老师喜欢的好学生，父母的掌上明珠。多数学生只能接受表扬和赞许，而无法接受来自身边人的批评。当他们面临学业、生活、感情、就业等方面的压力、挫折时，就会显得无所适从、不知所措，对生活失去信心，甚至会怀疑人生。贫困学生在独立性、未来感、自由感、自信心等方面更容易受挫折。

三、大学生不良情绪的危害

不良情绪是指一个人对客观刺激进行反应之后所产生的过度体验。无论人们对客观刺激抱有什么态度，自身都会直接体验到，体验是情绪的基本特征。对于同一个刺激，不同的人可能会产生不同的体验，即使是同一个人对待同一个刺激，在不同的时间、场合也可能产生不同的体验。客观刺激满足了我们的需要，我们就会产生积极正向的情绪体验；客观刺激没有满足我们的需要，我们则会产生消极负向的情绪。

一般而言，消极的情绪体验都属不良情绪的范畴，但如果消极体验是一时性的、短暂的，其对当事人的身心及工作不会造成太大的损害，若消极体验长期存在，其危害性则是不容忽视的。消极的体验属不良情绪的范畴，而积极的体验则未必都属良好的情绪范畴，当一个人的积极正向情绪超出一定限度时，这种积极情绪也会变成不良情绪，导致身心受损。因此，不良情绪主要包括两种情绪体验形式：一种是持久性的消极情绪体验，它是指在引起悲、忧、恐、惊、怒、躁等消极情绪的因素消失之后，主体仍数日、数周甚至数月沉浸在消极状态中，不能自拔；另一种是过度性的情绪体验，它是指心理体验过分强烈，超出了一定限度，如狂喜、过分激动等。

持久性的消极情绪体验和过度性的情绪体验都有严重的危害性，危害的程度因人而异。有的人有较强的耐受力，不良情绪只会影响其人际关系和工作效率，不会对其身体健康造成很大损伤；而有的人经受长期的不良情绪后，不仅人际关系和工作效率受到严重的影响，而且心理上的痛苦还会转变成身体上的疾病，严重影响身体健康。

据研究发现，常见的心血管疾病、消化性溃疡、糖尿病、哮喘、甲亢等都与长期的情绪紧张有关。我国中医讲："怒伤肝，思伤脾，恐伤肾"。甚至有医学专家分析，许多病人不是因病而死，而是因情绪低落或暴怒而死。因此，我们应该对不良情绪及其危害性有足够的认识，学会预防和调控不良情绪。

（一）过于强烈的情绪反应

人的情绪虽然主要受皮层下中枢支配，但是当这一部分活动过强时，大脑皮层的高级心智活动，如推理、辨别等将受到抑制，使认识范围缩小，不能正确评价自己行动的意义及后果，自制力降低；引起正常行为的瓦解，并使自己的工作和学习效率降低。

有人做过这样一个实验：让几个大学生进入实验室，该室有四个门，其中三个门是锁住的，只有 个门可以打开，实际上只要按顺序将各门试一下，便能很快找到出路。但当实验者用冷水、电击、强光、大声等强烈刺激同时加之于受试者，使之趋于紧张状态时，好几个被试者呈现慌乱现象，不知道按顺序找出路，四面乱跑，已经试过是被锁住的门，会重复地去尝试，显然是被弄糊涂了。

像这一类因情绪激动而失去理智的现象，在日常生活中屡见不鲜。好些学生平时成绩不错，到了考试时，由于过分紧张，成绩反而降低。有些运动员在重大比赛中，也常常因心情紧张而临场发挥不好。过度的精神紧张，还可能引起超限抑制，一个人吓得呆住或气得说不出话来就是这种表现。在盛怒之下引起心脏病猝发而突然死亡的事例，在临床上也时有所见。即使高兴的情绪也需要适度，"乐极生悲"并不是耸人听闻。

（二）持久性的消极情绪

另一种不利的情形是情绪的持久性反应。当人在焦虑、忧愁、悲伤、惊恐、愤怒、痛苦时，会发生一系列生理变化，这是正常现象，当情绪反应终了时，生理方面又将恢复平静。通常此类变化为时短暂，没有什么不良的影响，但若情绪作用的时间延续下去，生理方面的变化也将延长。久而久之，就会通过神经机制和化学机制引起心血管系统、消化系统、泌尿生殖系统、呼吸系统、内分泌系统等各种躯体疾病。

第四章　大学生常见行为心理危机与应对分析

第一节　行为与行为危机干预理论

一、大学生的心理行为特征

（一）大学生内潜心理特征

内潜心理一般是指人们的动机行为、态度行为、知觉行为、认识行为和人格行为倾向等方面的心理行为活动现象。通常大学生的内潜心理类型分为：认知、情感和自我意识。

1. 认知

认知是人获取人、事物信息，并加以处理的心理活动。大学生的认知分为三个层次：第一层次，对事物"黑白"的认识，刚步入校园，以自我为中心，坚信自我判断。第二层次，了解到事物的多面性，意识到"灰"的存在。第三层次，不会轻易给事物下绝对的判断，对任何事物都具有怀疑与批判的精神。

2. 情感

人的情感较为复杂，分为积极的和消极的心理活动。大学生大部分处于青年阶段，青年阶段有抱负、有理想，思想进步，对未来怀揣希望，这些积极的情感会促使学生在学习生活中更为上进。但有积极就会有消极，大学生偏激、刚愎自用等情绪也需得到及时调整，否则可能发展为心理疾病。

3. 自我意识

自我意识是人对自身的认知。随着社会的变化，人们提倡个性化发展，大学生的独立意识开始觉醒，认识到每个人都是独立的个体，需要遵从自己的内心，学生开始释放自己本性，追求个性。

根据以上对内潜心理特征类型归纳分析，我们可以得出以下大学生最主要的内潜心理特征。

（1）探索欲与求知欲

大学生不仅可以在大学当中学习到专业知识，而且可以净化心灵、修养品性、锻炼判断能力，而不再仅对学生进行专业教育。这个阶段他们的求知学习力强，而社团活动刚好弥补学生课外活动拓展，成为学生校园中的"第二课堂"。

（2）舒适感与懒惰性

学生刚步入校园时的新鲜感消失，不再像初高中时被老师要求该如何去做，而是进行主动性学习及自主参加各种活动，根据自己的需求、心理因素等做出判断。许多学生自制力不强，经常旷课、早退。久而久之，学业跟不上班级的进度，身心俱疲。

（3）盲目感与焦虑感

毕业季来临时，学生将面临就业的抉择，如果毕业生没有分配好时间，在未完成毕业论文的情况下参加工作，二者时间发生冲突，同一时间解决两件事情的难度也会增加，在临近毕业时发现无法顺利毕业，学生开始变得迷茫，便会产生焦虑感。如若不能立刻适应并调整好心态，便会被打击自信，产生焦虑、不安、自卑，甚至抑郁的情绪。

（二）大学生外现行为特征

外现行为是人们外在表现出来的动机行为、态度行为、知觉行为、认识行为和人格行为倾向等方面的行为活动现象。大学生的外现行为常见的类型有：学习、就餐、社交活动、社团活动、恋爱。

大学社团活动包罗万象，学生们可以根据自己的选择参加活动，学校也希望通过社团活动等形式来拓展提升学生的综合素质，培养其兴趣爱好。所以，每当周末或课余时间，总能在空教室或是空旷场所看到学生正在组织社团活动，这也是一道青春亮丽的风景线。

步入大学校园，青年男女在校内中可以进行较为自由的恋爱，大学生情侣往往会相约一起上课、约会、吃饭、跑步等活动，针对这部分人群也应为其提供相应场所。

根据以上对外现行为特征类型的归纳分析，可以得出以下大学生最主要的外现行为特征。

1. 规律性与多样性

身处校园这个特殊环境中，学生在校园中的基础活动是学习、吃饭、休息、运动、讨论、参与活动等。主要所处的空间是教室、食堂、寝室、运动场与公共活动空间等。由此看出其行为活动具有规律性。而目前，学校更加注重复合型人才的培养，提倡学生遵从内心，个性化发展。同学们迫切想要参加各种社团活动来丰富自我。这两种需求对于社团活动中心空间功能提出更高的要求。

2. 个体性与集体性

人类是群居性动物，离开原本熟悉的环境，学生便会将学校当成另一个家，与周边的同学交朋友，形成新的社交网络，他们会自发地组织一块出去活动游玩。但除此之外每个人也是需要有个人隐私与个人喜好的，所以也应为学生提供独立思考、注重隐私的空间。因此，必须对高校学生们的集体活动空间加以丰富。

3. 动机性

随着年龄的增长，学生们不再像小学初中那样做事漫无目的、人云亦云，到了大学，随着年龄与阅历累积，他们逐渐认识到自己的本心，会更加明确想要哪些，做事情会更加有目的性。

4. 冲动性

大学生由于处于青年初期阶段，世界观、价值观、人生观尚未成型，思想尚不成熟，具有乐于助人、心理承受能力弱等特点，没有找到合理宣泄情绪的方式。大学生往往容易意气用事，年轻气盛的大学生偶尔会逞一时之快而犯下无法挽回的错误。

5. 社交性

当人们进入一个陌生的环境中，生理需求与安全需求都能得到保障时，人们往往更加注重归属与爱的需求，希望能够得到友情与爱情作为依赖，大部分学生从家乡来到高校，就是处于这样一个人际交往的空缺期，他们希望能够锻炼个人的社交能力，在人际交往过程中解决自身问题，将内心想法向好友倾诉，由此避免高校学生心理不健康的成长，实现大学生从校园向社会的过渡。

二、大学生的心理行为需求

马斯洛指出，人们需要动力实现某些需求，有些需求优先于其他需求。马斯洛的需求层次结构是心理学中的激励理论。研究表明，人类需求的层次随着涉及他人与社会程度的提升而呈现阶梯状的发展变化：人的需要由生理的需要、安全的需要、归属与爱的需要、受尊重的需要、自我实现的需要五个等级构成。根据马斯洛需求层次理论，人与校园的需求也是有层次性的。首先校园应保障学生的基础生理需求，其次场所应保证他们安全与健康。显然，当今高校能足够保证这两层级的需求，并逐渐向第三需求转变，例如，校园需要满足他们对生活场所的归属感与情感需求，这不仅需要提供一个生活的地方，更需要提供一个交流平台；满足个人能够受尊重的需求，便需要提供提升自我的活动场所；满足个人能够达到自我实现的最高层次需求，便需要提供发挥才能的场所。

"需求是个体内部的一种不平衡状态，表现为个体对内部环境或外部环境的一种稳定的要求，并成为个体活动的动力源泉。"因此，大学生的心理行为需求直接影响在不同场所对不同功能的需求。例如，学生需要自主学习，所以需要实验室、图书馆等一系列学习场地；学生需要运动，所以需要游泳馆、羽毛球馆、操场等一系列场地，这些需求是推动大学生从事一切活动的驱动力和诱因，是个体积极性的源泉。

通过对以上分析总结并结合大学生行为特征，可以大体归纳出大学生心理需求特征的以下五个特点。

（一）学习需求

大学校园最主要的任务就是学习，随着高校中各个学科的融合，老师不再只要求学生在课堂之中进行学习，也需要不同专业同学之间探讨，不再只看重"教"，也开始重视学生"学"的能力，学习的场景也可以进行多种选择，不再仅局限于教室之中，学生除了可以选择在教室学习外，也可以选择室外开阔空间，在放松开阔空间中学习更能激发学生能力。因此，在学校之中设计可供学生交流学习的构筑物是有必要的。

（二）社交需求

根据马斯洛需求层次理论，人们生理与安全的需求得到满足后便会出现归属与爱的需求。大学生开始大学生活，处在一个陌生的环境中，社交就显得尤为重要，他们第一选择就是去与身边的人结交朋友，获得新的友谊或情感，这时候他们会培养自己的独立意识，摆脱亲人老师的束缚，开始了解自己，并且人际交往也是获取知识的一种途径，不同专业、不同性格的人进行讨论会迸发不一样的灵感火花，有利于推动事情的进展，开拓思路与思维。在社交过程当中，彼此会收获信任与关怀，情感上得到交流，心灵上得到慰藉，心理上得到健康成长。因此，校园当中公共交流空间则是不可或缺的。

（三）休闲娱乐需求

在校园中，学生的主要休闲活动是社团或与朋友聚会聊天，而这两种活动对于场地都是有要求的，社团活动对场地要求比较丰富，例如，滑板社团会有场地闲置要求，散打社团就会对房间保护措施有所要求，社团活动会更加要求房间的专业性；而与朋友聚会聊天则需要一个相对轻松欢快的空间。

（四）审美需求

从小学便开始提倡"德智体美劳"，其中"美"是指美育，是培养学生的审美观，发展他们鉴赏美、创造美的能力。学生进入大学校园，随着接触的事物越来越广泛，他们的审美也会逐步提高，各种事物都会对大学生的审美进行影响，因此学校中富有美感的构筑物也是陶冶情操的重要条件。在构筑物满足学生舒适性的同时还应该在视觉上对其加以满足。

（五）尊重及自我实现需求

自尊需要使人相信自己的力量和价值。缺乏自尊，使人自卑，没有足够的信心去处理问题，而在校园当中并不是每个人都擅长自己所学的专业知识，他们就需要从另外的方面寻求自己的价值，社团包罗万象，学生可以根据自己的需求与爱好加入活动，所以这些活动提供了表达自我、收获自尊的平台，可以增强学生的自信心。因此，校园中需要有提供给社团进行活动的空间。

三、新时期大学生行为习惯的现状分析

（一）大学生良好行为习惯养成的重要性

大学生是国家发展、民族振兴的希望，也是祖国未来的形象体现，其综合素质的高低，在一定程度上关乎祖国和社会的长远发展。高等教育在致力于将大学生培养成为四有新人及德、智、体、美、劳全面发展的高素质人才的过程中，应将培养大学生良好的行为习惯放在首位，从而提高大学生个人的知识技能实践创新能力、道德践行能力以及生活品质。良好的行为习惯是做事、处事的基础，某些核心习惯会起到连锁反应，并潜移默化地影响着个人多方面的发展。同时，个人行为习惯的表现，也是其内在人格与人性的具体表现。

高校重视对大学生行为习惯的养成教育，规范其行为，使他们的学习、生活、交往处事的行为习惯等能适应和促进时代的发展，将科学教育与人文教育结合起来，这不仅符合大学生个人的发展要求，而且符合时代发展的要求。

1. 实现个体品德的社会化

道德养成教育的认知基础和重要前提，依赖于行为习惯的后天学习的特性与情景激发特性。高校在践行大学生行为习惯养成教育过程中，应将理论规范与实践相结合，传授行为规范相关知识，注重大学生对行为规范的认识与理解，促使他们发挥积极的自主效能。

大学生作为一个文化水平较高、生理发展成熟的群体，一般而言，其内在与外在的人格表现都应相对高于一般民众。对大学生行为习惯的培养与规范也应依据其自身发展的特点来制定。在对大学生进行行为规范教化的同时，也要兼顾他们的实践参与，充分调动其主观能动性，锻炼他们的认知能力，在经历过对行为习惯规范的理解、接受、实践后，逐步提升个人规范意识。道德社会化是指个体在社会道德上成为合格社会成员的过程。高校教育的任务与目的在于帮助大学生个体实现社会化的同时，也使其为国家贡献一己之力，回馈社会。良好的行为规范是优秀大学生个人的基本素养，也是国家与社会对大学生品德行为方面的具体要求。在养成教育过程中，要以培养他们对行为规范的理解力为前提，在实践中逐步实现其品德的社会化。

2. 促进个体良好素养塑造

养成教育通过引导、帮助大学生自我改善、自我约束、自我调节以规范个人行为习惯，使其在学习、日常生活、工作等方面获得良好行为习惯带来的益处，从而促进校园环境，乃至社会环境的良性循环。良好的个人内在素养，离不开道德行为习惯的养成。对大学生个体来说，完善个人的道德行为，有利于巩固和发展其情感、认知、意志品德的建构。良好的道德素养不仅是大学生综合素质提升的重要因素，更是大学生走向社会后获得认可的资本之一。道德形象的塑造是一个行为的过程，外界对个人的评价，也取决于其行为习惯的外在表现。在养成教育过程中，教育、引导大学生改善自身不良行为习惯，对个体良好素养的塑造起积极的作用，而由良好素养所突出的外显表现的有利影响，就充分体现了良好行为习惯养成的重要性。

3. 完善大学生的行为习惯

大学生作为有社会属性的人，他们的潜在力量是无限的，需要一定的培养与发掘，这符合人的发展过程特性。"发展"一词从概念上说蕴含着提高和积极的因素，人的发展过程应该是全面且可持续的。人类需要不断完善自我的增长方式，处理好自身不同发展时期的问题，把握各个发展阶段的关系，以长远的眼光解决自身"现在"与"未来"发展的衔接，任何行为选择都要有意识地考虑到在满足目前需求的同时，也不会对未来的发展构成威胁。比如，某些大学生有熬夜打游戏的习惯，这就是以消耗自身的健康为代价来满足当前娱乐放松的需要。虽然这种损耗在当时或者短时期内不会明显表现出具体危害，但长期的积累必会在未来体现出来。

大学生正处于青春期晚期与成年早期的过渡阶段，虽然大部分在生理上已经趋于成熟，但其行为习惯仍处于可塑造时期。大学生良好的行为习惯是其可持续发展的积极条件，一些不良行为习惯的形成则会阻碍，甚至阻断自身的发展进程。大学生在不断寻求新的经验和获得丰富知识的过程中，不可忽视的任务就是要学会驾驭自己的行为习惯，努力培养自身良好的行为习惯，能够有效控制习惯的演变过程。在大学生实现自身可持续发展的过程中，如果没有良好的习惯作为依托，就会周而复始地原地踏步，甚至在不良行为习惯的影响下误入歧途，何谈自身的发展与提升。

（二）新时期大学生行为习惯存在的主要问题

大学生整体素质水平还是相对较高的，具有良好行为习惯的大学生占较大比例。但不能忽视的是，部分大学生的不良行为习惯问题对个人及社会所造成的负面影响。此外，大学生个人的行为也具有一定的"传染性"，会对他人及校园氛围产生影响。行为习惯的问题并不是某一个学生所特有的，往往是在一部分学生身上有所体现。有些不良行为习惯或许短时期内不会对个人造成太大困扰，但长期来看，它对自身乃至社会的发展都或多或少有一定的阻碍作用。

1. 道德行为习惯层面

总体来说，新时期大学生的道德行为习惯高于社会平均水平，有一定的道德认知能力，多数大学生对社会主流价值观表示认同，具有一定的民族认同感和责任心。但仍然存在一些问题和不足，随着社会的发展与信息技术的不断革新，网络上充斥、交融着多种价值观，而处于成年早期的大学生又容易受外部思想因素的引诱，例如，盲目跟风的网络暴力、以自我为中心、冷漠处事等现象时有发生。以下主要从三个方面概括、分析大学生道德行为层面的问题。

（1）道德自制力与自律能力不足

在校大学生一般多为18~25岁，正处于青年早期，虽然生理发育已基本趋于成熟，但心理发育仍然处于不稳定的发展阶段，好奇心较强，易受外界因素的影响，表现出道德自制力与自律能力不足。

（2）道德认知与行为相脱节

大学生作为社会中素质相对较高的群体，他们有一定的知识储备和见识，思维较为开阔，道德认知能力相对较强。通过访谈了解到，多数受访大学生认为，道德行为习惯会影响自身的发展，甚至在一定程度上关乎成功与否，他们普遍认为大学生应具备"诚信""友善""文明"等基本道德素养，但同时他们也不否认在某些情况下自身的行为与其道德认知并不相适应。由此可以看出，当代大学生普遍都有较高的道德思想认知能力，对社会中所存在的某些不良道德行为持一定的批判态度，但由于受某些客观因素和主观思想的影响，以及道德本身具有的"知易行难"的特点，在实际的道德实践中缺乏自律、自制能力，因此，出现道德认知与行为习惯相脱节的现象，在道德要求和道德评价方面采用双重标准。

（3）道德意识存在

新时期大学生很多都是独生子女，受中外文化交融的影响，与前几代大学生相比更追求"个性"与"自由"，加之在当前应试教育模式的影响下，中学阶段多数家长几乎包揽了孩子除学习以外的一切琐事,导致部分学生在上大学之前生活处于养尊处优之中,从而养成了较强的自我意识,更有少部分大学生出现极端个人主义现象,处事总是以自我为中心,较少顾虑别人的感受,责任意识较为淡薄,甚至形成一种"主观为自己,客观为他人"的道德信条,功利主义思想较为严重。

2.学习行为习惯层面

(1) 自主学习习惯方面

大学生活自由支配时间增多,不同于中学时期的教育模式,大部分时间需要自主学习,自我管理的,这就容易出现由于自我约束力不强导致的一些问题。

首先,缺乏学习动力方面。受访的大一新生表示,高中与大学环境的落差使他们有些无所适从,之前学习的动力是高考,进入大学后虽有一些英语四、六级考试及各类资格证考试的计划,但因为并不十分紧要,所以动力依然不强。

其次,学习计划方面。大学阶段除了学习专业知识外,很多大学生都会准备各种考试。很多大学生表示除了课堂学习外,有复习准备各种资格证的经历,如英语四六级、计算机等级考试、教师资格证、雅思等。因此,不能合理制订兼顾学校专业课程和课外资格证备考的学习计划,是大学生在学习计划方面所面临的主要问题。

最后,课外阅读习惯。不良的课外阅读习惯,是很多大学生课外知识获取较少的原因所在,表现为对于阅读书目的类型选择的不确定性,没有具体的想法与计划。将图书整本阅读下来的同学并不多,大多是随便翻几页就放置一边,或从图书馆借阅的书籍直到还书之日仍未翻开来看。

(2) 课堂学习习惯方面

课堂学习方面出现的习惯问题集中表现在:缺乏课堂参与热情、上课不认真听讲、课堂作业敷衍了事等。大学生课堂参与热情不够,是国内高校普遍存在的问题,大学课堂中老师讲授知识、学生听取知识的教育模式很多见。由于师生互动的缺乏,在对一些晦涩难懂的理论知识的教授过程中,很容易出现某些意志力不强的学生不认真听讲的情况,而这种行为习惯的表现,也会对课堂的学习氛围、课堂秩序及老师授课进程造成不良影响。不认真听讲的具体表现是,上课玩手机、看小说、睡觉、聊天等。课堂作业是对大学生课堂知识的巩固,也是老师检验学生知识掌握程度的重要方法。但部分大学生对待课堂作业的态度则是拼凑应付,能拖则拖。

3.生活行为习惯层面

生活行为习惯的影响体现在很多方面,其包含的内容也较为烦琐,例如,身心健康状况、为人处世能力都或多或少与生活习惯有关,但生活习惯也最容易被人们所忽视。大学生不良的生活行为习惯在短时期内可能不会造成破坏性影响,但从长远的可持续发展目标来看,终究会对其造成一定程度的负面影响。例如,大学生身心健康方面,较为突出地表现在普遍缺乏运动、不规律的作息习惯、经常产生焦虑情绪等。

(三)新时期大学生行为习惯问题产生的原因

对于新时期大学生群体中表现出的行为习惯问题的原因将从以下四个方面进行

阐述。

1. 高校教育对行为习惯培养的忽视

教育是社会生活的重要组成部分，随着我国教育改革步伐的不断推进，学校教育越来越重视对学生创新能力与实践能力的培养，但是由于目前高考的压力，中学时期的教育重点依然放在学习成绩上，以成绩作为评判学生优秀与否的思想依然盛行，班级成绩依然是中学阶段对教师考核的最重要依据。此外，各省市重点高中的班级学生数量普遍偏多，对班主任的班级管理工作造成很大压力，难以做到面面俱到，而偏远地区教育的师资力量又较为薄弱，有些地方一名老师身兼多种教学任务。这样的大背景下，学生良好行为习惯的培养就很容易被忽略。这种被忽略所造成的影响在进入大学阶段后就极易显现出来，这也是很多大学宿舍关系不和谐，大学生产生心理问题的基本原因所在。

然而，对学生良好行为习惯的培养，也是高校教育所忽视的方面，在教育理念上，对大学生良好行为习惯的教育认识有偏差，多数认为行为习惯的养成教育应是早期教育所关注的问题，对于已经成年的大学生，不应该再将其作为关注重点。

依据发展心理学的观点，大学生虽然在生理上已经趋于稳定，但他们的认知发展并不成熟，存在很大的可变性。因此，对他们行为习惯的重塑是可行与必要的。可以说，大学生也处于行为习惯重塑的黄金时期，这种重塑不同于幼儿时期对行为习惯的培养，大学生已基本具备一定的认知能力，有相当一部分人对于自身不良行为习惯的负面影响有较为清晰的认识，但由于意志力等因素的影响，并没有改善。

2. 家庭教育重智育轻德育的培养弊端

家庭是孩子的第一课堂，父母在日常生活中对子女耳濡目染的影响与教育，是其他各种形式的教育所不能及的，大学生很多行为习惯都是在早期形成的，受家庭因素的影响很大。弗洛伊德的精神分析学揭示，早期经验对人后期发展影响深远，家庭教育在孩子的人格及心理的形成中起着独特而关键的作用。打骂孩子的粗暴教育方式和集万般宠爱于一身的溺爱教育方式都是不可取的，并且不利于孩子的成长与发展。由于高考的压力，很多家长只关注孩子的学习成绩，以成绩作为衡量孩子优秀与否的标准，这就造成家庭教育只看重智育而忽视德育的现象产生。为了让孩子能专心学习，有的家长将孩子学习以外的所有事情一并包揽，这就导致孩子逐渐养成生活上的依赖性，使他们缺乏独立自主的能力，养成诸多不良行为习惯，加之父母的溺爱纵容，这些习惯越来越根深蒂固。

进入大学后，学生们开始了自主管理的生活方式，由于大学集体生活中不再有家长的包容与呵护，之前养成的不良行为习惯所导致的问题就逐渐暴露出来。此外，有些家长自身就存在各种不良的行为习惯，在生活中便会潜移默化地影响子女的行为，所谓"有样学样"就是学生在幼年时期会有意识或无意识地模仿和学习家长的一些行为习惯，大学生的行为习惯的养成自然会受家庭因素的直接影响。

3. 社会价值危机与嬗变造成的道德困惑

现代社会是一个发生重大变革的社会，这种快速的文化变迁对现代人来说具有一定的挑战性，同时也对现代人的学习、工作和生活构成了一定的适应压力，其中较为突出的就是社会价值危机和价值嬗变带来的影响。由于社会文化逐渐趋于多元化、复杂化，价值观也随之呈现多元发展态势，集体主义与个人主义同在，艰苦奋斗与享乐主义并存。一些传统道德原则被视为过时的，而社会上又没有形成固定的新道德原则取向，在这样一个变化阶段，大学生容易产生道德困惑，是随大流还是坚持传统道德准则，在这摇摆不定的困惑中，部分大学生就可能容易形成某些不良的道德行为习惯。与此同时，随着信息化时代的发展，尤其是各大社交网站、App 的盛行，在一定程度上也成为个人主义、贪图享乐等价值取向的传播媒介。而大学生正是走在社会前沿的一群人，互联网成为他们获取信息的主要渠道，在这个纷繁复杂的社会环境中，大学生个人的思想和行为都会受到社会环境因素的影响。

4. 大学生个体轻视行为习惯的培养及自控力缺乏

大学生行为习惯问题的产生受客观因素影响的同时，自身因素更为重要，起着决定性作用。部分大学生认为，个人未来的发展应以文化知识的积累、专业技能的培养以及个人特长的发展等方面的素质为基础，而行为习惯只是微不足道的惯性表现，对自身发展产生不了多大影响，并不以为意。另一部分大学生虽然能够认识到自身一些不良行为习惯的负面影响，但由于意志力不坚定、懒惰、拖延等问题，并未得到改善。还值得注意的是，受多元文化的影响，新时期大学生有其追求个性、自由的特质，部分学生我行我素，对于条条框框的约束本就有逆反心理，认为有些道德规范已经过时，加之较少考虑他人的感受，行为习惯问题也就逐渐产生。

第二节 当代大学生心理危机的分析

大学生行为失范是大学生违反各种社会规范的不良行为。目前，大学生行为失范已然成为社会关注的焦点问题。究其行为失范原因，大学生的主观问题是重要因素之一，如对社会规范有着不正确的认识、个体主观的利己主义思想及其他不健康的心理因素。了解导致大学生行为失范的心理诱因，便于帮助大学生从行为"失范"向行为"规范"转变提供心理指导。

一、"失范"的概念界定及大学生行为失范的表现

（一）"失范"的概念

从历史上看，法国社会学家涂尔干是最早使用"失范"一词的。他认为，"失范是所有道德的对立面，它造成了经济世界中极端悲惨的景象，各种各样的冲突和混乱频繁产生出来。"美国社会学家默顿进一步发展了失范理论，他把失范看成是"规范的缺席"，认为无节制的欲望导致失序，即人们对现存的社会规范缺乏广泛的认同，从而使社会规范丧失了控制人们行为的权威和效力。美国社会学家索罗尔比较关心个体层面失范的特点，他划

分了包括个体是否感到社区领袖离他们很远,并且对他们的需要漠不关心;是否感到社会秩序变化无常,不可预测;是否感到社会目标离他远去,无法实现;是否感到生活毫无意义;是否感到人与人之间的关系不再能够说得清楚,指望不上任何人给予帮助等五种失范的维度。

我国学者朱力对失范理论进行了非常系统的研究。他认为,失范是相对规范而言的,字面意思是"缺少规范",是"指社会的价值与规范产生紊乱,人们的行为失去了标准或不遵守规范,整个社会秩序呈现无序化的状态。"他将失范分为宏观和微观两个层面。我们从涂尔干的自杀率与失范的关联性认识、默顿的个人无节制的欲望导致失序的观点及索罗尔的个体层面的五种失范的维度以及朱力的失范理论中,可以发现他们的观点和主张中的某种共性:都有从微观个体行为层面研究失范行为。

基于以上分析,可以认为,从微观个体层面可对失范做这样的界定:所谓失范是个体对规范的认识的偏差或基于各种原因的脱离或不遵守规范的行为。个体对规范的解读和内心对规范的认可与失范行为的产生具有非常重要的关联性。所谓行为失范是指个体违背了所应知道的社会规范或者对已有社会规范的错误解读和理解下所出现的与现代化发展、社会法制规范和人伦道德相出入的行为偏离。

(二)大学生行为失范的表现形式

大学生群体之所以频频出现失范行为,一方面是社会价值与社会规范体系之间产生紊乱而导致应有功能的丧失,无法指导与约束大学生的思想与行为,从而使大学生的行为失范或校园秩序产生无序化状态;另一方面是大学生出于各种主观因素违背所应当遵守的规范的行为,从而使原有规范瓦解,导致行为失范。在这两方面原因中,我们认为,大学生主观因素是造成其行为失范的重要原因,从主观方面去思考和寻找相应对策是这一问题能否得到有效治理的重点和关键所在。

失范行为主要表现为:目的型失范行为、价值取向型失范行为、情感型失范行为和传统型失范行为。

1. 目的型失范行为

一般来说,目的型失范行为主要是指目的倾向违反社会规范的要求而产生的失范行为;价值型失范行为主要是指由于不正确的价值观而产生的失范行为;情感型失范行为是指因为个人情感问题而产生的失范行为;传统型失范行为是指没有主观上的失范构想,仅仅是因遵循传统习俗而违背教育规范所造成的失范行为。

受到不良社会风气的影响,越来越多的大学生被功利化思想所误导,出现了一系列失范行为。据统计,大学期间曾经为了取得优异成绩,而选择考试作弊的同学约占被调查对象的30%,曾经有过考试作弊想法却没有实践的同学约占被调查对象的35%,从未有过考试作弊行为或者考试作弊想法的同学,约占被调查对象的35%。当前,考试作弊行为在高校中普遍发生,大学生以取得优异成绩为目的而选择作弊,具有很强的目的性。不惜违背社会规范和社会规则选择作弊,往往是受到目的和结果的巨大诱惑,是典型的目的型失范行为。

2. 价值取向型失范行为

随着社会经济的发展，大学生的思维方式和文化选择日益多元化，往往造成自身价值观的错位和变形，做出违背社会主流价值观的失范行为。越来越多的大学生在毕业就业时选择报考公务员，并非以为人民服务为目的，而是为了寻求一份稳定的工作，获得较好的财富、地位和名望。原本作为为社会服务角色的公务员，被越来越多的大学生当作其谋取个人私利的目标，甚至因为考试失败做出危害自身安全和社会稳定的行为，这些失范行为都是受错位价值观影响的结果。

3. 情感型失范行为

大学生处于人生中情感最为丰富和情绪波动较为激烈的时期，部分大学生将谈恋爱作为大学最主要的任务，投入大量时间和精力到恋爱当中。部分大学生在恋爱中不能保持头脑清醒、缺少挫折教育、心理素质较差、自身经历不足，一旦感情出现问题，不能以合适方式舒缓情绪，心理问题得不到解决，往往表现为手足无措、产生消极情绪、做出极端行为，甚至威胁自身和他人的生命安全。这些因为不良情绪和情感而产生的行为被定义为情感型失范行为。

4. 传统型失范行为

传统型失范行为通常与传统文化和传统习俗习惯密切相关，是指行为失范者没有主观上的失范构想，仅仅是因遵循传统习俗而违背教育规范所造成的失范行为。部分大学生认为，教育规范所要求的行为和传统思想观念相冲突，进而做出一系列的失范行为。例如，很多大学生过分看重"哥们义气"，认为这是一种理所应当的行为，当哥们遇到困难或受到不公时，往往会通过武力恐吓威胁甚至肢体冲突来解决问题，导致情绪失控、行为过激。这种由于传统习俗影响而导致的传统型失范行为在大学生群体中较为常见。

二、大学生行为失范的心理诱因解析

大学生行为失范的主观心理原因主要是对社会规范的错误解读以及利己主义思想等不健康的心理而产生的；归纳起来主要有以下七种心理诱因。

（一）易受感染的从众心理

大学生对规范的态度和行动会影响身边的其他同学，也就是大学生对规范是否遵守与其从众心理有关，从而产生从众效应。大学校园中的普遍规范会因第一个大学生的行为互相暗示作用而加强或削弱，这种对规范的相互感染和模仿可能是正向的、健康的，也可能是负向的、不健康的。因此，如若不遵守规范者凝聚成一股力量，甚至对遵守规范者产生了负向的压力，遵守规范者也会受到失范的感染，产生从众心理，从而实施失范行为，形成校园失范的气氛，那么小到一个寝室的风气，一个班级的班风受到影响，大到学院院风，甚至是整所学校的校风都会受到严重创伤。此类心理常见的大学生失范行为和现象有通宵上网、酗酒、旷课、考试作弊等。

（二）打擦边球的侥幸心理

即规避道德或法律的失范行为。规范的出现是为了解决和调整现实中存在的诸多不良现象和行为，所以规范具有滞后性。没有一个国家的社会规范能完整到将人的所有行为都加以调整和约束，这是客观事实，人们的某些行为和现象必然是规范所无法触及的。高校亦是如此，高校也存在着许多规范功能的边界地带，对大学生中存在的许多偶然的、特殊的、创新的失范行为无法覆盖，这是规范的真空地带，又可能成为失范的空间。有一部分大学生就把自己的聪明才智用在寻找规范的真空地带，而让自己游刃有余于失范状态而不受规范的约束。

（三）陌生环境的"自由人"心理

即当大学生离开原有的熟人社区或校园，处于相对陌生的环境之中更容易失范。大学生脱离了原来的社会交际区域，在新的空间中处于一种自由的个体状态，角色隐蔽、不确定，没有人认识他，也没有人顾及他的存在，这时规范给人的压力感也会丧失，在主观上产生规范的"解脱"感觉。若此时大学生的自我约束也同时下降，则其行为具有更大的随意性，平时被压抑的欲望就会爆发出来，或者对自我行为的严重性判断弱化。而更容易产生失范行为，甚至是发生让人错愕的强大的行为反差。

（四）贪图方便心理

即当前有一部分大学生通常会选择最为方便的通道与最省事的办法去行动，对待规范也是如此的思维。失范者并不必然是追求利益最大化，而常常是追求代价最小化，这也是人的原始生存理性。大学生在校园中很多轻微的失范行为如乱丢垃圾、随地吐痰等，并没有很强的图谋性，大多情况下仅仅是为了贪图方便、省事。也即失范者为了减少遵守规范的成本或减少自身受规范的约束，在不损害他人利益的情况下的一种选择。但这种行为客观上给他人、给校园公共利益带来了一定的损失。这是大学校园中最不被当回事的一种失范。

（五）插队心理

即规范遵守者按序排队，而失范者为了节省排队成本而采取的行为。大学校园生活或活动有时涉及面甚广，参与学生众多，需要大学生自觉遵守校园规范，按序等候，如就餐、图书馆阅览、体检、拍照等。此类失范表面上类似贪图方便，但本质上却有不同，此类失范行为直接损害了他人利益和违反校园公共秩序规则。失范者所节省的成本，恰恰是排队者增加的成本，同时，校园公共排队规则也遭到了质疑和破坏。久而久之，遵守规范者会越来越少，失范者会越来越多。因此，高校若对这类失范行为不及时制止并纠正，会导致高校规范的解组。

（六）累次失范的麻木心理

即小失范或小过错得不到及时阻止或惩罚会累加成为大失范或大过错，也是教育要慎于始的原因。大学生轻度的失范行为如果得不到及时制止和纠正，就会不断积累，就会由轻度失范变成重度失范，由零散的失范演化成集中失范，由无组织的失范变成有组织的失范。这些大大小小、形形色色的失范最终会变成重大的失范现象，从内心上，这些犯过小过错的主体，在经历无数次小的失范体验后，对失范的容忍度会增大，对破坏规范的承受力不断增强，因此危害巨大。

（七）丧失理性的狭隘报复心理

即大学生正处于需要调适平衡的青春波动期，在优胜劣汰的机制下，承受着竞争的考验和失败的内心体验。某些心理不健康的大学生争强好胜，渴望战胜他人实现自我，当心理负荷与心理承受能力失调时，极易产生情绪失控、自控力弱化、畏惧、焦虑、挫折、动机抉择冲突、嫉妒等畸形心理，抑或导致消沉颓丧、精神失常、自残或攻击他人等失范行为。

值得说明的是，大学生行为失范主观因素三种类型的解读，是为了更能说明问题才从理想状态而进行分类，具体到实际状态，有时候某一失范行为可能是其中的一类因素所致，也可能是其中的两类甚至是三类因素的综合。因此，我们切勿教条地去看待和认定。相应地，对大学生行为失范问题的解决，需家庭、社会、学校多种力量共同参与，当然，大学生自身主观因素最重要，需要多渠道、多方法共同作用。

三、大学生行为失范与家庭关系的心理学

大学生行为失范现象给高校思想政治教育工作带来了巨大挑战，学校单方面很难完成对学生失范行为的防控与管理，大学生行为失范需要全社会协同治理。家庭在大学生管理与教育过程中起着关键作用，家庭环境对大学生的心理、人格及性格的形成有着重要影响。从心理学视角出发分析家庭环境对大学生心理特点及行为表现的影响，以期提升行为失范大学生的思想政治教育效能。

（一）行为失范大学生的心理特点

1. 认知结构不合理

就行为失范大学生的认知结构而言，他们大都存在知识储备不完善、人生观不正确、道德素养不高、纪律观念不强，缺乏判断力、自觉性、内省力，面对复杂事物时易显茫然态度。而从心理学上讲，认知结构一般是指个人在以前学习和感知客观世界的基础上形成的，由知识经验组成的心理结构。知识经验的准确性、知识经验间联系的丰富性和组织性等都影响学生在学习新知识、解决新问题时提取已有知识经验的速度和准确性。而家庭环境恶劣的学生，其早期在家庭中形成的认知结构不合理，从而导致其在大学时期容易产生认知冲突或认知障碍，进而导致行为失范。

2. 情绪波动较大

就情感而言，行为失范大学生的情绪易激动，情感不稳定，情感体验比较原始、低级，更有甚者表现出情感的冷漠。行为失范大学生倾向追求生理和感官的直觉刺激，这是一种原始、低级的需要。比如，一件微不足道的小事也容易促使他们做出过分举动。行为失范大学生的情绪波动较大，愤怒时冷酷无情，高兴时过度兴奋。行为失范大学生往往缺乏对

他人的尊重和同情，对朋辈间、师生间、亲属间感情的稳定性不信任，缺乏对亲情、友情和爱情的正确感知。

3. 意志不坚定

就行为失范学生的意志而言，他们大都意志力比较薄弱，易受暗示，却不乏探险和冒险精神，且有鲜明的两重性。这类学生的理性是非分辨能力比较弱，很容易接受别人的暗示而盲从。在不良社会风气的诱使下，甚至会表现出狂妄自负、不听管教的情况，具体表现为在实现社会化目标方面意志薄弱，在实施反社会的活动方面却表现出意志的顽强性。

4. 行为失范的无意识动机明显

就大学生行为失范背后的动机而言，无意识动机比较明显，动机不稳定，动机产生情景化。行为失范大学生在潜在的本能冲动、社会规范适应及对学校规范的服从与对抗中，主体往往处于迷茫、选择与孤独、对抗与妥协等强烈的消极体验中，但其主体并非时刻对这种冲突和对抗具有清醒的自我认知，这种无意识动机也就成了失范行为的驱动力量。

（二）家庭环境对大学生心理健康的影响

大学生所表现出的种种行为失范现象大多与其青少年时期家庭成长环境相关。家庭是青少年成长的第一环境，父母是青少年成长的首位教师，家庭环境对一个人的心理、人格和性格的形成有重要影响，良好的家庭环境有助于塑造乐观积极、行为规范的个人；相反如家庭离异、家庭暴力等家庭环境会在孩子的心中根植阴影，这些早期形成的阴影甚至会成为一个人心理上难以逾越的鸿沟或缺陷，这种心理缺陷也往往成为青少年行为失范的起点。心理学家也认为"心理缺陷"或"挫折"是导致一个人行为失范的原因。家庭离异与家庭暴力是较为突出的两种非正常家庭环境，这类家庭环境是促使大学生行为失范的重要因素。

1. 家庭离异对大学生心理的影响

家庭离异指的是父母婚姻破裂，婚姻关系解除从而导致家庭解体的社会现象。在转型期的中国，家庭离异已成为一个较为突出的社会问题。生活在离异家庭中的子女在生活和学习以致心理、人格等方面呈现一些突出的问题。许多有关离婚家庭的研究也表明：离婚产生严重的压力会引起家庭成员的机能紊乱和情绪不稳定，离异的家庭成员在身体健康、心理健康等方面和有完整家庭的成员之间存在着较大差距。

首先，离异家庭中子女的学习动机与智力水平较低。在离异家庭中，子女成长的部分家庭环境被剥夺。对子女来讲，无论其与生父还是生母生活，他们的生活环境都是不完整的。而心理学研究表明，父母的期望和管教是影响子女学习动机的重要外部因素。离异家庭中另一个问题就是父母性别角色的残缺。父母在家庭中扮演两种不同的社会性别角色，彼此或他人都是无法替代的。因此，父母性别角色的残缺会导致子女有关社会性别的智力发展不完善。

其次，离异家庭中子女的情绪多表现为易愤怒、恐惧和悲伤等消极情绪，日常情绪波动较大。父母离婚产生的异常情绪通过父母的表情、语言、行为反映出来，造成家庭气氛的压抑，加重家庭成员的精神负担，家庭人际关系也有恶化倾向。在这种环境下子女享受不到父母的亲情之爱，且被父母的异常表情、语言和行为浸染，从而导致孩子情绪焦虑、精神紧张和反应失常。失和家庭和单亲家庭或者再婚家庭在情感的表达上有明显的缺陷，孩子从小需要的爱并没有得到满足，自己感情的表达也受阻，这就直接导致了子女的感情障碍。

最后，完整家庭子女较之于离异家庭而言被同学接纳的机会和程度较高。父母离异对子女心灵的打击会持续发挥作用，并在逐渐积累中而得以强化。尤其是情绪低落、消沉和自卑感会随着单亲家庭不良环境气氛的不断刺激而得到增强，从而无形之中提高了同伴关系建立的遏制阻力。同时，家庭离异后父母单独相处，也大大削弱了对其子女同伴关系建立的指导和帮助，使子女结交同伴、与同伴相处的能力逐渐下降。

2. 家庭暴力对大学生心理的影响

家庭暴力会给子女造成严重的心理创伤或生理创伤。家庭暴力直接表现为家庭教育缺陷，父母的暴力行为会诱导子女产生行为失范现象，而这种行为失范往往超越一般的越轨行为，接近违法行为甚至是犯罪行为。而且研究表明，家庭暴力还往往和青少年犯罪存在一定的因果联系，家庭暴力在一定程度上提高了青少年犯罪概率。事实上，家庭暴力容易促使子女形成犯罪心理。父母间的不和、纠纷和暴力行为时刻影响着子女的身心健康，使子女的心灵在一定程度上发生扭曲，并最终形成子女犯罪的导火索。面对父母的不良行为，很多子女感到厌烦，他们对父母之间的暴力感到厌恶，就会想方设法逃离其家庭环境的影响，当子女从主观上意欲脱离其家庭环境时，其从心理上便瓦解了抵抗社会上不良现象诱导的防线。同时，由于他们心理受到创伤，受到打击与挫折，存在一定的心理缺陷，缺乏自我防范和控制失范行为的能力，严重的越轨行为（违法行为或犯罪行为）便产生了。

四、大学生失范行为中的隐性范式

判定大学生的某种行为是否失范，社会公众和大学生之间存在参照标准选择的争议。大学生在判定自己或别人的某种行为是否失范时，参照最多的是大学生群体的隐性范式而不是社会公众的显性范式，隐性范式已经成为许多大学生行为失范的直接诱因。

（一）隐性范式与显性范式的关系

大学生的行为既受到显性范式的约束，也受到隐性范式的影响，当隐性范式的诱导作用掩盖了显性范式的规范作用时，失范行为就有可能会发生。

1. 隐性范式与显性范式的区别

隐性范式与显性范式的区别主要体现在以下四个方面。

①隐性范式是以隐性的方式存在于群体当中，大学生群体成员之间只能使用口传和意会的途径传播该群体所默认的各种行为模式或规则；而显性范式则是以各种授课与讲座、媒体宣传或会议传达等形式为载体进行公开传播，并要求所有大学生都必须严格遵守的行为准则和规章制度。

②隐性范式能够产生暗示作用，促使大学生主动采取行动，包括实施各种失范行为，而显性范式则会促进大学生形成各种规范行为，但由于其带有官方性和强制性的色彩，经

常招致逆反心理较强的大学生的排斥。

③隐性范式常常源于大学生的潜意识和本能，反映了大学生的低层次需要，遵循着所谓的"快乐原则"，其内容有可能与学校和社会的规章制度背道而驰；而显性范式则是源于学校、家庭、社会和公众的要求，反映了大学生的高层次追求，遵循着现实原则和理想原则，其内容符合公序良俗。

④隐性范式由于是群体成员自发形成的内隐性范式，没有组织机构对其内容和形式进行总结、归纳，因而会显得零碎而不系统；而显性范式则由于是社会公众所推崇的标准和规范，其内容与表现形式都可以自成体系。

2. 隐性范式与显性范式的联系

隐性范式与显性范式的联系主要表现在如下三个方面。

①隐性范式能够转化为显性范式。当大学生隐性范式的内容逐渐被社会公众认可并获得支持后，即可成为社会和学校所提倡的显性范式。

②显性范式对隐性范式有制约作用。这种作用体现在两个方面：一是当隐性范式的内容严重违背显性社会规范和准则时，将难以在大学生群体内部和群体之间扩展；二是隐性范式的内容在显性范式的作用下会被不断地更新和修改。

③隐性范式对显性范式起促进或阻碍作用。隐性范式是大学生共同推崇的规范与准则，它是促进大学生满足自身内在需求的外部诱因之一，当它与大学生个体的内驱力有效结合时，大学生的行为动机就会被激发出来。当隐性范式与显性范式相向而行时，隐性范式可以协同显性范式发挥推动作用，促进大学生形成符合学校和社会要求的各种规范性的行为；而当隐性范式与显性范式背道而驰时，隐性范式就会削弱和阻碍显性范式的规范功能。

（二）隐性范式的作用

隐性范式是一种外部诱因，对大学生的失范行为发挥着诱导、引导和制约等作用。

1. 隐性范式的诱导作用

内驱力是一种内部刺激，是在需要的基础上产生的一种内部唤醒状态或紧张状态。对大学生个体而言，内驱力就是建立在其某种需要基础上的、推动其某种行为发生的内部力量，而诱因则是指能满足其需要的物体、情境或活动，是行为目标对其的刺激，是动机中能够拉动行为发生的外部力量。对于大学生群体而言，内驱力就是建立在群体需要基础上的内部力量，诱因就是指存在于大学生群体外部的各种刺激因素，起着"催化剂"的作用，是诱导各种行为发生的拉动力量。当诱因与内驱力协同发挥作用时，触发大学生群体实施各种行为的直接或间接动机就形成了。学校与社会推崇的行为范式是一种公开的、显性的行为规范与准则，可以成为促进大学生产生符合社会需要的规范行为的外部诱因，而隐性范式则是处于隐性状态下的行为规范与模式，也可以成为促进大学生产生符合自己本能和欲望需求的某种行为的外部诱因。因此，大学生群体中的隐性范式可以成为大学生动机形成和行为实施的、直接外部诱因，在大学生实施失范行为的过程中发挥着诱导作用。隐性范式的诱导作用还可以通过大学生界定失范行为时的评估依据表现出来。大学生的失范行为，从学校与社会的角度来看，是违背了学校和社会的准则和规范的，因而被认为是失范的。但是，如果从大学生群体的角度来看，这些失范行为却遵从了大学生群体的隐性范式，所以是符合隐性范式的规范行为。事实上，许多大学生在界定自己和别人的行为是否失范时，经常使用的评估依据不是学校和社会公认的显性范式，而是大学生群体中的隐性范式。

2. 隐性范式的引导与制约作用

作为外部诱因之一的隐性范式存在于特定大学生群体当中，对群体成员的行为始终起着引导和制约作用。大学生个体在产生某种物质或精神需要时，他会自觉地探寻外界是否存在满足这种需要的诱因即客观事物或情境，并自我权衡满足需要时可能要付出的成本和代价。当大学生群体中存在的某种隐性范式的取向支持这种需要时，这种需要就被合理化，该隐性范式就可以推动内部需要与外部诱因有机融合，引发大学生的某种行为动机并引导这种行为的最终实施，此时，隐性范式的引导作用便会体现出来。然而，如果大学生群体中的隐性范式取向不支持大学生个体的某种需要，即使满足这种需要的诱因客观存在，大学生个体也难以形成行为动机并实施该行为，这就是隐性范式的制约作用。

（三）隐性范式的生成

引发或制约大学生失范行为形成的隐性范式一般来自大学生特定群体的集体意识，其生成过程受到自然环境、社会环境、社会文化与习俗、学校文化与风气、媒体舆论及个体意识等多种因素的影响。某个特定大学生群体中的某种隐性范式的形成一般要经过萌芽与培育、暗示与感染、认同并遵守等几个阶段。

根据大学生群体中的人员数量、个体之间交往频度以及不同群体之间的影响程度等不同，可以把大学生群体划分成不同规模、不同层次的群体类型。一般将人员数量较少、交往空间较小的群体，看成一个相对封闭的、独立的生态小群体。若干个独立的生态小群体既可相互并列存在，互不相扰，也可相互合并形成更高层次的大群体，直至形成庞大的群体生态系统。

在某个独立的大学生小群体中，如果某种想法、念头、理念、规则或标准得到群体中绝大多数大学生的认同，就可能变成这一大学生群体的隐性范式雏形，这就是隐性范式的萌芽阶段，而那些能够成为隐性范式雏形的规则及标准，一般来自该群体中某大学生的想法与理念，或者其他大学生群体的经验与做法，当然，也有的规则和标准来自影视媒体的曝光与宣传以及社会公众的传播等。这些隐性范式雏形如果通过主动暗示和被动感染得以在其他并列的小群体中传播，就会让更多大学生个体产生认同感，最后在一个群体生态系统中成为大家共同遵守的隐性范式。

"翘课"在许多高校成为部分大学生有意的失范行为，这种失范行为不但没有遭到其他学生的指责和摒弃，反而成了青年学生有个性、不迂腐的标配。通过对大学生"翘课"现象的研究，我们发现在大学生群体中客观存在着一种为许多大学生个体认同的隐性的"翘课"范式。对学校、社会和家庭而言，"翘课"是大学生的一种失范行为，但是这种行为却符合大学生群体的隐性范式。许多大学生都认同并欣赏"大学几年都没有翘过一次课的大学生活是不完美的"这种说法。这种"翘课"的想法首先会在某大学生小群体中发端，然后被其他大学生小群体接纳并开始暗示性和感染性地传播,当某个群体生态系统中的绝大多数学生都能认同并遵守"翘课"的范式时,该隐性范式便基本生成了。

第三节 大学生行为危机的预防与干预

育人为本,德育为先。大学生行为习惯养成教育,严格遵循个体道德成长规律,在心中习得道德规范,在实践中积累道德品质。行为习惯养成教育是系统的教育,需要与认识、情感、意志教育一道协同推进,才能促进良好行为习惯和道德品质的养成。

一、加强大学生行为习惯养成的认知

一个人良好德行的形成,既不能仅依靠内在的自然发生、发展,也不能单纯依赖外部的强化,而是自身思想品德系统与社会环境和教化相互作用的结果。当代社会环境的开放性、多元性要求大学生行为习惯养成教育必须充分利用传统和现代的一切有益的教育资源,教之以理,奠定青少年道德认知的基础,以知导行,教育引导良好道德行为习惯的养成。

(一)修订完善大学生行为规范

行为习惯养成教育一刻也离不开规范性的制约,它依靠制定行之有效的规章制度,并依据规章制度来约束、协调、规范受教育者的行为。因此,对规章制度的认知是行为习惯养成教育实施的逻辑起点。大学生行为习惯养成教育最重要的依据便是各种行为规范、行为准则,在学习并熟知行为规范和行为准则的基础上,做到心中有戒尺,一言一行有依据,在社会实践中,应有所为有所不为,进退有度。

针对大学生认知,应充分发挥大学生思想政治教育主渠道的作用。一是要增强教学内容的时代感和针对性。关键是要理论联系实际,不仅要紧密结合时代变化,更重要的是教学内容要贴近大学生思想实际,要"接地气",解答他们的思想困惑。二是要创新教学手段和方法,增强实践性教育,行为规范与准则最终都是要落实到实实在在的实践中去的。围绕行为规范的主题,开展学生亲身体验的实践活动,既包括教学实践,也包括社会实践,把教学实践与社会调查、志愿服务、公益活动、专业课实习等结合起来探索多层次、多形式的教育实践活动。三是要以班级管理为平台,落实最基本的行为规范。针对高校学生学习主要是班集体为基本单位的特点,坚持以班级管理为平台,科学制定班级规章制度,完善班级日常行为管理工作,使大学生在集体的环境中,以最基本的规范认知为基础,强调良好行为习惯的养成。

(二)提升大学生的认知水平

社会的发展使大学生的选择更自由、更具多样性,但也常常引发行为选择与价值判断的冲突,催生价值危机和信仰危机。因此,大学生行为习惯养成教育应坚持主导性与时代性交融,始终以马克思主义为导向,在弘扬主旋律,坚持社会主义意识形态主导的基础上,

使青少年养成符合社会主义道德规范的行为习惯。

爱国主义、集体主义和社会主义是我们整个社会的主旋律，是我们广大国民应具备的精神素质。弘扬主旋律要将弘扬优秀民族精神和顺应时代潮流相结合。在现代化进程中，若没有本民族的精神支柱，要完成人自身的超越是异常困难的，这在不同文明的思维方式、价值观念、行为方式的交锋与碰撞中显得尤为重要。所以，提升大学生认知，弘扬主旋律，不仅要求现代教育建立完备的知识传授体系，而且要吸收中华民族优秀传统进行教育。

（三）引导大学生正确认知法律法规教育

法律法规是维护社会秩序的利器。加强法制教育是规范大学生行为，增强法律意识，预防道德失范和违法犯罪的有效途径。在展开大学生行为习惯养成教育时，应加强法律法规教育，避免出现高学历的"法盲"。大学生行为习惯养成教育过程中必须强化法制教育。

1.培养大学生遵纪守法的法律意识

通过普法教育，使大学生对我国法律体系有较为系统的掌握。让大学生明确法律的严肃性和违法行为产生的后果。

2.提高大学生自我约束能力和自我保护意识

通过法律法规教育，可以促进大学生行为的自我规范和约束，形成道德自律意识。

3.培养大学生的法律责任意识

大学生不仅要学会用法律武器保护自己，更要运用法律武器自觉维护社会秩序。这是大学生责任感的具体体现，也是大学生作为社会主体的法律义务。加强法律法规教育，要重视将法律基础知识教学与主题活动相结合，可通过模拟法庭使大学生切实参与其中，既能通过实践加深对法律法规知识的认识，又能感受法律的神圣庄严，心生敬畏，从而自觉自然遵守。还可通过警校共育，邀请法律专家或政法一线工作者进校园、进课堂、开讲座等，通过专家、政法工作人员与大学生面对面交流，不仅使大学生更加直观深刻地认识法律法规对国家、对社会、对个人的重要意义，更加深刻地感受到遵守法律法规和保护自身合法权益的积极作用，学会和运用法律法规维护合法权益；同时还应意识到违反法律法规对自身、对他人、对社会甚至对国家的危害，从而自觉远离各种违法犯罪活动，避免违法犯罪行为。大学生法律法规教育应将责任感培养贯穿始终，唤起大学生遵纪守法和敢于同违法违规行动做斗争的正义情怀。

（四）提高其自身素养及自我教育能力

对于大学生而言，行为习惯的培养可以从强制性要求开始，但要通过理论教育与实践教育相结合，转变受教育者观念，从被动转化为主动再转化为自动，即养成良好的行为习惯，方能真正形成良好的道德品质。养成教育应充分发挥大学生的主观能动作用，使大学生自觉主动地进行学习、自我修养、自我改造。在此基础上，大学生自我教育能力得到提高，并在自我教育的过程中，通过经常性地自省、自警、自励，养成自我监督、自我调节、自我约束的习惯、自觉抵制外界的不良影响，增强自身免疫力。

二、激发大学生行为习惯养成的情感动力

道德情感是一种内心体验，它随着道德认知而产生。道德情感是人们现实生活中的道德关系和道德行为所产生的爱憎、好恶的心理体验和态度倾向。这种情感既反映了人们的道德需要，又表现出人们对客观现实的态度体验。道德情感是一种自我意识的监督力量，能使人保持良好的行为。

（一）大学生身心发展的情感需求

道德情感体验是道德价值观转化为道德行为的重要条件。养成教育的本质就是促进个体自我发展和自我完善的有机整合。主体的体验程度决定着个体对观念的认同程度、趋向和方式。所以，要使道德认知顺利转化为道德行为，必须通过情感体验与实践相结合。当前高校德育方式多是通过道德知识灌输，道德实践相对缺乏，大学生主体的道德情感体验常被忽略。缺少道德情感体验，道德认知很难转化为道德行为，在很大程度上造成了大学生言行不一、知行脱节。

为保证大学生行为习惯养成教育顺利实施，必须尊重大学生情感需求的多样性和自主性，避免强行灌输、强迫行为，而应该循循善诱、有的放矢。当大学生出现不良情感体验时，也不应一味谴责，而是帮助其及时排遣，并给予情感支持，协助其渡过难关，树立信心。

（二）构建学生的"情感体验"

良好的情感是在实践中体验形成的，通过在特定环境中相应的角色扮演，体验社会角色身份及其价值定位，体验角色的人际关系，体验社会对角色的评价。以"活动—情境—角色—体验"的方式，使大学生能由角色体验推及自身，不断内化道德认识，促进道德行为习惯的养成。如通过心理健康教育、法制教育、安全教育等一系列讲座，开展丰富多彩的主题活动，着眼于学生的终身发展，让每个学生从活动中得到一份感悟，明白一个道理，形成一种好习惯，通过形式多样、特点鲜明的主题活动，让学生在参与活动的过程中，将思想道德内容内化为自己的行为准则。在创新活动形式、丰富活动内容的同时，在挖掘文化、改革评价上下功夫，使大学生行为习惯养成教育的成效更加显著。

（三）培养大学生爱憎分明的价值取向

时代发展的步伐越来越快，现代生活呈现复杂、多元化的特征，这使判断善恶、是非、有价值与否的问题变得更加困难。加之传播媒介无孔不入的影响，大学生的价值观念陷入混乱境地，以致相当一部分大学生在判断什么是有价值的，什么是值得自己去做等问题上倍感困惑。行为习惯养成教育并不只关注行为习惯的培养与训练，也需要关注习惯背后的价值观，双管齐下才能事半功倍。道德价值观是一种内在动力，对道德行为具有导向作用，道德行为是道德价值观的外在体现。价值取向是价值观中内化为人格结构的核心部分，具有评价事物、唤起态度、指引和行为调节的定向功能，是指导人们决策判断的总体信念。合理的价值取向是行为习惯背后所蕴含的更为核心的东西，这要求行为习惯养成教育要根据大学生身心发展的规律和特点，尊重个性与差异性，因材施教，发挥主动性，通过传播

正能量，以正确的价值标准引导大学生的价值判断，引起他们对正义、对真善美的情感共鸣和向往，对假恶丑、对不良行为风气坚决抵制，形成正确的价值取向，使之成为大学生成长成才的内在驱动力。

价值取向是实施道德行为的重要推手，培养大学生爱憎分明的价值取向，我们要把教育重点放在发展大学生的道德判断能力上，道德判断能力水平越高，道德判断与行为的一致性程度越高。在培养大学生价值取向的过程中，应做到有重点、分步骤地加以引导，使正确的价值观念能够为学生所接纳、内化并践行。价值"本质上是实践的"，价值取向确立的过程，是在实践中反复体验、确认、珍重的过程。因此，我们要多提供实践机会，让大学生的道德判断能力和价值取向在参与活动中树立起来。营造自由平等、轻松愉快的氛围，采取主体间"对话"式的价值植入，在尊重、平等的对话中，进行良好的引导，使学生通过自己积极主动的思考，获得良好的价值教育。在注重现实生活的基础上，重点训练大学生掌握和做出价值判断和决策的方法，尽可能通过评价反馈手段，减少价值混乱。

三、培养大学生行为习惯养成的意志品质

行为习惯养成教育具有长期性和实践性特征，需要坚韧不拔的意志去执行，这要求培养受教育者持久的耐性和面对困难和挫折、百折不挠的意志品质。

（一）增强大学生对不良品行的甄别能力

要养成良好的行为习惯，不仅需要明确规范、准则和正确的行为习惯，也要对不良品行有一定的甄别能力。正确地甄别不良品行，是抵制不良思想侵蚀的前提，不良品行往往具有一定的诱惑力，尤其是对社会经验不太丰富，但年轻喜欢追求刺激的大学生而言，如果没有良好的甄别能力和顽强的意志，很容易误入歧途。在行为习惯养成教育过程中坚持正面示范和反面示范同时进行，以真实具体的案例带入行为训练的过程中，反复练习，务必使大学生对显性和隐性的不良品行都具有一定的甄别能力。

（二）加强挫折教育，培养坚韧不拔的意志

独生子女在大学生中占有很大比例，在进入大学开始独立生活之前，每个孩子都是被保护、被宠溺的对象，在父母"望子成龙，望女成凤"的期望下，子女唯一的任务便是好好学习文化知识，取得优异的学习成绩，父母为使子女安心学习，为他们遮风挡雨，免去生活中的麻烦。在"温室"条件下成长起来的大学生，大多抗挫能力和危机处理能力较弱。在进入大学后，应该对大学生进行挫折教育培养其坚韧不拔的意志，使其能够独立处理各种生活、学习、工作问题，为其进入社会奠定坚实基础。这既是大学生成长的需要，也是面对行为习惯教育过程中反复曲折的需要。

（三）培养大学生自律自省能力

行为习惯养成教育最重要的一点就是实现他律向自律的转化，使行为逐渐成为习惯。在行为习惯养成教育过程中，自律是良好行为习惯开始形成的关键环节，是自我意志与他律斗争、磨合的成果。大学生大多是刚迈进成年人行列的青年，需要对自身负责并承担更

多的社会责任，培养大学生的自律能力和面对失败客观、冷静、善于自省的能力，是行为习惯养成教育的题中之义。要将大学生自律自省能力培养落到实处，可以从以下两方面着手。

1. 挫折教育要有针对性

要把挫折承受力训练摆在首位，如通过学生社团活动、户外生存训练、演出心理剧等对大学生进行挫折教育，使他们在训练和活动中，不是身体锻炼更受到意志的磨炼，并在实践中增进交流，激发拼搏进取的斗志，全面提升抗挫能力。将实践活动与课堂教学相结合，将理想信念教育与积极心理品质塑造相结合，逐渐养成学生笑对失败、越挫越勇的心理品质。

2. 加强大学生道德行为自律

培养大学生道德自省。在大学生行为习惯养成教育中，教育者在大学生遇到挫折时正面鼓励、因势利导，激发他们克服困难的潜能，更重要的是培养大学生自省、内求、反思的习惯和能力，引导大学生经常性地自我反省。借此来发现自己的不足，认识到自己的过失，从而主动改正。同时，要大学生能勇于直面自己的缺点、错误，并正确对待他人的批评。

四、多渠道培养学生良好行为习惯的实践

实现知道行的转化是德育过程中最困难的环节，也是最关键的环节。此环节也是大学生行为习惯养成教育最重要的环节。在大学生已具备相关认知基础，道德情感得到激发，道德意志准备充分的前提下，实践感悟、行为训练是促进大学生良好行为习惯形成并固化，保障教育成果的重要手段。

（一）主题活动

当前，大学生行为习惯养成教育工作的和复杂性呼唤行为习惯养成教育工作的针对性。显然，必须对症下药，不能"一锅煮"，从总体上讲，当今大学生道德认识、价值判断积极健康，使命感和责任感比较强。对党、对祖国、对人民有强烈的热爱之情，坚决拥护党的领导，坚定中国特色社会主义道路、对实现全面建成小康社会的目标充满信心。但随着高等教育大众化趋势不断深入，一方面，广大学子和家长，不仅只满足于上大学，他们对高校教育有新的期盼和要求。另一方面，网络背景下，学生取向多样化，加之学生素质参差不齐，学生管理难度加大。从源头着手，从学生内心深处对最起码的行为规范要求着手，必须通过有针对性的主题活动，引导大学生的体验感悟。

（二）榜样示范

行为引领榜样，是社会道德规范的导向。榜样示范具有形象性、感染性的特点，是具体化、人格化的道德规范。它通过他人的模范行为，使受教育者在思想上、情感上和行为上向更高的标准发展。

大学生学习榜样开始显示出评价榜样的独立性、选择的自觉性和学习榜样的稳定性，因此，要从这一特点出发选择适当的榜样。树立大学生身边的榜样也是一项切实可行的十

分有效的引领措施，不仅可以拉近大学生与榜样之间的距离，而且由于年龄阶段、生活学习环境的相似更能激起大学生共鸣，见贤思齐。开展诸如"十佳大学生""感动校园人物"等评选活动，让大学生参与其中，评选自己心目中的楷模，增强对榜样的认同感，从心里愿意向榜样学习。

这时教育者不仅要帮助指导大学生认识榜样、分析榜样、找准目标、见诸行动，更要以身作则、身体力行证明言传身教的真实性和可行性。学生往往具有"向师性"，在学生心目中，老师是最可信赖、最钦佩的人，老师的示范教育对学生来说意义重大。因此，老师应当严于律己，从我做起，为人师表，言行一致。教育者无小节，教师应约束自己，每个教师都要用自己美好的思想和行为去影响学生，去塑造学生良好的行为习惯和美的心灵。

（三）日常践行

规范行为大学生行为习惯的养成教育一定要在实践中才能帮助大学生纠正不良行为习惯，养成良好的行为习惯。整个过程需要选取适当的行为规范作为养成教育的实施依据和行为范本。这些行为规范和准则，是大学生行为习惯是否规范化的参考标准，规定了大学生养成教育的具体方向。

有了方向的引领和行为规范的制约，更重要的是要通过显性和隐性的教育活动，使大学生有具体明确的指导性，在实践中感知，进而真正接受并认同所订立的教育目标。只有大学生真正接纳并在行动中遵守《高等学校学生行为准则》以及各高校具体的学生行为守则，才能使大学生的行为真正得到规范。大学生行为的规范以至行为习惯的养成教育须依此而行。

（四）监督约束

行为习惯养成教育不仅是对良好行为习惯的培养，也是对不良行为习惯的纠正，有效地监督和约束可以督促坚持良好的行为习惯，也可以在不良行为习惯抬头或反复的时候及时遏制。监督与约束要注意方式方法，不是粗暴地强制受教育者执行，而是在受教育者行为出现偏差时予以提醒，并与受教育者一起寻找原因，通过沟通和探讨，找出调节行为的有效方法，以便在下一周期的行为训练中取得更好的训练效果。

（五）评价反馈

"评价反馈，固化养成"指的是教学双方协作，对受教育者在一个周期内的行为进行评价，然后教学双方根据评价结果的反馈进一步强化有利因素、剔除不良影响因素，进而使良好行为习惯更加稳固的过程。

大学生行为习惯养成教育是一个循环往复、螺旋推进的过程，在经过一定周期的教育、训练取得一定成效后，需要按照已有的目标设定和一定的评价体系，及时对教育效果进行科学评价，并将评价结果及时反馈给教学双方，通过正、负强化，达成最终目标。在此环节中，应当把"阶段性评价和总结性评价、正评价和负评价、教育者的评价和受教育者的评价结合起来"以培养大学生良好的日常行为习惯为例，首先教学双方合作制定行为评定标准，从个人内在素质和处理人际关系两个角度制定等级细目，将具体行为归纳为优、良、中、差四个等次,并据此对从已经进行的一周期行为训练中收集的行为信息进行评分,使教学双方都获得反馈。这样,大学生能够了解自己在日常行为习惯方面取得的成果,受到鼓舞,继续将良好的行为习惯稳固下来,同时也能了解其中的不足之处,并避免。这便"评价反馈,固化养成"所应达到的目标。

五、构建大学生行为习惯养成的教育氛围

"人是环境的产物。"环境对人有着潜移默化的巨大影响作用,良好的环境对人有着重要的教化作用,不同环境培养出的人的精神气质是不同的。因此,为大学生行为习惯养成教育创设良好的环境,充分发挥环境对大学生的品德、行为的积极作用是很有必要的。重视对行为习惯养成教育的复杂环境的研究、分析,及时掌握环境变化的动态,坚持大学生行为习惯养成教育与环境教育相结合,从家庭到学校到社会再到网络环境,营造一个有利于大学生行为习惯养成教育的氛围。

(一)形成良好的家庭环境

家庭是人们成长的重要环境,也是个人道德品质形成和发展的重要影响因素。父母是子女最好的老师,家庭环境往往对家庭成员造成不可磨灭的影响。我国有注重家庭教育以养成良好品质的传统。因此,大学生行为习惯养成教育,不可只局限于学校教育,家庭教育也不可忽视。家庭教育没有课堂、没有教材,往往是在潜移默化中对受教育者施加深刻的影响。良好家庭环境的熏陶对行为习惯的养成来说至关重要。总的来说,可以从物质环境和精神环境两方面着手,营造健康和谐的家庭环境。物质环境并不是要求家里陈设豪华,而是指在现有条件下使居室整洁、卫生、美观、井井有条,这对提高家庭成员的精神面貌是有益的,对大学生而言,长期处于舒适整洁的家庭环境中,对培养其良好的卫生习惯、生活习惯以及养成做事的条理性等大有益处。精神环境主要是指家风,家风主要由家庭生活方式和文化氛围构成。

良好的家风集思想作风、生活态度、精神、情趣及其他心理因素于一体,构成了一种综合的家庭教育力量。良好的家庭精神环境是养成大学生美好的心理品质、得体的待人接物方式、平和坚韧的心理素质的原动力。

家庭成员之间平等、互助、互信、互爱、互相依赖是构成良好家庭环境的基石。

首先,大学生的父母要转变观念,正确看待子女的成长过程,以对待独立社会人的眼光看待大学生,尊重大学生的主体地位,平等交流对话。

其次,父母要了解子女的特点和天性,根据其生理和心理特点,与子女一起营造有利于良好行为习惯养成的家庭氛围。

最后,父母要以身则,身教比言传更为重要,著名教育家马卡连柯说"你们(父母)自身的行为在教育中具有决定意义。在你们生活的每一瞬间,甚至当你们不在家的时候,都在教育孩子。"因此,家长也要对自己严格要求,多做实事,少说空话,有过必改。

（二）建设先进的校园文化

校园文化可分为校园物质文化、校园制度文化、校园精神文化三个方面。这三个方面是一个统一的整体，缺一不可，相互作用、相互促进。建设先进的校园文化，三者不可偏废，需要协调推进。

①校园物质文化建设的目的是使之成为承担精神文化和制度文化的载体，因此构建良好的客观环境是基础。建立具有养成意义的客观环境，应考虑因时制宜、因地制宜，因人制宜、不能片面考虑节俭，也不宜过于奢华。校园物质文化建设应实现载体多样化、主题迭起化、内容理性化、结构层次化、构成整体化和作用持续化，使学生无论是停留在宿舍、食堂、教室，还是穿梭于路途、闲散于林荫小径；是停留在广告、宣传栏前，还是止步视听电视、广播；都能受到应有的科学文化知识和优秀道德品质熏陶，使其在潜移默化中增强自身素养。

②校园制度文化是高校各项工作协调有序、高效规范的保障。高校师生成分复杂，要调动学生参与行为习惯养成教育的积极性，需要有关的过程管理工作。在大学生行为习惯养成教育工作中，为提高工作效率需要组合形式多样、实效不同的学生群体，如班级、社团、寝室成员等，要切实发挥这些组织的作用，就需要保证其过程管理规范化。在日常行为习惯养成过程中形成的不同群体会表现出截然不同的特点，这些体征不同的群体需要相互之间协调发挥作用。为此，就要建立健全必要的规章制度，形成积极的管理机制，保证各项工作能围绕人才培养的中心展开。

③校园的精神文化虽然无声无形，但它对学生的影响是全方位的。学生沐浴在良好的精神环境中，长期受熏陶，能逐渐养成良好的思想情操和行为习惯。在校园中，首先要形成积极向上的政治空气，浓厚的政治空气会使学生感到有一种推动力，鼓舞他积极向上、朝气蓬勃地生活。可以通过网上校园、校园广播、校刊校报、主题论坛等学习时政、讨论热点，正面引导学生形成自己高度的政治责任感和正确的人生态度。其次要形成和谐的师生关系，师生关系良好，师生之间互相信任和尊重，自古"亲其师，信其道"。在此基础上使学生愿意接受教师的教导，提高教育效果。最后，还要有严格可行的校规校纪，结合学校和班级实际情况，根据学生特点，制定出细致、人性化的规章制度，使学生大部分行为都有章可循、有规可依，久而久之，行为得到规范，转化为个体稳定的行为习惯。

（三）树立良好的社会风气

马克思主义认为，人的本质是一切社会关系的总和，我们无时无刻不受来自社会的影响。当代大学生早已不是封闭在象牙塔里与世隔绝的一群人，相反，时代的开放和自由让他们与社会建立起了更紧密的联系。良好的社会风气，对行为习惯的养成教育有着濡养作用，树立良好的社会风气需要社会各界的参与。首先，政府要加快制度建设，建立健全各项法律法规，以适应我国社会主义事业不断完善的需要，从宏观上营造和谐公正的大环境。其次，媒介要加强舆论宣传，为帮助大学生养成良好的行为习惯，营造良好的舆论氛围，有选择地增加相关节目的播出比例，增加人文关怀类节目。最后，每一个社会成员要尽到自己应尽的义务，从自身做起，从小事做起，为树立良好的社会风气贡献自己的应有之力。

（四）维护健康的网络环境

健康的网络环境是引导大学生科学有效使用网络的先决条件，也是规范大学生文明上网的重要因素。推进网络文明、促进网络文化建设、有效倡导网络道德都离不开健康的网络环境。网络虚拟世界是与现代人联系密切的又一世界，对现实世界的影响也越来越大，健康的网络环境是大学生行为习惯养成教育不可缺少的又一良好氛围，使养成教育达到事半功倍的效果。一方面网络为教育活动提供了诸多便利，我们要充分利用这些有利条件，实现对大学生思想政治、行为规范的正确引导。

大学生由于涉世未深，思想很容易受到干扰，我们要积极抢占网络教育的制高点，引导大学生树立正确的世界观、人生观、价值观，增强学生的自我约束能力和自我防范能力，增强其对不良信息的辨别能力，从而自觉抵制不良诱惑，做遵纪守法的好网民。

一方面要强化网络文化管理，注重制度建设。要想网络文化健康有序发展，合理有效的管理是必不可少的。网络文化管理有其独特性、自成体系，多管齐下方能奏效。网络监管要坚持原则与结合实际并举。从根本上来说，减少网络有害信息的来源，减少大学生与有害信息的接触是最有效，也是最直接的网络管理手段，如利用防火墙技术过滤"黄、赌、毒"等不良信息和西方反动意识形态的网络侵蚀。同时，要充分尊重网络的特点，尊重大学生的个性和独立思想，在法律和基本道德规范内，允许大学生自由发表言论。而后，可以有的放矢地在网络上发表一些大学生易于接受的正确指导，让良好的思想政治，道德观念真正进入学生头脑。另一方面可以充分利用网络信息技术，设计开发具有时代特色与感染力的教育软件，将传统的养成教育引向立体、动态、多彩的发展方向，促使大学生通过形象直观的教育软件，有选择地、自发地感受教育网络，真切地领悟精心设计的教育内容，养成良好的行为习惯。

第五章 大学生心理危机预防与干预分析

第一节 大学生心理危机预防工作内容与方案

建立学生心理档案，针对大学生可能出现的心理危机，及时开展心理健康教育，提高大学生的心理调适能力和危机应对能力，预防心理危机的发生，是高校心理危机干预的首要任务。

一、建立学生心理健康档案

大学生心理健康档案包括所获得的信息、学生的基本情况和个性特点、个体咨询记录、危机事件及其干预记录等信息是了解大学生生活适应能力和心理调节能力的基本要素。学生的学习成绩、信用记录、贷款记录等对学生正在面临和即将面临的危机提供了一手资料。将这些信息结合进行动态的信息化管理，形成学生心理健康档案，可以及早发现学生可能面临的心理危机，提前做好相应的预防和支持工作。

（一）建立大学生心理健康档案的意义

首先，有利于高校各项学生管理工作的顺利开展。近年来，由于受到外来文化的冲击，很多大学生的人生观、世界观和价值观都发生了巨大改变，大量的心理问题由此产生，造成了一系列极端事件的发生。因此，从大一新生入学开始就建立大学生心理健康档案，有助于辅导员更好地掌握学生的心理发展动态，一旦发现学生心理健康问题，辅导员能及时干预，将处在萌芽阶段的心理问题及时扼杀。降低发生校园突发事件的风险，保证高校的安全稳定。

其次，有助于学生正确地认识自我，了解真正的自己，充分发挥自己的特长和潜能。人最难的就是对自己进行正确的认识和评价，大学生心理健康档案可以记录大学生在不同时期不同阶段的心理特点和心理发展情况，有利于学生正确认识自我，勇敢面对自身的缺点和不足，同时还可以预防心理疾病的发生。

最后，有助于高校心理健康管理工作的可持续性发展。大学生心理健康档案是通过对学生的全面普查建立起来的，我们可以了解学生的心理特点，跟踪学生的心理发展，还可以归纳总结大学生心理健康常见问题以及解决方法，可为高校编写心理健康方面的教材，提供大量客观的数据和典型的案例。

（二）大学生心理健康档案的建立

1. 大学生心理健康档案的建立原则

（1）客观性原则

在心理健康档案的建立过程中要尊重学生的客观心理事实，有科学、严肃的态度。选择客观的心理测评工具，测试时需要按照操作程序，如实报告测评结果。

（2）系统性原则

在心理健康档案的建立过程中树立系统观、整体观，多方面搜集信息，对学生的心理状况进行全面检查和系统分析，以从整体上把握学生的心理特征。把影响学生心理健康的因素尽可能包含进去，使用一致的测评工具，定期获取数据。

（3）动态性原则

心理健康教育工作者要以发展变化的观点看待学生。

（4）多样性原则

根据客观条件和实际需要灵活收集资料，常规收集和随机收集相结合，定量收集和定性收集相结合。

（5）教育性原则

建立心理健康档案时，要有利于提高学校的教育质量、教学水平和管理水平，有利于学生心理的健康发展。在实际操作中，把建档和心理健康教育和心理咨询结合起来，给学生提供必要的帮助和指导，还应注意在建档过程中不能给学生留下任何心理创伤。

（6）保密性原则

保密性原则是指心理健康教育工作者要对心理健康档案的内容做到绝对保密，不得随意将心理健康教育档案的内容告知他人。只要是学生不愿公开的，不利于学生心理健康发展的和违反心理咨询工作原则的心理健康档案必须保密，不得透露给其他人，学生毕业后心理健康档案应该妥善处理，不作为学生品行评定的依据，不放入人事档案材料。根据学生欲了解的具体心理内容，以适当的方式告知学生，使之消除顾虑。在两种情况下可以突破保密原则：一是有明显自杀意图者；二是对存在伤害性人格障碍或精神病倾向的人员。

（7）经济性原则

经济性原则是指在心理建档过程中，应力求以最少的人力、物力、财力和时间，获得较好的效果。

2. 心理健康档案的内容规划

心理健康档案是比较全面反映学生心理健康全貌的材料综合。有人认为，它应该包含家庭情况、心理状况、心理调适情况和择业期望和指导四个方面，也有人认为它包括学生综合资料、心理测评资料和心理健康教育活动记录三部分，虽然提法各有不同，但是仔细看各种提法包含的具体内容，确实大同小异，没有太大区别。以后一种提法为例，说明心理健康档案的内容。

（1）学生综合资料

学生综合资料是指影响学生心理发展的基本资料，主要提供一些背景资料，以便深入分析学生的心理，从而诊断心理问题产生的原因，包括以下几个方面。

①学生的基本情况，包括姓名、性别、出生日期、籍贯、民族、政治面貌、参加团队和社团情况、信仰、所在专业、家庭住址和爱好兴趣等。

②身体状况，包括身体发育情况和身体健康状况，前者身高、体重、视力、听力、龋齿、营养状况和有无生理缺陷等；后者包含当前健康情况和既往病史等。

③家庭生活环境，包括家庭结构、家庭类型、家庭气氛、经济状况、居住环境、家庭成员构成、父母教养方式、亲子关系、家中排行等。

④社区生活环境，包括职业构成、治安情况等。

⑤学校学习生活情况，包括学业成绩、学习兴趣爱好、学习动机、态度和习惯等，思想品德、行为习惯、师生关系、同学关系、担任学生干部和获奖情况等。

⑥重大社会生活事件，如家庭成员的死亡、父母离异、与老师同学关系紧张、生活条件改变、影响生活的重大挫折等。

（2）心理测评资料

这些资料反映学生心理状况和心理特点的资料，应记录心理测评的类型、日期、场所、施测者和报告者、结果、分析以及教育建议等，包括智力水平及教育建议、人格特征分析及培养建议、心理健康状况及辅导策略、学习心理分析及教育对策、职业能力倾向类型分析及指导。

（3）心理健康教育活动记录

即是对学生产生的各种心理和行为障碍，进行咨询和辅导的个案记录，包括主诉及症状表现、诊断、原因分析、咨询时间及次数、咨询的方法与过程、咨询效果、追踪记录等；还包括心理健康教育的阶段性记录和评价。在内容规划上，应该在资源共享和保护学生隐私上进行适当的平衡，第一部分内容应该多平台共享，各部门对学生信息及时动态地更新；第二和第三部分信息应由心理健康专业人员调阅和使用，应该严格保密，以更好地保护学生。

（三）心理健康档案的管理与更新

在心理健康档案建立前，就应规划好心理健康档案的管理工作，主要包括几个方面：明确管理机构和主要负责人；大学的心理健康档案通常应该由学校的心理教育机构负责建立，并且要由既懂心理学又懂档案管理的专业人员负责管理，否则很容易流于形式，丧失利用价值。制定管理条例，对心理健康档案的管理机构的分工、收集、整理、借阅、保管都要有明确规定，落实责任。应用先进管理手段，提高档案的利用效率。

从载体材料来看，心理健康档案有两种形式：一种是纸介质的档案，这类档案一般是每个学生的资料放到一个档案袋里，档案袋按院系、年级、专业、学号分门别类存放，由学校的心理健康教育机构派人统一集中管理，严格做好保密工作，不得随意泄露或外借，未经本人同意，任何人不得调阅学生的心理健康档案。当出于科研目的要调用档案时，必须保证当事人的心理和利益不受伤害，学生要查看自己的心理档案时，管理人员要满足其要求，对档案的内容用通俗的语言做出科学的解释。帮助学生正确地认识自己，很好地发展自我。

心理健康档案应该是一个不断更新的系统，不应仅靠一两次心理测验结果维持不变，要有新资料不断补充到档案中去。由于学生信息很难在入学时全面准确地一次收集到，这就需要学校心理咨询部门从多渠道收集；心理咨询活动、学生的个人总结和日常的行为观察都是获取信息的途径，通过这种及时的更新澄清模糊的信息，填补缺失的信息，纠正错误的信息，并且善于从档案中发现学生在心理和行为方面的问题，及时加以干预。

（四）心理健康档案的使用

有效的心理健康档案的使用，应当与心理咨询、心理健康课密切结合起来才能发挥作用。

根据学生心理档案中所提出的教育培养建议，有针对性地做好学生的辅导工作。有条件的学校可以针对每个学生进行个别辅导，但因工作量大，费时长，一般的做法是选择那些问题较多或较严重的学生作为首要辅导对象，可以就某个问题进行辅导，也可进行多方面或全方位的辅导。

对各班级或年级的学生心理档案进行综合分析研究，找出该班或该年级学生存在的共性问题，为对学生进行团体辅导或学校制定教育措施提供客观依据。

利用学生心理档案所提供的信息，开展教学和研究工作。学生心理健康档案的建立和管理是一项系统专业性工作，只有靠心理咨询老师和学校档案老师的共同努力才能做好，以便更好地为学生服务，为学校的管理服务。

二、将心理健康教育融入学生思想政治教育

各高校要利用各种形式开展心理健康教育，培养大学生良好的个性心理品质，促进学生心理素质与思想道德素质、文化素质、专业素质的协调发展，进而提高学生的心理调适能力、危机处理能力和社会适应能力。

（一）大学生心理健康标准

心理是人正常做心理活动的反应，心理活动包括认识、了解以及进行复杂情感历程的过程。心理健康则是指一种健康、积极向上的心理状态，良好的心理健康状态不仅能给人带来轻松、愉悦的心情，同时在生理和身体素质等方面条件上都起着积极作用，带给人体充足的生命力。大学生心理健康不仅有利于大学生身体条件良好发挥，促使大学生在复杂多变的外界条件下以及对自身的情感冲击中，不断地调整自身感受，调节自身心理状态，同时也能提高心理承受能力，使自身人格逐步完善，以达到与自然的平衡和社会的和谐。大学生在高校学习中，不仅需要学习专业知识，还要提高自身素养，培养完善的心理健康素质，以逐渐提高自身适应能力、抗压能力，并且能够控制自身情感的表达，增强社交能力，同时能处理自身的情感发生，培养良好的道德品质意识。

大学生心理健康的标准主要如下：

第一，给予自身安全感；

第二，自我认识，能够进行自行评估；

第三，生活有理想，学习有目标，而且比较切合实际；

第四，与周围人和谐相处；

第五，人格完整；

第六，控制情绪，适当发泄；

第七，拥有个性。

大学生处于青春发展阶段，同时又不同于高中时期的叛逆阶段，大学生作为一个成年人应有自己独立判断事物的能力，能够理智地思考问题，在符合社会价值标准的情况下合理进行思考，善于从问题中总结经验，具有良好的学习能力和自我提升的能力。大学生所做心理活动以及表现出来的行为应该与社会实际情况相符合，能够客观善待自己的同时也要善待他人，在知识的学习中提升思维思考能力，同时获取技能，使自己能在将来立足社会，健康生活。

（二）心理健康教育与思想政治教育的内涵

心理健康教育融入高校思想政治教育的学理依据，首先应当厘清两者的概念内涵，在弄懂"是什么"的基础上，才能进一步明确两者的关系定位。

1. 心理健康教育的内涵

在人们通常提到的"健康"中，其实就包含心理健康和生理健康两个方面，生理健康即人的人体生理功能与健康状态的总和，是指人体的结构完整和生理功能正常。生理健康以客观的人体结构和生理功能为对象，能够形成统一且标准的定义，而与之相对应的心理健康由于受到人的心理和主观因素的影响，很难形成统一的定义。

在学术界，有关心理健康的定义虽然还没有形成统一标准，但是许多学者在这方面的认识都越来越接近，大都认为，每个个体的内部要协调一致并与外部相适应，同时把心理健康看作一种能够达到这种和谐或者协调的良好状态。

随着社会的不断发展，心理健康的内涵也在不断发展和延伸，从对个体心理状态的要求逐渐上升到要求个体心理状态对社会发展具有积极作用的高度，然后又上升到要求个体和社会心理共同发展的高度，经历了"个体—社会—个体和社会"的完善过程。

因此，心理健康不仅仅是指个体的心理达到和谐状态，从社会角度而言，个体的心理健康还要体现在具备相应的社会适应能力上，要对社会核心价值观念和国家、民族产生心理认同；从个体和社会共同发展的角度而言，心理健康还体现在个体对自由全面发展的要求，在推进社会发展的奋斗过程中，实现自身发展。

心理健康教育的内涵主要体现在两个方面：一方面是体现心理健康的标准，另一方面是要体现教育发展的功能。心理健康教育作为一种教育活动，是通过运用测量、对话和疏导等多种教育手段和教学途径，来实现教育对象的心理健康，提高教育对象的心理素质，同时通过教育使教育对象具备相关的心理调适技能，学会正确看待和有效处理日常的心理困扰，促进其身心协调发展。

心理健康教育：一方面要通过教育实践活动帮助学生解决心理问题，使之成为没有心理问题、符合健康标准的人才；另一方面，在解决问题的基础上，也使学生的心理素质得到提升，同时彰显一定的教育和发展功能。对大学生进行心理健康教育是一个解决其心理困惑、提升其心理调适能力、促进其全面发展的过程。在这个过程中，要充分考虑到大学生的心理需求和接受机制，也要考虑到大学生所处的时代背景；要在心理健康教育中达到学生通过自身的学习能够对学生自身的心理状态进行评估和自我维护的效果，从而能够对心理危机事件进行预防。在此基础上，培养大学生良好的心理品质，塑造健全人格。

2. 思想政治教育的内涵

思想政治教育属于教育实践的范畴，在人类的社会活动中占据特殊地位。它是在人类社会发展到一定阶段，随着阶级和国家的出现才逐步形成的。在我国，有关思想政治教育的概念在新中国成立后才被真正提出。概括地说，思想政治教育是指社会或社会群体，用一定的思想观念、政治观点、道德规范，对其成员施加有目的、有计划、有组织的影响，使他们形成符合一定社会、一定阶级所需要的思想品德的社会实践活动。思想政治教育有广义和狭义之分。广义的思想政治教育泛指社会上影响人们思想品德的活动，狭义的思想政治教育特指学校中对学生施加的影响其思想品德、道德观念的社会实践活动。个体思想的形成受心理的影响和作用，个体心理是形成思想道德观念的基础，良好的心理状况有利于思想政治教育理论知识的接受和理解。所以，在针对大学生开展思想政治教育的时候，不仅要从思想意识形态的角度出发教育大学生，而且要关注他们的心理需求和心理动态，要根据大学生的自身的具体实际情况，从多个方面和角度对大学生进行教育。

高校在对学生进行思想政治教育的同时，要结合改革开放和当前社会新的发展情况，更多关心、关注学生个体的发展，改变之前只关注学生思想状况的问题。要注重对大学生自身人格的塑造，使其形成健全人格，从而能使他们在接受社会洗礼时，尽快适应社会上残酷、激烈的竞争。在思想政治教育中，帮助大学生树立共产主义共同理想，形成正确的三观，是其根本任务，也是青年人自身成才发展的根本。而大学生自身的个人成长因素、心态、兴趣和人际交往等也要大力关注。青年人是民族复兴的希望，而大学生又是其中的优秀代表，因此，高校思想政治教育中既要关注其思想政治状况，还要多关注其自身的身心健康发展，使其成为思想坚定、政治素质过硬、身心健康的新时代高素质人才。

（三）心理健康教育与思想政治教育的契合点

心理健康教育与思想政治教育的内涵虽然有所不同，但也存在着一些联系。对于思想政治教育而言，心理健康是实现其教学目标和教育效果的基础，在教学过程中，教育者不可回避大学生存在的心理问题。同时，从教学要素的角度来看，两者在教育目标、教育方法、教育内容和教育主体上存在契合点。

1. 根本目标的一致性

心理健康教育的目标可以从广义和狭义两个角度进行概括，广义的教育目标是提升大学生的心理素质，充分开发心理潜力，培养积极乐观、健康向上的社会心态，促进生理和心理的和谐统一，形成健全人格；狭义的教育目标是通过心理疏导的方式方法解决大学生的心理困惑，解决突发的心理问题，保证大学生的心理健康。思想政治教育的目标更侧重社会宏观层面，是通过对大学生的思想层面施加影响，使大学生具有正确的三观，具有热爱人民，热爱祖国，热爱共产党，热爱中国特色社会主义，勇担时代责任、乐于奉献的崇高精神，同时对大学生的行为层面加以教育引导，使他们学会明辨是非，正确处理"小我"与"大我"之间的关系，能够做出正确的政治和道德选择，具备一定的心理调适能力，积极投身到国家和民族发展的奋斗进程中。

党的十九大报告中提出要"培养担当民族复兴大任的时代新人"，这样的时代新人要有坚定的共产主义理想、有扎实过硬的专业本领、有毫不畏惧的责任担当，这是高等教育的目标，同时也是高校心理健康教育和思想政治教育的目标。心理健康教育与思想政治教育的直接目标、具体目标虽有所不同，但二者人才培养的根本目标、最终目标是一致的，即"育人"，通过教育实践活动培养全面发展的高素质人才。

2. 教育方法的可借鉴性

思想政治教育与心理健康教育的方法、手段虽然有所不同，二者各有特点，但心理健康教育可以为思想政治教育提供方法上的借鉴。在思想政治教育中，教师存在对大学生的思想政治状况不够了解的情况，由此可以借鉴心理健康教育中的心理测量法，将其运用到思想政治教育中，根据思想道德、政治观念的标准，制定科学有效的思想政治状况量表，这样便于教师深入了解大学生的真实思想政治状况，从而对不同的学生主体进行针对性的教育。重理论色彩的思想政治教育，采用较多的是课堂讲授法，学生在学习过程中容易出现枯燥、厌倦的问题，针对此问题，可以借鉴和吸收心理学的教育理论知识和应用技术，改变以往那种课堂灌输、正面说服、不考虑学生心理因素的"填鸭式"教育方法，从学生心理接受和心理需求的角度出发，在教学过程中考虑具体方法对不同专业背景学生的适用性。在心理健康教育中，特别是在心理咨询过程中，一般都运用谈心谈话的方法，在谈心谈话的过程中解决来访者的心理困惑和问题，那么思想政治教育工作者可以学习借鉴谈心谈话的技巧，改变高高在上的说教姿态，与学生进行平等交流，降低学生的抗拒心理。同时，心理健康教育强调个性化教育，针对不同的来访者采取个性化的教育方案和方法，思想政治教育可以借鉴一些针对不同学生的个性化教育方法，在教育过程中更多地融入人文关怀，展现出对学生更加细心耐心的关切。

3. 教育内容的相通性

教育内容是为实现教育目标服务的，大学生思想政治教育的目标是培养全面发展的人才，教育的内容主要集中在爱国主义教育、理想信念教育、道德教育、法治教育等方面，有的学者在论述中提出也包括心理教育的内容。心理健康教育的目标是提升大学生的心理素质，塑造健全人格，教育内容主要集中在增强大学生的心理健康素质。但这并不意味着两者的教育内容没有联系，心理健康是实现思想政治教育的基础条件，大学生思想政治素质的提高也将更有利于心理健康教育，两者是相辅相成的关系，所以在教育内容上存在相同之处，很多内容既要在思想政治教育过程中进行教育，也要在心理健康教育中有所体现。

在心理健康教育中，提高心理素质的同时不仅要进行心理教育，同时也在潜移默化地进行思想教育，心理健康教育不仅要学会处理心理问题，合理排解情绪，同时还要帮助大学生树立高远的价值追求、明辨是非善恶，明确人生意义和方向，形成正确的思想认识才能引导大学生的心理健康发展，这样才能塑造学生的健全人格，而不仅仅是追求心理层面的健康。在思想政治教育中，也需要向学生渗透心理健康教育的相关内容，理想信念、品德意志的教育中也体现着心理健康教育的内容。

同时，大学生要在心理状态理性平和的条件下才能对思想政治教育的内容进行吸收理解，才能达到思想政治教育的良好效果。因此，思想政治教育工作者要注意将心理健康教育的内容有机地融入教学过程中，促进大学生的全面发展。

4. 教育主体的同一性

思想政治教育和心理健康教育的教育主体既包括教育者，即教师、辅导员、学工处教师、心理咨询师、党政工作干部等工作人员，也包括受教育者，即全体大学生。教育主体的同一性也主要体现在教育者和受教育者两个方面，从教育者来看，心理健康教育和思想政治教育都是在"大德育"的整体格局中开展工作，归属于相同的职能机构，都是在党委的组织领导下开展工作，提升大学生的思想政治素质、确保他们的心理健康是每个领导、老师的责任。他们在工作岗位中，与学生接触较多，也比较了解学生的心理思想动态，可以有针对性地对他们进行教育引导。从受教育者来看，二者面对的教育对象是全体在校大学生，大学生作为二者的同一主体，他们具有以下优点：如思维活跃、乐于展示自己的与众不同，较为重视内心情感。同时，也存在理想信念与自制力比较低，团队意识不强等缺点。他们存在一定程度的思想问题、道德问题同时伴随心理问题。心理健康教育和思想政治教育要从教育主体的维度共同合作，共同引导大学生成长成才。

（四）思想政治教育中具有心理健康教育的历史传统

在中国古代虽然还没有形成"思想政治教育"的说法，但古代教育者们也都在身体力行地进行思想政治教育，在几千年的文明与礼仪建设过程中，形成了丰富的德育思想，其中也蕴含着丰富的心理健康教育资源。儒家文化在封建传统社会中占据主导地位达2000多年，且是中国古代德育思想的主流，儒家文化中诸多积极的德育思想蕴含着丰富而经典的心理健康教育资源，对于提高现代人的心理素质、增进其心理健康起着潜移默化的作用。

在人际交往上，孔子强调"己所不欲，勿施于人"（《论语·颜渊》）、"克己复礼"（《论语·颜渊》），孟子在《孟子·离娄下》中主张"仁者爱人"，这都是儒家道德教育的重要内容，其中"仁"和"礼"的思想尤其重要，堪为儒家道德教育的基本框架。孔子论述的"仁"作为人的最高道德标准并不是遥不可及。须将"爱人"之"仁"这一抽象的道德理想转化为具体的道德品德。在孔子的思想中，"仁"和"礼"是密不可分的。他把人们的德行是不是"仁"看作维系礼乐的根本。"仁"偏重于内在的道德修养，而"礼"所指的是一种外在的道德规范。后来，孟子将"仁"与"义"联系起来作为道德行为的最高准则。从心理健康教育的角度出发，儒家的仁爱与礼的思想都蕴含丰富的心理健康教育思想，对心理健康教育也有一定的意义。在人际交往中，仁爱和礼仪是必不可少的，它是人与人之间了解的基础，也是维护人际关系的基本。现代社会中，人们的心理健康问题大部分和人际交往有关，当代大学生大部分都是在信息化的网络环境中成长起来的，他们喜欢在网络世界中与人沟通交流，再加上很多人是独生子女，家庭的过度保护使他们不懂得如何与别人和谐相处，如何建立深厚的人际关系。因此，不少大学生在刚刚步入大学校园后会变得性格孤僻，甚至因为人际交往问题出现心理障碍。那么从传统德育中，我们可以学习到在人际交往的时候，要用对待自己的心去对待别人，常怀有仁德之心，并掌握正确的社交礼仪就会建立良好的人际关系，从而解决因人际交往不畅而出现的心理问题。

在处事态度上，孔子提出了中庸之道，孔子强调"中庸之为德也，其至矣乎！民鲜久矣。"(《论语·庸也》)，将中庸作为最高的道德标准。《中庸》中将"中庸"定义为"喜怒哀乐之未发谓之中，发而皆中节谓之和。中也者，天下之大本也，和也者，天下之达道也。"意思是说，当人们没有喜怒哀乐这些情绪波动时，是"中"的状态，当发生喜怒哀乐的情绪波动时，要学会调节情绪使之始终保持"中"的状态就是"和"。由此可见，中庸作为儒家倡导的最高道德标准，还要求人们要始终保持中正平和的心理状态，如果喜怒哀乐过度，就难以达到中庸的状态，人们的身心健康也难以得到保障。这就体现出在儒家道德教育中，已经意识到心理健康对道德养成的重要性，同时提出要调节心理、情绪达到中正平和的状态，这对于高校思想政治教育中开展心理健康教育具有一定的启示作用，可以运用中庸之道帮助大学生养成理想人格。

同时，儒家的修身养性思想对心理健康教育实践具有一定的指导作用。《大学》中强调"欲修其身者，先正其心""心正而后身修"，体现了儒家的身心修养统一论观点，明确了心态端正、心理健康对品德养成的重要意义。朱熹在《大学》中强调"所谓修身在正其心者，身有所忿懥，则不得其正，有所恐惧，则不得其正，有所好乐，则不得其正，有所忧患，则不得其正。"这就是说，如果人们心中有怨恨、恐惧、好恶、忧患，心态就没有端正，就难以达到修身的目的。怨恨、恐惧、好恶、忧患属于个人的心理体验，如果任由这种心理状态发展，还会引发心理问题，出现心理失衡。因此，儒家在修身养性时特别强调心理平衡，心理平衡会更有利于修身养性，有高尚品德和道德情操的人也更注重调节自己的心理状态，保持心理平衡。

三、对心理危机的高发群体进行针对性的教育引导

（一）新生群体

很多学生是抱着对大学生活梦幻般的期待接受高考洗礼的。在入学以后，"梦幻"破灭，父母对自己的心理支持日益减少，人生中第一次住校，第一次独自面对陌生的班级、陌生的室友、陌生的环境，以前头上的光环都渐渐褪去，这些都给新生带来了新的冲击和挑战。因此，结合新生所面临的问题，对他们进行针对性的引导和教育就显得尤为重要。

（二）家庭经济困难学生群体

这一群体的学生，背负着沉重的心理压力和经济负担：一方面，他们为自己的经济地位低下而感到自卑；另一方面，他们又有着较强的自尊心。自卑与自尊的强烈冲突和碰撞使得他们内心的平衡遭到了极大的破坏。帮助这一群体，有效解决其经济压力，重建内心

的稳定和平衡，有着非比寻常的重要性。

（三）学习困难群体

大学生的学习困难背后往往隐藏着深层的心理问题，他们往往自我怀疑和否定，有强烈的疏离感，学习失败带来的羞耻感和失败感也会导致心理危机的发生。

（四）毕业生群体

高校扩招带来的大学毕业生数量的持续增长以及高校毕业生就业制度的改革，使大学生就业从以往的"精英就业"步入"大众就业"时代。而大学毕业生对就业的期望值仍然普遍偏高，这使得部分毕业生产生了严重的心理失衡，加上对自身定位不足，以致在就业过程中容易出现焦虑、抑郁、自卑、人际关系紧张、自闭等心理问题。同时，毕业过程中面临的论文压力、同学之间离别的失落、恋人之间分手的悲伤等都给毕业生带来了巨大的冲击，这要求他们不断打破原有的心理平衡状态，寻求新的平衡和发展。针对这一现象，对毕业生群体的心理状况进行分析，针对其在毕业过程中出现的生理、心理和行为表现，对毕业生进行求职辅导，引导毕业生建立与社会协调一致的价值观，积极面对毕业时的各种挑战，对于毕业生群体顺利度过毕业前的一段时间是大学生危机干预不可忽视的一个环节。

第二节　大学生心理危机预防措施简述

一、探索心理危机发生发展的规律

大量研究表明，大学生的心理危机有其发生发展的特定规律。

首先，从季节上看，每年春季和岁末年初是抑郁症、精神疾病的高发期。

其次，从学年阶段看，第一年，由入学适应不良、专业学习困惑、人际交往引发的心理问题较为常见；第二年至第三年，因学业压力、情感与恋爱、人际关系、自我发展引发的心理问题为多数；第四年，因就业压力、择业困扰、遭遇挫折引发的心理问题较多。

最后，从人群、地域分布上，与城镇大学生相比，农村大学生的心理问题要更多一些；与男性大学生相比，女性大学生的心理问题要更多一些；与家境较好的大学生相比，贫困大学生的心理问题要更多一些。

认识掌握心理危机的发生规律、早期征兆，细致观察学生的言语、身体、性格、行为等反常表现，能对学生心理危机的爆发做出预判，要特别关注特殊群体的心理状况，诸如，单亲家庭、孤儿、经济特困家庭学生，如遇患病、失恋、竞争挫折、考试失误不及格、家庭重大变故时，情绪行为有无反常等。关注有着人格缺陷、性格暴躁的学生，这类学生自我中心感强烈、极端自私、偏执敌对，常常夜不归宿、沉迷网络等。跟踪关注心理普查筛查出的高危对象。关注处于高自律、高压力的尖子生等。力求早发现、早干预，将心理危机化解于萌芽状态。

二、开设心理健康课，普及心理健康知识

做好学生心理危机干预工作应立足教育，重在预防。通过开设心理健康教育选修课，确保全体学生受到系统的心理健康方面的教育和指导。根据大学生普遍存在的心理问题：环境适应、情绪调控、人际交往、恋爱与性、学习方法、珍视生命、择业观念等开展教育，适时举办专题讲座，加强人文学科渗透；通过生命教育，引导学生热爱生活，热爱生命，善待人生；通过自我意识与发展教育，引导学生正确认识自我，愉快接纳自我，积极发展自我，树立自信，克服自卑；通过生涯辅导课程，帮助学生合理地面对自己的专业和未来发展；制订一套科学合理的生涯规划，可有效地减少困扰，化解潜在的心理危机。此外应增加危机应对教育，让学生了解什么是危机，人们什么情况下会出现危机，对出现心理危机的同学如何进行帮助和干预。引导学生及早发现需要帮助的对象，提高自助、朋辈互助的意识。

（一）心理健康教育的课程组织

1. 针对性、系统性、活动性相结合

首先，高校心理健康教育必须强调针对性，即以学生所面临的心理问题为中心来组织课程，从学生面临和关心的问题出发，激发学生的学习动机，培养学生的参与意识，把课程的重点放在问题解决的过程中，从而提高学生解决心理问题的能力，达到助人自助的目的。同时，要考虑教育内容的系统性、严密性。课程组织还应该把心理素质或心理品质所包含的内容作为构建课程的主线，强调知识的系统性、完整性，突出心理健康教育的发展性功能。最后，要以学生的主体性活动为中心组织课程，以学生的兴趣、需要、经验为核心，重视学生的主动性和全面发展，充分满足学生的需要。

2. 必修课程与选修课程相结合

所谓"必修课程"，是指同一年级的所有学生必须修习的公共课程。所谓"选修课程"是指适应学生的个性差异，允许学生选择的课程。心理健康教育面向全体学生，以发展性功能为重点，所以它应该是必修课程，至少在某些年级应当成为必修课。就解决心理问题而言，它又具有明显的针对性和个别性，所以，常常采取专题心理辅导和个别心理咨询结合的形式。

3. 校内各种教育活动、教育工作相结合

除了开设心理健康教育课，开展心理辅导、心理咨询以外，心理健康教育应当渗透在学校教育的全过程中。在学生管理工作、团队活动、学科教学、学校管理工作中，都应当注重对学生的心理健康教育。

4. 校内课程与校外课程相结合

心理健康教育要做到学校教育、家庭教育和社会教育相结合。没有良好的家庭教育、社区教育和社会舆论的配合，单一的学校心理健康教育也很难取得预期的效果。

（二）心理健康教育的教学设计

1. 教学内容体现本体性

心理健康教育是一门学生本位的课程，应站在学生的立场上，把学生作为教育主体，把促进学生的个性发展作为目标，教学内容包括与学生心理发展、心理活动、心理素质、心理健康等有关的所有内容。虽然各种类型的心理健康教育课程的切入点不同，框架结构存在很大差别，但是，它们所涉及的内容基本是一致的，或者说大同小异，一般包括以下三点。

（1）基础知识教育

基础知识教育是指宣传普及心理健康知识，使大学生认识到心理健康的重要性，特别是心理健康对成才的重要意义，树立心理健康意识，并能及时发现自己或他人的心理异常，能以科学的态度对待各种心理问题；宣传普及心理科学基础知识，使学生认识自身的心理活动和个性特点，能有意识地运用心理科学的基本原理优化和提高自己的心理素质。

（2）基本技能教育

基本技能教育是指培训心理调适的技能，提供维护心理健康和提高心理素质的方法，使大学生学会自我调适，有效消除心理困惑，及时调节消极情绪，使大学生养成良好的学习习惯，掌握科学、有效的学习方法，提高学习能力，自觉开发智力潜能，培养创新和实践能力，使大学生树立积极的交往态度，掌握人际沟通的方法，学会协调人际关系，增强适应社会的能力，使大学生自觉培养坚韧不拔的意志品质和艰苦奋斗的精神，提高承受和应对挫折的能力。

（3）专项素质教育

专项素质教育是指针对大学生活不同阶段以及各层次、各学科门类学生、特殊群体学生的心理特点，有针对性地开展心理素质教育。专项素质教育一般没有确定的内容和主题，是在基础知识教育和基本技能教育难以奏效或者效果不显著的前提下实施的，是前两项教育的深化和发展。例如，对于经济特别困难的学生，课程教育和普通的心理训练往往难以消除他们的自卑心理，这时就需要开展专项素质教育，提高他们的自信心和战胜困难的勇气。

根据大学生心理素质的实际状况，专项素质教育大致包括八个方面的内容。

①适应教育，包括对自然环境、社会环境、工作环境、学习环境等的适应以及新知识、新观念等的获取能力的教育。

②人际交往教育，包括人际交往的认知、人际关系的协调、人际沟通的训练等内容。人际交往教育重在解决人际交往中的实际问题，培养大学生的合作意识与协作能力。

③恋爱与性的教育，包括恋爱心理、性心理、婚姻与家庭、性道德等方面的内容，重点结合大学生恋爱过程中出现的各种心理问题、性心理和性生理困惑等开展教育活动。

④人格教育，包括人格倾向性和人格心理特征两方面的内容，针对大学生在性格、气质和需要等方面经常遇到的问题开展教育。

⑤挫折教育，包括挫折认知、挫折态度和挫折意向等方面的知识，重点应结合大学生

常见的挫折情境开展教育，也可以模拟未来社会生活中可能遇到的挫折进行教育。

⑥自信教育，包括自信体验、自卑认知、对局限的认同等方面内容。自信与自卑是一对双胞胎，自信能力的培养与超越自卑的训练应同步进行。

⑦情绪教育，包括情绪认知、情绪体验和情绪调控三个方面的内容。研究表明，情绪问题往往是心理问题的核心。通过情绪教育，要培养学生管理情绪的能力，情绪不是脱缰的野马，而应由我们自己驾驭。

⑧择业技能教育，包括择业心理准备和择业应试技巧等方面的训练，可以通过讲座、咨询或模拟演练等形式提高大学生的择业技能。

2. 教学方法具备可操作性

大学生心理健康教育不同于一般的学科教育，它关注的是学科知识的内化和各种心理调控技能的完善。许多专家认为，心理健康教育是一种情绪调节、情感体验，是心灵的沟通、理念的认同，必须改变以往的学科课程模式，教师教学的重点不是引导学生死记硬背概念和抽象的理论，而是把学生引导到心理健康知识的真正应用上。心理健康教育课应当是生活活动体验型的，而不是知识传授累积型的。要注重行为训练和方法的指导，加强个别辅导，在教学过程中，要注重突出教学方法的示范性、指导性和可操作性。可采用以课堂教学为主，辅以座谈、案例分析、心理剧、团体训练等形式，进行大学生心理健康教育，使学生能够学以致用。由于心理健康教育涉及的领域和内容十分广泛。它不仅涉及人的心理发展、个体的心理素质、心理品质等内容，涉及学习、生活、工作、娱乐等领域，而且涉及学生与学生、学生与教师、学生与家长、学生与社会、学生与环境等方方面面。所以，心理健康教育的实施过程不可能采取单一的教学方法，应采取灵活多样的教学方法与形式，如案例分析法、角色扮演法、行为训练法、演讲法、讨论辩证法等都是大学生心理健康教育课程中大家经常采取的较为有效的方法。

不同的教师还可结合自己的优势采取一些适宜的方法。如有些教师擅长"自主型教学法"，教师只是提出问题，让学生独立解决，在学生需要时再提供适当的帮助。有些教师擅长"提示型教学法"，往往只采用口述形式进行教学。有些教师擅长"共同解决问题型教学法"，通过师生的民主对话和课堂讨论等形式，共同思考、探讨和解决问题。有些教师擅长"情境角色扮演指导法"，教会学生借角色扮演体验、学习新角色经验，增强社会适应力。总之，在高校心理健康教育课程教学中，应根据心理健康教育目标的要求，综合运用各种方法，针对学生的需要和问题，提供给学生所能接受的最适当的方式，予以最适当的处理。

3. 教学评价具有实效性

"传统模式"的教学重在解决教师"教什么"和"怎样教"的问题，未能解决教师的"教"如何使学生行为发生符合预定目标的变化问题，以致教师关注的主要是教材的讲授，而不是讲解在学生身上引起的实际结果。对心理健康教育而言，目标取向的评价是不可取的，绝不能采取考试的方式对教学效果进行评价，必须采取过程取向的评价，即注重过程本身的价值。由于学生的心理发展是动态的、可变的，不能用单一的闭卷考试分数作为衡量标准，评估可采用多种方式，如学生平时的心理作业、自评或他评、期末的开卷测查等。

（三）心理健康教育的课程实施原则

1. 综合性原则

即综合运用各种教学方法，如讲解、示范、讨论、活动、训练、暗示、辅导、咨询等。

2. 活动性原则

即解放学生的各种感官，让学生亲自体验，获取直接经验。

3. 自主性原则

即始终将学生置于主体地位，充分相信学生的主动性、能动性，让学生自己发现问题、思考问题、解决问题。

4. 针对性原则

即心理健康教育既要结合不同年级学生的心理特点开展教育，也要注意到学生的个体差异，只有如此才能收到实效。

5. 开放性原则

心理健康教育课程范围很广，涉及课内课外、校内校外，所以，心理健康教育的教学方法应当灵活多样，兼容并蓄，具有开放性。

6. 过程性原则

即注重过程本身的价值，坚持过程性评价。教师是和学生一起学习的学习者，应当与学生处于平等地位，一起探讨问题；在共同探讨问题时，教师不应采取灌输的方式，应当保持中立，尊重学生的不同观点，无须达成一致的意见；在教学过程中教师起组织者、引导者、帮助者和促进者的作用。

7. 本土性原则

即要结合本地区、本学校学生的特点，选择适当的教学方法。一般而言，没有"最好的教学方法"，只有适当的教学方法。凡是适合本校学生特点，适合问题解决的方法，就是最适当的方法。

三、多种活动形式普及心理健康知识

心理健康教育重在针对性、实践性和实效性，落脚点是提高学生的心理素质。鉴于大学生的心理困惑具有鲜明的共性，心理训练活动是发展和完善学生良好心理素质的必要手段，要以活动为载体，开展丰富多彩、寓教于乐的心理素质拓展及团体心理辅导等活动。应经常性地围绕一些专题开展心理训练，例如，如何克服考试、人际交往紧张；大学生应确立怎样的恋爱观；贫困生如何诚信、自强；大学生活中如何帮他人分担痛苦传递关怀；如何应对求职面试等，使大学生自我生存、自我调控、自我激励、自我发展和自我认知等能力得到锻炼和提高。针对贫困生开展"超越自我，魅力人生"的自信心训练；针对新生入学适应，开展"相逢、相识在今秋"，针对宿舍人际关系开展"同在屋檐下"，针对毕业生开展"充满自信奔职场，心怀感恩辞母校"等主题团体辅导活动、特色鲜明的主题班会、系会；在活动中通过分享、感悟、理解、支持，对提升学生心灵品质，树立自助与助人意识很有益处。

利用校园网络平台、校刊、校报、广播、宣传橱窗、展板、宣传手册、资料等多种途径，广泛宣传、普及心理健康知识，营造关注心理健康的氛围。每月定期播放心理访谈剧、心理影片；精心筹划"我爱我"宣传月活动，组织心理知识竞赛、"心灵绿洲"征文，心理漫画赏析、心理沙龙、排练校园心理剧等主题活动，充分调动广大学生参与心理健康活动的积极性，促进学生综合素质的提高和发展。

（一）强化意识，深挖大学生心理健康知识宣传的现实意义

当前，一些大学生存在对心理健康认知不足、对心理治疗存在误解、心理自助能力差等问题，导致其对潜在的心理障碍不够重视，从而抗拒和拖延治疗，影响身心健康发展。因此，应加强大学生心理健康知识的普及和宣传，培养积极心理品质，促进学生身心和谐发展、增强自我关爱意识，进而提高大学生的心理健康水平。

首先，正确引导大学生的精神卫生观念，提高心理健康意识。深化精神卫生宣传工作，能够纠正大学生对精神疾病的错误认知，引导大学生重视心理问题，提升心理健康意识。

其次，不断提升大学生对心理健康知识的深入了解。宣传心理健康知识，能够使学生进一步了解心理健康的标准和意义、心理疾病的分类和产生原因、心理咨询和治疗服务资源等内容，使大学生具备基本的心理健康知识水平。

再次，积极促进大学生心理问题自我识别和疏导。加强大学生对心理健康知识的理解，能够帮助其识别自身心理异常情况，做好自我评估和分析，预防心理危机，积极自主地寻求帮助和治疗。

最后，努力实现思想教育与心理健康教育相结合。扎实开展大学生心理健康教育工作，做好心理健康知识的宣传和普及，能够更好地将"育心"和"育德"相结合，进而提升大学生思政育人工作实效。目前，高校心理健康知识宣传主要采取线上和线下相结合的形式，其中线上主要包括心理慕课、心理专题推送、心理知识竞赛等形式，线下主要包括心理讲座、心理课程、校园活动等。传统的心理健康知识宣传教育模式受时间和空间的限制，形式相对单一、受众相对有限、内容不够全面，无法较好地实现教育宣传效果。因此，运用多种创新形式、多维度开展大学生心理健康知识宣传普及具有十分重要的意义。

（二）多维创新，丰富大学生心理健康知识宣传形式

高校应积极发挥新媒体平台优势，创新心理健康知识宣传普及形式，通过抖音、微信、微博等新媒体平台，充分融合绘画、视频、文字、声音等多种手段，将枯燥难懂的心理健康知识转化成通俗易懂、贴近学生审美情趣的形式，更好地提供心理健康服务资源。

1. 绘画、艺术设计

宣传绘画、艺术设计在大学生心理健康宣传工作中的主要应用包括心理漫画、心理绘本和心理海报设计。心理漫画运用简洁明了的表达形式，反映心理困惑、心理思考、心理感悟等心理活动，具备心理调适、心理娱乐、心理健康教育等功能。心理漫画具有较强的实用性和启示作用，在心理健康教育活动中值得大力推广。心理绘本是指以绘画为主，附

有少量文字的心理类书籍，能够让读者在欣赏绘画的同时看故事、学知识，起到让视觉享受、让精神放松的愉悦体验。心理海报设计形式多样，题材丰富，重在创意和视觉审美，视觉冲击力强，能够在短时间内吸引学生的关注，起到广泛的宣传效果。

2. 视频宣传

视频宣传能够用新颖生动的声音和画面，在较短的时间内将信息完整地传达给受众。视频在大学生心理健康知识宣传中的主要应用为心理动画、心理微电影、心理微课等，通常在微信公众号、视频号等平台进行推送。目前，短视频制作技术已较为成熟，能够广泛吸引青年人，特别是大学生群体的参与和关注。其中，心理动画以其形象、生动的表现，更容易贴近学生心理，其推广形式可选择组织观看评价高的网络心理动画，也可以通过网络展播宣传学生制作的动画原创作品；心理微电影主要依托微电影制作比赛、心理情景话剧等形式录制大学生日常心理故事；心理微课是教师根据心理课程内容录制的教学视频，内容聚焦、主题突出，同时可以根据学生关注的心理问题定制专题课程。

3. 音频宣传

音频具有内容丰富、录制难度小、播放流畅等特点，通过语言进行心理健康知识宣传，可以借助语气、语调等非语言因素传递信息，有较强的发挥性和自主性。对于听众而言，收听音频可以解放双眼、节约时间、放松身心，且获取信息方式便捷，可以随身收听。大学生心理健康相关音频可通过微信公众号进行推送，其内容主要包括好书分享、心理名句、心理故事、心理小知识等。同时，音频可以选配轻音乐作为朗读的背景音乐，也可分享轻松的冥想音乐，有助于舒缓心情，起到一定的治疗作用。

4. 文字宣传

文字记录可以长期保存，不受时空的限制，具有较高的准确性和完整性，可以在较长时间产生影响，其内容也更容易进行编辑。文字宣传主要通过在微信公众平台中设置的心理专栏进行发布和推送，其内容主要包括更为系统全面的心理健康知识、心理案例、心理健康服务资源等，能够让大学生和辅导员对心理健康知识内容有更为深入的学习和理解。心理健康有关的文字信息也更容易发布在各类学生信息群中，为学生提供准确的信息资源和心理工作指导。

（三）多面结合，心理健康知识宣传在大学生思想政治教育中的应用

高校应高度重视大学生心理健康知识宣传普及工作，鼓励辅导员运用栏目丰富、形式活泼的创新内容，结合大学生思想政治教育工作，在心理健康活动、深度辅导、网络思政、家校工程等多方面开展宣传教育，提升心理育人的服务品质，让心理健康知识"活"起来。

1. 结合心理健康活动，"绘"制心理知识

基层学院可依托"5·25大学生心理健康节"、心理健康宣传月等活动，组织学生参加心理漫画、心理微绘本、心理明信片、心理海报等多种艺术设计形式的作品征集比赛，并将优秀心理设计作品整合和编排后进行分享和宣传；依托班级和团支部开展绘画接力、图说大学生心理故事等心理主题特色活动，鼓励大学生积极面对学习和生活，树立心理健康自我意识。举办形式多样的绘画主题心理活动，能够有效吸引大学生主动参与、积极关

注，以"美"育人，传递正能量。

2. 结合深度辅导工作，录制心理微"讲"堂

辅导员可结合深度辅导工作，通过辅导调研收集学生关于宿舍、就业、感情、人际关系等重点关注的共性心理问题和心理困惑，制作视频宣传材料，在新媒体平台中以"开讲啦""微课堂"等形式进行传播，对大学生常见心理问题进行答疑解惑。学院以辅导员、心理委员队伍为抓手，制作心理健康小知识、心理书籍读书分享等微视频，有助于进一步提升深度辅导工作的延续性、持续性和推广性。

3. 结合网络思政工作，撰"写"心理专栏

建立"解忧"微信公众号心理专栏，分层分类解答常见困惑和心理问题，普及心理健康知识。其内容主要包括开展以学业、情感、人际关系、自我情绪等为主题的帮扶教育，增强育心育人实效；开展"网络＋思政"育人活动，举办"成长分享会""榜样故事说"等线上主题成长教育活动，加强心理健康经验交流，充分发挥朋辈作用，营造积极健康的心理氛围，提升大学生网络空间思想引领成效。

4. 结合家校合作建设，普及心理健康知识

家庭教育对大学生身心健康成长起着重要作用，做好家长的心理健康知识宣传和普及，引导家长树立正确的心理健康教育观念，完善家校合作体系，能够有力提升心理健康教育实效。要利用新媒体技术线上为家长推送大学生常见的心理问题困扰、心理问题案例解析、心理服务资源介绍等方面内容，让家长对大学生心理特点、心理健康知识和心理治疗服务有更为全面的了解，这在心理问题识别、预防、干预方面具有重要指导意义。在新媒体环境中，高校辅导员可以不受时空因素的限制，及时传达信息并进行思想引导，从而提高大学生思想政治教育工作效率和实效性。高校辅导员要充分利用网络所具备的特有优势，针对新时代大学生的心理特点，通过多种艺术形式和多种宣传手段创新科普健康知识，让心理健康教育贴近学生、走进学生，切实做好大学生心理健康知识宣传形式的多元化、可视化、易推广，弘扬积极正向的心理健康文化。

四、通过心理普查识别评估危机征兆信息

学院每年对新生进行心理普查，将测查结果写成分析报告，提交分管院长、学工处等部门，为思想政治教育和学生管理提供参照依据。对测查中筛查出的高危对象以合适的方式反馈给各系分管学生工作的书记及辅导员并进行跟踪关注。咨询师通过与学生约谈，帮助其疏导缓解心理困扰及压力。

此外，还派专职咨询师深入各系走访了解，识别评估同伴、家长、教职工等提供的危机征兆信息。在此基础上，分门别类建立学生心理健康档案，对重点学生实施跟踪关注，为心理问题的早期发现及危机预防起预警作用。

五、构建"宿舍—班级—系—校"四级预防预警工作体系

按照青少年心理发展特点，朋辈关系是对青少年个体心理发展影响最大的因素。在宿

舍安排心理信息员并发挥宿舍干部的作用，构建"宿舍—班级—系—校"四级预防预警工作体系，是将心理危机的早期发现与预防工作落到实处，实现点面结合的必要措施。在四级防御工作体系中，学校负责统一领导，提供专业化服务；系级部门肩负本系统的管理教育工作；而建立在班级、宿舍的防御环节最为关键。

如果说四级防御网络体系构建了自下而上的校园安全网，那么心理委员、宿舍心理信息员、学生骨干就是这个网络中的必要支点。大量实践表明，发生在校园里的心理危机事件，学生往往是问题的最早发现者，在实施跟踪关注及心理康复过程中，他们又适宜在自然状态下提供朋辈沟通、提供关怀支持，方便信息传递，此举能有效提高心理危机防御的覆盖面和辐射力。

六、积极提供多形式的咨询服务

心理健康教育与咨询中心坚持"面向全体、兼顾个体、预防为主、促进发展"的指导思想，积极为学生提供多种方式的咨询服务：

一是"坐诊"式，中心专兼职咨询师定时值班，接待来访学生；

二是"预约"式，通过电话、网络、预约登记等方式为学生提供其指定教师的咨询服务；

三是通过电话、信息网络平台为不愿面谈的学生提供咨询；

四是"约谈"式，对心理测试等各方面反映出的高危对象，主动约谈、评估，必要时跟踪关注、辅导；

五是"关怀"式，主动与特殊家庭（孤儿、单亲、重大变故等）、经济特困学生交心谈心，了解其心理现状和具体困难，提供心理关怀和心理支持，与学生资助中心协作，把解决具体困难与心理疏导、优化心灵品质教育结合起来；

六是发挥网络资源优势，为学生推荐专业化的咨询渠道，满足学生多样化需求；

七是"转介"式，对评估出有严重心理障碍或早期精神疾病症状的学生，及时转介到专业医院治疗，有效避免心理疾病的恶化。

第三节　大学生心理危机干预内容与方案

一、建设和完善心理危机干预队伍

一个完善的心理危机干预队伍应该由生活指导教师、辅导员、保卫处、教务处、学校医院、学校心理健康教育和咨询中心、家长、院系学生工作负责人、学校心理危机干预领导小组、精神卫生中心组成。各级机构协同工作，共同处理发生的危机事件。

生活指导教师、辅导员为危机干预的第一级，主要通过经常性的排查，了解、收集并核实从心理委员处所获得的信息，并及时向学院和学校心理咨询中心报告可能出现危机的学生的信息，共同探讨有效的干预措施。

保卫处、教务处和学校医院为危机干预的第二级。保卫处负责处理紧急事故和危机干预中的安全保护工作；教务处主要负责心理健康教育课程安排及学生危机期间（包括跟踪康复期）教学计划的调整；学校医院负责处理心理危机中身体受伤害学生的抢救和治疗。

学校心理健康教育和咨询中心为危机干预的第三级，由专职心理咨询师构成，主要负责开展心理测评、个体心理咨询、危机评定与监控、危机干预的紧急处理、提出干预措施建议。

家长和院系学生工作负责人为危机干预的第四级，主要负责在听取生活指导教师、辅导员的情况汇报以及学校心理咨询中心的评定分析和干预措施建议后，协同工作，负责拟定对学生的危机干预方案，并配合干预方案的实施。

学校心理危机干预领导小组为危机干预的第五级，由主管学校学生工作的书记或副书记亲自挂帅，学工部（处）负责人组成，主要负责危机干预工作的统筹，为危机干预提供人力、物力和财力方面的支持。危机干预领导小组的另一职能是加强对心理健康教育和相关人员的培训工作，包括心理临床干预的理论知识和心理健康辅导的相关技巧，为生活指导教师和辅导员提供系统的培训机会。

精神卫生中心是危机干预的第六级，也是危机干预中的校外机构。当学生危机已属于精神疾病方面的问题时，要积极与精神卫生中心取得联系，对学生进行相应的药物和其他方面的治疗和监控。

二、制定危机干预

根据大学生常见的危机信息，制定相应的预案。

（一）突发事件引起的危机

对于恋爱挫折、违纪处分、学业困难等突发事件引起的危机，在第一时间向院系学生工作负责人和学工部（处）相关负责人汇报，成立临时协调小组，汇集情况后由学校心理咨询师介入，做好危机爆发期的情绪疏导和安抚工作，并由心理咨询师指导学生家长、室友、好朋友等充分发挥社会支持系统的作用，帮助当事人度过危险期。在当事人的情绪平静之后，再由心理咨询师与当事人一起讨论应对危机事件的策略，最终帮助其提高应对危机的能力。

1. 校园突发事件的分类

高校突发事件具有突发性、复杂性、危害性、敏感性和潜在性的特点。根据其形成原因的不同，主要可以分为以下几种类型。

（1）自然灾害类突发事件

自然灾害类突发事件包括地震、泥石流、洪水、火灾、台风等以及由此引发的各种次生灾害。近年来，高校自然灾害的发生频率越来越高，因此是高校突发事件管理中不可忽视的重要一环。

（2）公共卫生类突发事件

公共卫生类突发事件主要是指在校园内突发食物中毒、传染病等对身体健康有严重危害的相关事件，此类事件传播速度快、传染面广、危害性大。高校人群较为集中、相互接触时间长，传染率的发病率就会偏高，病毒的传播将影响高校正常的教学活动，学生的身心健康也会受到极大的影响，要有效避免或减轻此类突发事件，必须提前做好应对预案，以不变应万变。

（3）安全类突发事件

安全类突发事件包括交通安全、人身及财产安全等方面，偷窃、打架、斗殴、网贷等事件将严重影响学生正常的教学和生活秩序，此类突发事件占校园突发事件的比例较大。

2. 心理疾病类

此类事件是因学生心理压力过大或受到某种打击，找不到合理宣泄途径而做出的某些极端行为，通常发生在性格较为孤僻或内向、遇事情较为敏感和容易情绪化的学生身上。

3. 校园突发事件处置现状

（1）应急事件处理效率较低

校园突发事件的应对需要高校管理者在有限的时间内迅速采取应急措施。一般高校因缺少相应的应急演练、应急管理队伍专业化水平不高以及缺乏与校外相关部门的联动合作等原因，在应对突发事件时，并不能及时、迅速地做出有关决策，以致在处理突发事件过程中，不能及时做出正确的处置行为而错过处理突发事件的最佳时机。

（2）应急预案缺乏模拟演练与评估

提前进行突发事件的演练是十分重要的环节：一方面可以提高应急管理者以及师生处理突发事件的应急方法与技巧；另一方面可以在一定程度上检验应急预案的可操作性，以便进一步修改和完善。但是，目前很多高校的应急预案往往很少进行真正的演练，即使有演练，也不够规范。

（3）心理干预缺失

突发事件的发生往往会给当事人的心理和精神带来严重的伤害。因此，及时有效的心理干预是非常必要的。但心理危机的干预和预防缺失现象在高校普遍存在，其主要表现在以下几个方面：一是高校从事心理工作的专业教师队伍人员少；二是开展心理危机预防的活动形式较为单一；三是从事心理工作人员专业知识水平有待进一步提高，缺乏专业的心理辅导与诊断的相关技能。

4. 校园突发事件处置与心理危机干预机制的构建

（1）建立突发事件前的早期心理预警体系

对于校园突发事件的处置，我们应构建健全的三级预警体系，即学校、院系、班级三个层面的预警机制，特别是班级层面，应通过心理委员和班级信息委员了解学生的最新动态，保持信息渠道的畅通，及时发现问题以尽快解决问题。早期的危机预防和轻度的危机干预应以院系为主，学院要建立健全心理危机摸排工作机制，对学生逐一进行心理危机排查，承担学院学生心理危机早发现与早干预的责任，对有严重心理障碍或心理疾病的学生应同心理危机干预的专业人员进行干预和治疗，且与学生家长保持密切联系。

（2）建立突发事件中的心理干预体系

建立相关应急管理制度，是依据心理危机的严重性和影响范围及深度，来确定相关部门人员的具体工作职责，将损失避免或降到最低。在处理突发事件过程中应充分调动各方面的积极性，形成领导重视、全员参与的快速支援格局。如学校可解决，应交由心理咨询中心进行必要的心理治疗和干预，如果情况十分严重，应及时转介到专业的心理危机干预中心进行救助。另外，学校要尽快通知其家长到校，双方协商解决。对有伤害他人的思想或行为的学生，由学校保卫处首先给予控制，保护双方当事人的人身安全。接着，让心理咨询和危机干预中心对当事人进行心理评估，如诊断需要住院治疗或回家休息，及时通知家长并与家长签订相关安全协议。

（3）建立突发事件后的跟踪体系

突发事件后我们应建立及时的事后危机跟踪体系。发生危机时，我们要迅速反应且积极采取措施应对；危机过后，我们应针对此次危机类型和原因进行分析，总结危机处理中起到明显作用的有效措施和不足，为预防和应对下次危机奠定一定的实践基础，对突发事件中涉及的相关人员，学校老师应进行长期的动态跟踪，通过班干部、班主任、辅导员等多渠道及时了解学生的学习和生活状态，尽可能多渠道地关心关爱学生，以尽快消除突发危机事件对学生造成的心理阴影。

（二）精神疾病类危机

如果学生出现的是如重度抑郁、重度强迫症、精神分裂症、癔症等精神疾病，则在第一时间内联系学生家长，由学生家长、院系学生工作负责人、学校心理咨询中心咨询师、学工部（处）相关负责人组成临时协调小组，在征得家长同意后，由学校心理咨询中心负责联系精神卫生中心的专家进行初步检查。然后召开由临时协调小组成员和精神卫生专家共同参与的协调会议，共同讨论最佳的帮助方案，做出住院治疗、在家治疗、在校服药上课或接受心理咨询等干预决定。在此期间，院系教师要加强对危机学生的陪护工作，确保其人身安全，并配合办理入院手续、休学手续等辅助工作。如果家长陪读，则为家长解决实际困难，为学生提供最佳的休养环境。

1. 大学生精神疾病患者管理干预

面临激烈的高考竞争后，一大波大学生都有"考试综合征"，但这种症状归根结底是一种心理症状，主要是由于在面临重大的学业压力所引起。随着近年来大学的录取率在不断增加，而大学生精神病患者的人数也在随之增加，医学技术的不断提升，对大学生精神疾病患者的病情得以控制和缓解，使其可以继续学习，而社会中对精神病患者的包容性也在不断增加，从而导致大学生精神疾病患者的数量及比例也在不断增加。

而在校园中如何对精神疾病患者进行有效的管理和干预，从而促进其可以顺利地度过大学生活，这是医生及校园医生所面临的问题，但同时还要集结大学多部门的力量，成立精神病防治小组，对于大学生精神疾病患者的群体提出健康管理的观念，并强调对其进行公共卫生干预，主要包括心理干预、生活干预和健康评估、用药干预及社会干预等多个方面的内容，并要求多部门团结合作，才能提高对大学生精神疾病患者的管理效果。在大学生精神疾病患者发生极端行为时校医对其行为干预具有重要作用，其中有超过50%的大学生都有过就诊的行为，或是在心理咨询部门转到医疗部门中，即这些大学生精神疾病患者中在就诊时接收到专科医院进行治疗，待病情缓解之后才回学校读书。

在新形势下，对于大学生精神疾病患者采取新的管理手段和干预措施，可以参照社区管理的理念，对于在读的大学生精神疾病患者进行病例管理，并由辅导员、班主任和校医、学生干部、心理咨询中心人员共同来对患病学生进行管理和干预，并对患病学生的服药情况、作息、学习、精神状态及行为等都进行规范化的观察与记录，并与家长保持有效的联系和沟通，定期开展师生见面会。

同时，还要由高校、专科医院和专科医生共同组成合作干预机制，从而来弥补校医院的专科力量，为其提供资源补充，并由专科医生进行校医的专业化培训，学校的心理咨询中心对患病学生进行定期的心理疏导和心理干预，并组织医患见面会，对患者的病情波动情况做出有效的判定，并分析引起患者病情波动的主要原因，并判断是否出现病情复发的情况，为患病学生展开综合性的干预措施。

2. 大学生精神疾病患者管理干预中的相关问题

（1）大学生精神病患者管理干预中的技术问题

在校医学生对精神病知识的了解与态度上，部分校医对精神疾病方面的防治知识缺乏有效和针对性的培训，导致精神疾病的识别率较低，部分校医对于精神疾病并不了解，对于新型药物不能全面了解和熟悉，在传统的精神药物中由于其不良反应较大，因此在对精神疾病患者的治疗中不敢投入治疗中，或是存在不规范治疗的现象，甚至多数校医院中都不存在精神疾病的治疗药物。

（2）大学生精神疾病患者管理干预中的法律困惑

针对大学生精神疾病患者这一特殊群体，在管理干预中还存在一定的法律困惑，根据我国的精神卫生法中明确提出的，学校应针对学生的精神卫生情况采取实际措施，但并没有具体的实施细则，导致学校在学生精神卫生管理过程中缺乏重要的实施依据，导致精神卫生管理工作无法有效地展开。

从当前的医疗环境来看，医患关系和护理关系矛盾日益突出，且目前也并无专科医师制度，导致校医和全科医生在精神疾病的治疗中，在治疗期间一旦出现问题或是安全事故则对责任无法准确地划分，如医生注重自我保护，那么对学生的治疗工作也就无法有效地展开。而学校的心理咨询机构工作人员仅仅是具有心理咨询师的资格，但对于大学生精神疾病患者并不能进行有效的心理治疗和疏导。同时，患者家长及社会对学校的要求较高，要求学校为责任的主要承担者，因此学校领导及管理人员在针对此类事件的处理过程中不免会产生较多顾虑。有业界专家学者提出，高校在心理健康教育过程中和对精神类疾病的诊断治疗中，应注重对患病学生隐私的保护，而具体对于在校大学生精神疾病患者如发现有突发性的精神疾病症状的主要责任人还尚不明确，仍需要经过进一步的法律实践中来解决问题，从而解除校医及高校在处理此类事件时的顾虑和困惑。

第四节　大学生心理危机干预措施简述

大学生心理危机干预是一项复杂的系统工程，家庭、学校、社会都负有重要责任，但大学生自我干预却是一个决定性的因素。大学生心理危机自我干预不是任由学生自发地进行心理调节，而是要加强对学生的教育和引导，发挥学生自我教育的主动性，提高学生自我干预的有效性。

一、开展心理健康知识的教育

当前，不少大学生对心理学方面的知识知之甚少。不懂得遵循心理活动的规律，进行自我心理的调适。而现实生活中，大学生对心理问题的克服能力，在很大程度上依靠自我努力进行调适，实现心理的平衡和健康，这需要学生在掌握一定心理学知识的基础上，才能有效实施。自我干预的本质也就是大学生自觉运用心理学知识和方法技巧，进行自我心理调节。因此，学校应高度重视对学生心理知识的宣传、普及工作。应通过开设课程、举办讲座、印发资料等措施，使学生掌握一定的心理学知识，正确认识心理问题出现的原因，并学习使用一些常用的心理调节方法。

二、培养学生形成理性观念

美国临床心理学家阿尔伯特·艾利斯（Albert Ellis）认为，一切错误的思考方式或不合理信念是心理障碍、情绪、行为问题的症结。

一些不合理的信念如绝对化要求、以偏概全、糟糕至极，导致大学生在学习生活中产生焦虑、悲观、抑郁等消极情绪，并因此而产生困扰。

调查表明，大学生普遍存在情绪困扰和非理性观念，已构成当前大学生心理适应中的一个突出问题，非理性观念是导致大学生心理危机的主要内在因素。

由此可知，心理危机虽然是由生活事件引发，但其内在根源却在于个体的非理性观念，导致个体心理处于不平衡状态。因此，培养学生形成分析问题的合理观念是大学生自我干预的关键。大学生具有较丰富的科学知识和较强的逻辑思维能力，易于学习认知理论，高校应加强对学生的认识能力和认识方式的教育引导，提高大学生对非理性观念的自我意识水平和自我调控能力，从而消除不良情绪体验，改变不适应的行为方式。

三、构建和完善社会支持系统

社会支持是大学生处理应激事件的一种潜在资源，在个体面临心理危机状态时能起到良好的作用。大学生不可能脱离现实生活而自我封闭。事实上大学生的心理危机，正是由于生活中的一些应激事件而产生的。调查表明，大学生社会支持系统主要包括家长、同学朋友和教师。大学生心理危机自我干预必须利用学校的一切积极因素，发挥合力作用，促使大学生心理保持平衡状态。有关研究表明，大学生由于对同辈年龄、身份的认同，面临心理危机时愿意向同学、朋友倾诉自己的烦恼，宣泄自己的不良情绪。根据大学生的这一心理特点，各高校成立了心理协会，班级设立了心理委员，加强对大学生心理自助组织的指导，开展大学生朋辈心理辅导，充分发挥学生组织的自我教育作用。需要特别指出的是，一些高校也对辅导员这一重要社会支持力量加强对大学生的心理危机干预提出了明确要求，高校辅导员在处理大学生心理危机过程中发挥着越来越重要的作用。因此，大学生在遇到心理危机时应主动寻求辅导员这一重要的社会支持力量的指导和帮助。高校应加强对辅导员、班主任的心理健康教育理论知识和心理辅导技能的培训，培养他们的心理健康意识，优化心理素质，提高开展心理教育的能力。

（一）构建大学生社会支持系统的必要性

良好的社会支持系统有利于大学生更好地应对心理危机。心理危机事件多是突发性的，背后的成因较为复杂，与大学生自身的性格特点、家庭环境、成长经历、经济状况、学业压力、人际关系等多种因素有关。研究证明，良好的社会支持系统与大学生的社会技能、工作绩效、自我概念的正向发展有显著相关关系；无效的社会支持系统与惰性、焦虑、压抑等负性情绪之间有着显著的相关关系。良好的社会支持有助于大学生减轻压力、缓解焦虑，可以为大学生开辟一个发现自我、评价自我、宣泄负面情绪的渠道，这对于认知能力和自我调节能力较弱的大学生来说，是非常必要的。与此同时，基于马斯洛的需求层次理论，心理上的归属感有利于大学生缓解紧张和压抑情绪，降低压力事件的强度，减少心理危机源的刺激。良好的社会支持系统有利于大学生在发生心理危机时更好地应对负面刺激。

社会支持是心理危机干预后续工作中重要的持久性可建设资源。心理危机干预是指心理危机预警后，学校联合各方力量共同开展的专业干预行为。心理危机干预多是短期行为，而大学生心理问题的治疗和调整却是一个长期过程，在此期间，病情还有可能发生起伏和反复。心理危机干预过后，即使大学生的心理健康状态恢复到危机爆发前的水平，也存在被某个负性事件触发而再次反弹爆发，并造成永久性心理创伤的可能。社会支持可以为大学生个体提供情感支撑，陪伴、协助大学生完成带有指向性的任务，增进个体与外界之间的交流，增强个体的归属感等，是持久发展的可建设性的心理资源，对于大学生个体顺利渡过心理危机具有重要意义。

（二）大学生的社会支持系统构建途径

1. 家校联动，帮助大学生建立家庭支持

无论是从政策角度还是从法律角度均可以看出，家庭有责任和义务对大学生心理危机进行预防和干预。

①注意谈话技巧和方法，做好家长的思想工作。学校在与家长的沟通过程中，应从大学生长远发展的角度，采用家长易于接受的方式进行沟通，注意谈话的方式、方法和技巧。

要敦促和帮助家长转变思想，提高家长对大学生心理危机问题的重视程度，做好家长的"生命、生存、教育"思想工作。

②讲清政策法规，打消家长的顾虑。学校应向家长普及《精神卫生法》等相关法律中关于家长责任和义务的规定，讲清学校心理危机干预工作的工作流程，向家长介绍办理休学、请假、留级的相关程序步骤，向家长解释心理危机干预工作中的"保密原则"和"保密外原则"，让家长发自内心地认同和理解学校的做法，积极配合学校的工作。

③普及心理健康知识，加深家长对于心理危机的认识。通过向家长普及心理健康知识，能够纠正家长对于心理问题的偏见和不良认知，端正家长对于心理疾病的认识，明确到专业医院进行诊断和治疗的必要性和重要性，并提醒家长要以高度的警觉性，敏锐察觉、及时发现心理危机大学生的危机信号，并于就医诊断后，督促大学生按时服药、遵医嘱复诊等。可以抓住新生报到、校园开放日等关键时间节点，向家长普及心理卫生健康知识，打好家校联动的基础。

④加强联系，为改善亲子关系不断积蓄能量。原生家庭中的家庭关系、家庭相处模式对于大学生心理健康水平具有决定性影响。学校心理健康工作人员可以以心理危机干预事件为契机，帮助家长与大学生打开心扉，找到大学生心理危机的诱因和成因，为家长和大学生搭建新的沟通桥梁。学校可以借助网络媒体，强化与家长的联系沟通：一方面，将大学生在校学习和生活的情况及时告知家长，方便家长掌握情况；另一方面，也可以向家长普及心理健康的基础知识和危机信号识别的小方法、家庭成员互动沟通的小技巧等。同时，在与大学生日常的谈心谈话过程中，要引导大学生换位思考，鼓励大学生站在家长的角度去审视亲子关系，引导大学生主动改变亲子沟通方式等，以此激发家庭的教育功能和给予大学生情感支持的功能。

2. 加强"校—院"多方合力，建立良好的师生关系

支持院系辅导员作为五级心理危机预警体制中的一环，是与学生"亲密接触"的管理者、连接"学院—学校"的信息员、大学生心理危机的发现者、心理干预的具体实施者、"学院—家长"的联系人。在加强"校—院"多方合力、帮助大学生积极应对心理危机、引导大学生关爱自我、做好心理危机大学生的自杀防控阻断中，院系辅导员扮演着重要角色。

大学生对于去学校心理健康咨询中心咨询心理问题存在一定程度的顾忌心理，但对于辅导员的约谈则一般不会拒绝。院系辅导员应该从人文关怀和积极心理学的角度出发，与大学生建立信任、友好的关系，当好大学生心理健康的护航员，采取面对面促膝长谈和点对点网络沟通相结合的方式，慢慢走入大学生内心。学校教师应有意识地帮助大学生开发个体社会支持资源，提高心理危机干预的实效性。

3. 培养大学生主动寻求社会支持的意识

普及心理健康知识，引导大学生树立主动寻求社会支持的意识。学校应开设《大学生心理健康调适》必修课，开展多样化的社会实践活动，通过在线心理咨询、团体辅导、微信公众号推送等方式，向大学生传播心理健康知识，让大学生认识到开展心理健康工作的意义，从而认可学校的心理健康工作，信任学校的心理健康工作人员，在爆发心理危机时，能够主动寻求专业人员的帮助。

分类分层使心理危机预警重心前移，激活朋辈辅导和陪伴支持。高校心理危机工作人员应转变工作思路，变"面向全体学生"为"针对不同类别学生"，变心理危机干预工作的"灭火工作"为"润心工程"，变"大水漫灌"为"精准滴灌"，根据大学生的不同需求，分层分类开展心理健康教育活动。可根据不同年级大学生的发展特点，提供不同的团体辅导、个体咨询与相关活动。如针对大一新生以适应环境和转变人际关系、学习方式为重点；针对大二、大三年级的学生，主要关注职业生涯规划、恋爱问题、时间管理等问题；针对大四学生，则以就业心理转变和社会适应为切入点等。又如，在开学初期，可以策划以时间管理、学习规划等主题的活动，而在期末考试前后，则开展心理减压、压力应对相关活动；开展面向心理委员、党员、班干部、宿舍长的，以加强常见心理问题的识别、心理异常信号识别、朋辈陪伴、危机识别后的应对流程和注意事项等为主要内容的讲座和培训；开展季节性的系列活动和预防工作等。

4. 进一步加强"医校合力"

高校在发现疑似精神障碍的大学生后，通常会建议其转介到专业医院的精神科进行进一步诊断和治疗。但是，无论是大学生本人还是学生家长，对于去专业机构就诊往往存在疑虑，同时也存在着精神卫生医疗机构资源紧张或是离高校较远、就诊不方便等客观问题。因此，在实际操作过程中，转介工作常常不能顺利进行。

随着《精神卫生法》的颁布，高校在心理危机干预过程中推进"医校合力"或成为可能。除邀请校外精神卫生机构的专业医师到校为大学生普及精神卫生知识外，学校还可以尝试邀请精神科的职业医师来校坐诊，这样有三大好处：一是便于学校教师配合医师工作，医师也可以根据学校提供的信息，更准确、全面地研判大学生的心理健康状况，及时转介和治疗；二是在校就诊有利于大学生与医师之间建立良好的信任关系，打消大学生到医院就诊的疑虑，为大学生后续前往精神卫生医疗机构进一步诊断和治疗奠定基础；三是医生的专业背景和身份，更有利于说服大学生到相关机构转介就医。

四、优化和谐的校园文化环境氛围

大学生心理危机自我干预不仅需要专门的心理健康知识和技巧，还有赖于校园文化环境的优化。和谐的校园文化环境对大学生心理健康发展和情感的陶冶有着重要意义。实践证明，积极参加各类健康的文体娱乐活动，不仅可以培养、发展自己的兴趣爱好，提高组织活动能力，而且可以转移注意力，有效地转化不良情绪。高校应切实加强对学生社团的指导，开展丰富多彩、主题鲜明、学生喜闻乐见的文化活动，努力营造和谐的校园文化氛围。

（一）推进物质文化建设

1. 高校校址的选择

随着时代的发展，社会对育人环境越来越重视，对一所高校来说，校址的选择是非常重要的。校址应该选择在环境幽静的地方，太多的城市喧嚣会严重分散大学生的注意力，使他们沉迷于外面的花花世界，无心学习。校园的选址还应选择对在校师生生活和交通便利的地方，不宜建在偏僻、信息闭塞的地方，大学生的成长轨迹，一般都是由小学—中学—大学这样单一地发展，十几年的寒窗苦读使他们与社会接触非常少，如果学校建在偏僻的地方，学生对社会的了解自然会相应减少，直接导致很多新鲜事物不能及时了解，辨别是非的能力得不到培养，将来走向社会不能更好地完成社会化。此外，偏僻的校址不仅限制了大学生的活动范围，更容易让大学生感觉到孤独、空虚和失落，长此以往会严重影响大学生的心理健康。还有，大学校址的选择还应该和当地的城市建设和公共事业的发展密切相关。

2. 合理布局校园建筑

大学校园建筑构成了整个学校的空间基础，校园建筑不仅有满足教学、科研和生活需要的最基本的实用功能，同时又有审美方面的需求，科学合理的布局能够奠定大学生心理健康的基础。

校园建筑应该按照这样的原则去设计：尊重历史传统，历史悠久具有独特文化底蕴的校园古建筑是时代发展的见证，即便是与现代生活有不协调的地方也应该是合理地进行内部改造而非一拆了之；注重校园建筑的整体和谐，每个建筑物应该有其独特的风格，但是建筑物之间应该保持相互呼应的关系，不应该忽略整体效果的协调；注重使用方便，功能合理，学校的教育教学区、生活区、办公区、活动区都应该进行合理的划分，建筑的设计与布局要整体协调，不仅要体现鲜明的个性，还要尽量实现实用的功能，既能满足大学生便利地进行学习和生活又能合理地规划校园布局。校园建筑属于具有文化层次的建筑类型，不应该追求过分华美的外表，在建筑风格上应该体现优雅的外在形象和积极、和谐的育人气氛，能够陶冶大学生的高尚情操，熏陶大学生的心灵，抵制不良社会风气，促进大学生心理健康。

校园建筑的层次、色彩、框架、结构等的搭配要符合建筑本身实用性的要求。建筑外在风格和色彩的设计应该充分考虑大学生群体的心理反应。比如，宿舍楼应该体现出温馨、干净、舒适的家的感觉；教学楼应该体现宁静、淡雅的风格，有助于大学生的学习和思考；体育场的设计就应该造型美观、新颖，体现人文环境，功能区间划分合理，能够很好地与周围大空间的建筑结构有机结合；图书馆的设计首先能够体现出文献资料信息的采集、加工和利用等实用功能，同时还应该力求造型美观、环境协调。建筑的色彩也是一项影响大学生心理不可忽视的因素，不同的色彩搭配表达了不同的意思，对人的情绪和情感会产生不同影响。建筑的色彩应用要讲究实用性，可以利用色彩的心理效应引导大学生的情感趋势。建筑内部的色彩对大学生的影响要比外部更为密切，也要从心理效应出发去选择，通过色彩调节，让大学生产生舒适的心理感受。比如，教室作为大学生学习的主要场所，要求大学生注意力集中，并且不会因为长期在室内工作而感到单调和疲劳，这就需要在设计配色时应该考虑柔和、低色度、低亮度的冷色调，它能够给人的心理以安静、放松的暗示，减少注意力的分散，从而提高学习效率。学生宿舍的内部色彩不能布置得过于纷杂，容易导致精神处于紧张状态，得不到有效的放松。

建筑的设计风格还应该遵循大学生的特殊心理需求进行设计。大学生所处的特殊生理和心理时期，渴望得到别人的理解和尊重，同时也要表达出与他人和谐相处的友好人际关系。为了能够让大学生更好地相互了解、沟通感情，在校园建筑设计中交往空间的设计应该重点突出。交往空间是大学生开展人际交往必需的环境，如果它的设计符合大学生身心发展特点，有助于大学生个体同其他个体的融洽。在公共空间的设计上应该重点考虑比较强的交往空间开放性，空间跨越相对较大，涵盖交往活动也丰富多样，多个公共交往空间相互交叉融合。

3. 美化高校校园艺术景观设计

大学不仅为学生提供良好的学习环境，还为他们提供优美的生活环境，要因地制宜地铺设草坪、种植花草、设置廊亭、雕塑等，使整个大学校园形成一座园林。大学生生活于此，既能很快消除疲劳、恢复脑力活动，又可以陶冶情操，得到美的享受，有效地激发学习和生活热情。

校园艺术景观的设计是美化校园的重点，艺术景观是设计者情感和思维的集中体现，能够凸显浓厚的艺术氛围，没有艺术景观的点缀整个校园会缺乏生机，显得单调，同时也不能给大学生以美的享受，不能充分完善其人格。基于大学氛围的特殊，校园中艺术景观的设计不能与旅游景点的设计完全一致，应该与校园文化整体建设相互匹配和适应，是为提高大学生品德情操、心理健康服务的。在进行艺术景观设计时，各个学校还应根据本校的办学特色和专业特色来开展，只有这样，这些景观才能贴合本学校发展的实际，与学校的整体发展相互协调。

校园艺术景观设计的基础是为学校披上一层绿色，绿化是景观设计的基础，校园中的草坪、绿植、花花草草，都能缓解大学生紧张的情绪。在绿化植被的选择上，通常有特殊寓意的松、柏、竹、荷等都是常见的，这些植物的寓意通常也能够被大学生所内化，成为提高涵养、修养心性的一种方式。当校园里春意盎然、生机勃勃的时候，大学生忙碌了一整天，漫步在绿树成荫的小路上，能够快速减轻疲劳症状，使大学生心情愉悦，陶冶性情，甚至激发灵感，点燃热情。

4. 完备教育文化设施

教育文化设施是保证大学生进行学习和生活的必要条件，教育文化设施是否完备直接影响大学生的学习效果和生活水平。建立现代化、馆藏丰富的图书馆，使大学生在课余时间能够畅游知识的海洋，进行自主学习，及时补充课堂上未曾展现的知识内容。开通高速便捷的校园网络，使大学生能够随时随地掌握网络最新动态，不仅局限在专业知识，还应涉猎更为广泛的空间，这些都有助于大学生形成良好的品行。

（二）构建校园文化精神

1. 科学建构大学精神教育机制

大学精神是反映一所大学的办学传统、办学特征的一种精神文化形态，作为一种全校师生员工长期的教育教学实践活动中逐渐形成和发展的，并为广大学校成员所认同的群体意识，既体现了学校的办学定位和办学方向，同时也是全校师生员工共同追求的目标。大学精神的构建不仅需要融合一个民族灿烂的文化瑰宝、与时俱进的时代精神，还要提炼一所大学长期发展历程中优秀的文化，必须具有鲜明的时代特征和个性特征。

凝练自身特色的大学精神，营造学习型大学精神的氛围。一所大学的特色就是以其历史、科学和创新的特性区别于其他同类学校，并且有突出成绩、为社会所认可的特殊之处。大学精神的特色就是不仅局限于通常状态下的创新精神、民主精神、科学精神等，这些精神具有一般意义上的共性，不足以体现一所学校的个性和特色。不同大学所处的地域、历史发展历程、办学特色和办学定位都有不同差异，这些差异会导致不同的高校具备其特有的大学精神。怎样凝练和培育具有自身特色的大学精神，对于提高大学生个性品质、行为方式和对母校的认同感、归属感、荣誉感具有非常重要的现实意义。

继承和发扬学校的优良传统。大学优良传统是培育特色大学精神的基础，一所大学独特精神的养成就是不断对学校办学发展的历程和办学传统的与时俱进进行总结和积淀的过程。在长期的发展历程中流传下来的较为浓郁的文化氛围和宝贵的精神财富不应该被时代发展所舍弃，而是应该加以吸收和借鉴，同时兼顾社会日新月异带来的冲击，凝练兼具历史传统和与时俱进的大学精神，形成全体学校成员高度认可的办学理念，成为全校师生员工共同追求的价值取向和奋斗目标。

结合大学所特有的办学方向和学科特点，不同的大学办学定位和学科设置是不大相同的，是培养研究型学者还是培养实际应用型人才，不同的办学定位有着不同的学科设置。虽然有很多大学现在都在努力扩大自己的专业包容度，增加不同的学科专业，尽可能地办成综合性大学，但我们不能否认大学的学科专业有强弱之分，这种强弱学科会对大学精神的形成产生巨大的影响力，其校训的凝练就可以体现这些大学的精神所在，结合自身的办学定位和学科设置，从内在挖掘大学特有的精神，是提升大学生心理健康的重要手段。

营造良好的人文环境。在大一新生入学之初就应该进行校史教育，使他们从开始就能够对学校的办学历史有清晰的认识，鼓励和支持大学生要铭记校训、会唱校歌、了解校史、佩戴校徽，充分体现爱校的情感，引导他们从学校的发展历程中汲取精华的理想信念，丰富自己的校园生活。坚持和弘扬依法治校、遵纪守法的精神准则，同时还应该根据实际需求及时调整相关规章制度，使其充分以学生为本。

全方位、多形式地凸显大学精神。大学精神是无形的，虽然不具实体性，但却是客观存在，为了能够让广大学生更好地了解、接受、吸收大学精神，高校必须全方位、多形式地探索和构筑多种载体，让大学精神化无形为有形。

合理利用校内特有资源，进行多种方式和手段的教育教学活动。大学生对科学文化知识和思想道德观念的学习不仅局限在传统课堂上，在课下也应该开展形式多样的教育活动。比如，进行以"校史、校训"为主要内容的情感教育；以团体相互配合的活动锻炼学生凝聚力、协作精神的意志教育；以"遵纪、守法"为主要内容的道德法律教育等。

开发校外优质资源，拓展教育实践活动。以不同的学科专业和不同的年级层次设置不同的校外实践活动，在不同的活动中可以提高大学生个体的认知能力和动手能力，激发个体的求知欲望，更为有效地增强了大学生个体的社会适应能力，为其今后的社会化打下坚实的基础。通过进行实践活动，大学生不仅拓展了专业知识，增强了情感体验，更能够直接发现自己的不足，并且通过活动来积极缩短这种差距，能够有助于大学生增强自信心和树立独立自主的性格。通过实践活动，扩大了大学生的人际交往范围，加强了协调和合作，掌握了与他人沟通和交流的技巧，从而对大学生个体的人际适应和人际交往能力产生促进，为提早完成社会化奠定坚实基础。

引导大学生结合自身发展目标去内化大学精神。大学精神的构建不仅是要营造好外部环境，更应该把大学生自身的发展与大学精神的提炼相联系，抓住二者的平衡点，进而更好地促进大学生的身心和谐发展。大学生在学习和生活过程中需要逐渐理解和领悟大学精神，同时还要在自我身心健康发展的基础上不断内化大学精神、锻炼良好的个性品行和行为准则，与自我发展目标相契合。

大学精神与大学生自身发展相互适应应该以教师为主导进行。教师是大学精神的主要载体，一些优秀教师价值观念、心理态度和高尚的道德情操和严谨的治学精神都充分体现出大学精神。因此，教师应该在课堂上进行有意义的言传身教，为自己的行为规范做出表率，用自身的良好形象影响大学生的言谈举止，更好地引导大学生深入理解大学精神。在此过程中，教师需要有意识地、积极地引导大学生去思考大学精神的内涵，开展关于大学精神与自身发展二者之间关系的讨论，找到二者的平衡点，使大学精神融入自身发展中。

大学精神与大学生自身发展相结合还应该重视大学生的主体地位。大学生对自我认知、实践的过程就是大学精神外化的过程，在学习大学精神的过程中，要深刻理解和领悟大学精神的含义，并且有效地融入自己的发展目标中去，通过参加相关活动，全面审视自我，探索自身发展方向，发挥自己的主观能动性，找到大学精神和自身发展的平衡点，为自己的身心健康成长做好充分准备。

2. 培育优良校风

培育优良校风是学校教育管理的重要组成部分，同时也为加强校园精神文化建设提供必要支撑，对大学生的心理健康起积极的促进作用。学校的师生员工都应该融入优良校风的培育工作中，营造和谐健康的教学氛围。

①明确培育目标，把握培育方向。一所大学的终极目标是培养身心和谐发展的大学生，这是办学的初衷和归宿。这个目标对学校成员具有强烈的激励和指向作用，师生员工在工作和学习中要立足本校实际，明确要求，充分调动工作和学习的积极性。此外，培育优良校风还应以正确的思想为基础，全校师生对目标认识越深刻，对于培养优良校风越关心、越积极，只有真正确定了发展目标，才会对自己的行为作风进行严格要求。因此，铸就优良清新的校风开始于对理想目标的追求，通过目标的确立指引学风、教风前进的方向。

②健全法律法规，严格行政管理。必须建立一套完整的规章制度为培育优良校风给予制度保证，使之成为全校师生员工，除了遵守共同的规范以外，还应该按照不同的岗位遵守相应的特殊行为规范。除了国家颁布的相关法律法规之外，各个学校还应根据自己的实际需求，科学合理地制定一系列规章制度，既不能做到朝令夕改也不能固定僵化，一成不变，应该做到与时俱进。各项制度是否健全、科学，反映了一所大学的管理水平高低，反映出校风形成的基础牢固与否，应该在校风培育中予以高度重视。

③加强宣传与教育，加强培育优良校风的意识。学校要经常开展多种宣传教育活动，逐步提升对培养优良校风的重视程度。通过组织活动，使全校师生员工自觉地维护校园良好的风气，把消极的、不健康的风气予以坚决扼杀，从而把校风培育成每个成员个体的自

觉行动。利用多种途径、多种形式广泛宣传教育，可以在新生入学教育、校庆等活动中充分宣传。

（三）创建校园文化制度

学校以一系列规章制度等正式规范来约束大学生的行为，这对于良好的校风养成和大学生的心理健康起着重要的作用。校园文化的制度建设不断改革、创新的过程，从学校制度的制定、实施、评价等各个阶段，它都随着校园文化的不断发展而不断完善。

1. 科学制定和修订校园制度

校园制度规范着大学生的日常生活和学习，其内容的公平性和科学性直接影响着大学生的心理，因此我们在制定和修订校园制度时首先要充分考虑这一点。

（1）严格规范制度的制定程序

校园制度是整个学校运行必不可少的保障，同时涉及学生学习、生活的各个方面，直接影响大学生的切身利益，因此在制定过程中必须科学合理、公平、公正。首先，从学校实际情况出发，深入调查研究，综合考虑各种情况，确保制度的客观、公正。校园制度受众群体的规模是反映校园制度能否客观、公正的一个因素，这个规模越大，说明这个制度的利益主体越广泛，这个制度就越是客观、公正。反之，一个制度的受众群体只有小部分大学生，那么这个制度最终伤害了广大学生的利益，是不客观、公正的。在制定制度的前期阶段应该充分调查研究，因地制宜，尽最大可能满足不同利益主体之间的诉求。其次，在制度的拟定阶段还应保持严谨的工作态度，坚决避免出现文字性和常识性错误，确保行文严谨和规范。最后，在校园制度形成初稿后，应该广泛听取全校广大教职员工的意见和建议，在制度的制定过程中充分考虑大学生的主体地位和主动性，可能的话也应该让他们参与到制定中，得到大学生的认同和支持。

（2）规章制度可以依据具体情况及时变化和修订

制度虽然具有稳定性和常规性，但总有一些新鲜的事物出现，使制度出现与之不协调的状况。在这种情况下，应该及时修改和完善相关的制度文化，只有这样制度本身才能永葆生机和活力。在信息化高度发达的今天，由科技带来的机遇大大增加，从而导致不稳定因素增多，在这种情况下，对制度本身来说也有非常大的冲击，一些过时的、经不起实践的检验，跟不上时代发展的步伐，不能满足高校师生员工发展的诉求，必须及时做出补充和完善。制度不是固定不变的，在制定和实施中势必要进行完善，使校园制度文化更与时俱进。

2. 依法治校与民主化管理相结合

校园制度过程没有实现公平、合理，那么实施结果势必不会公正，从而影响大学生的心理，坚持依法治校与民主化管理相结合可以有效避免出现这种不合理的结果。

（1）依法治校

依法治校是在社会主义法治国家建设的过程中必不可少的重要一环，是社会主义法制建设的重要组成部分。依法治校应该充分发挥法治在学校管理中的底线警示作用；用法律手段维护学校全体师生员工的合法权益，为全面提高人才培养提供法治保证。在高校中营造普法、懂法、守法、依法办事的浓厚法治氛围，有利于对大学生自由、民主、平等精神的塑造，有助于大学生个性的培育和健康人格的养成。坚持依法治校必须做到依法行使职权，履行法定义务。高校制度文化建设的最终目标是人才培养，高校管理者应该依法行使法律赋予的权利，组织实施教育教学活动、管理大学生的学习和生活，为大学生的和谐发展提供支撑。高校管理者作为校园制度的实施者，他们的业务素质和道德水平直接影响着大学生的心理和行为，必须加强管理队伍建设，提高管理水平，认真学法、懂法、守法，真正做到依法管理。管理者在依据法律法规处理问题的时候必须遵守相关办事程序，通过正当程序规范权力运行机制，确保实施过程的公正和公平。

（2）民主化管理

学校的民主化管理是从事教育管理活动必须遵守的基本原则，我国现行的学校管理理论中把教育教学民主化看作社会主义民主原则在教育领域的延伸，但是通过肯定个体价值并且能够让个体价值得到最充分的发挥才是真正的民主。

学校管理者应该充分肯定个体价值，树立"以人为本"的管理理念，充分调动大学生个体参与学习和生活的积极性，实现预期目的。在工作中应该强化对大学生权利保护的意识，以大学生为本，保障大学生的合法权益，实现大学生的全面发展。大学生作为公民，应该享受宪法和法律赋予公民的基本权利，管理者首先要保证学生作为公民的基本权利，这是宪法的基本要求。此外，大学生还有"学生"的特殊身份，同时享有《教育法》等相关法律法规赋予的权利，例如，良好教育权、教育教学活动参与权等。

（四）规范校园文化行为

1. 引导大学生行为

加强大学生行为文化建设对大学生的心理健康发展具有积极意义。当今社会对大学生思想品质的要求越来越高，对大学生行为方式的期望也与日俱增。因此，必须通过加强大学生行为文化建设，发挥校园文化的导向、凝聚功能，帮助大学生树立正确的价值观念，可以有效地指引大学生行为，促进大学生心理和谐发展。

通过加强思想政治教育，积极引导大学生以正确的思想指导行为。人的行为方式受到其动机的制约，高尚的思想产生端正的行为。思想政治教育工作对于建设优秀的大学生行为文化有至关重要的作用，通过丰富多彩、行之有效的思想政治教育活动，以爱国主义教育为核心，引导大学生正确认识社会、了解社会，形成科学的思想观念和行为方式，明确提出什么行为是美的，什么行为是可耻的，让大学生对行为性质有主体认知，这样才能为建设优秀的学生行为文化奠定思想基础。

通过制定和实施行为规范，以制度引导大学生行为。不同的学校根据不同时代发展的需求制定符合学校实际、切实可行的行为规范，为大学生形成优秀的行为文化提供必要的制度保证，同时在执行规范时，应该强调其严肃性，并通过检查和考核保证制度的有效实施。

加强社团活动和社会实践活动，以责任感引导大学生行为社团活动是大学最为常见的学生团体活动，大学生可以自主选择并参与其中。个体在开始认识周围世界前，应当首先认识自己，对自己有整体的把握。自我肯定是自我教育之母。学生社团就是能够使大学生较好地得到自我肯定的实践形式，不仅能够发展大学生的个人兴趣爱好，而且能增加大学生交往的对象和质量，也有利于加深对自我的教育，还可以规范自己的行为准则，不做有违道德、破坏纪律的行为。社会实践活动同样能够引导大学生的行为文化，大学生作为社会行为文化的模范者必须深入社会中去，大量参与社会实践活动，培养大学生高度的责任感，以此来塑造大学生良好的行为文化。加强以社会主义核心价值体系为核心的行为文化建设，形成自觉的道德自律，促进大学生的心理健康发展。

2. 重视教师行为

教师行为文化相对其他文化主体而言具有特殊性，教师文化中一部分的显性表征，教师的行为文化具有引导性、教育性、规范性等特点。教师和其他社会成员一样也具备学习行为、工作行为、情爱行为和日常生活行为，那么怎样科学地管理教师的行为，才能有效地促进大学生心理健康呢？

注重内在激励，鼓励创造性劳动。教师作为"太阳底下最光辉的职业"，是一种使人类和自己都变得美好的职业。应该说，在当今教师群体中，较高层次的需要已经占据主导地位，成功的管理者，要创造一个能使教师产生自尊、自重和自我实现的工作环境。对于教育教学这种劳动来说，把大学生的探索求知激发出来，把大学生的创造潜能开发出来，并使自己拥有一个充满信心、积极发展的人生，便是一个教师最核心的目的，只有使教师达到这样的目的才能使其充分展现才能，教好书，育好人。

创造良好的教育生态，促进教师可持续发展。尊重教师的专业自主权，提高教育教学工作的含金量，教师个体能够有足够的自主空间，教师的专业发展权利受到尊重，制定相应的激励机制，提供教师发展的平台，实现教师的职业化。创设温馨的人文教育环境，提高教育教学工作的人文关怀，尊重和信任教师，同时理解教师也需要有人引领、赏识和关怀；充分利用各种机会，勇于发现教师的闪光点，以上这些不仅是作为领导应该考量的事情，同时也应该引导家长、学生互相欣赏，以此达到教育生态的可持续发展。

解放教师，激活课堂。校园和课堂是教师焕发生命活力、发挥教育才能的地方。尊重教师对大学生人生有积极的影响，引导教师不断丰富自己的知识水平。学校不仅要为教师提供教书育人的场所，还要为教师打造示范课、评优课等发展才艺的舞台，在活动中不仅让教师增长了技能，又能让教师体验成功，在活动中焕发激情。灵活、开放的教学情境会向教师本身的智慧和人格提出一定的挑战，当教师在课堂上如鱼得水时，便体会到了生命的畅快和创造成功时的喜悦，这样教师的积极性和创造性自然就被激发了，这样无论在科学文化知识的传播上还是在道德情感方面都无疑给大学生带来了愉悦的体验氛围，对于缓解大学生上课紧张、焦虑都有很好的促进作用。

第六章　新时期大学生心理危机预防与干预发展分析

第一节　大学生心理危机预防与干预工作的现实反思

一、大学生心理危机预防教育策略的现实环境

（一）大学生群体的多元性

大学生在成长过程中会受到家庭、学校、社会等多个因素影响，这使每个大学生都有自己独特的个性，而每个年代的大学生群体也会表现出与其他年代截然不同的地方，特别是随着我国经济社会的发展、时代的变化，学生群体的多元性、特殊性逐渐表现出来。男生和女生存在天然性格特征上的差异。调查结果显示，女生更容易出现焦虑、抑郁等情绪，这是性别不同所引起的。

男生和女生，在性格上是有不同之处的，或豪放粗犷，或细腻温婉，这就使他们在认识世界、了解世界和思考问题、处理问题上存在差异，有差异就会有不同的结果。在很大程度上，男生和女生对结果的接受程度也是不同的，他们调节内心和情绪的能力也是不同的。性别不同所带来的差异性，需要有针对性地通过不同的教育策略和途径展开心理健康教育。

家庭构成的不同带来学生成长环境的不同。调查结果显示，独生子女家庭成长的大学生更容易陷入消极情绪中。当下大学生群体大多为独生子女，他们受到一个家庭的疼爱，从小呵护到大，在一个备受爱护的环境中长大，这使他们习惯了被呵护、被关爱，而自身的抗挫折能力有待提升。特别是在大学，会碰到来自五湖四海的同学，大家的家庭经济条件各不相同，每个人的个性特征也不同，生活阅历也存在一定差异，生活习惯也会截然不同，就像有的学生没有住过校，有的家境好，有的家境一般，等等。当在大学中碰到纷繁复杂的学习生活环境时，很容易因为与曾经的生活环境有差别而导致情绪的变化。

社会进步带来了思维方式的变化。经济社会的发展自然带来了思想的开放，特别是当前大学生群体以"00后"为主，他们被称为"千禧一代"，是踏入21世纪后的新生儿，独特的成长环境使他们身上表现出很多与之前学生不同的地方。他们长大成人，思想观念

更开放、更敏感、更多元化，他们重个性、重兴趣，思想独立，富有自我意识。大学生的这种个性差异对他们认识世界有重要影响，在面对心理问题时表现尤其如此。在一定程度上说，他们更愿意用自己习惯和开心的方式解决心理问题，而这种方式可能并不能得到学校或家长的同意，这种差异同样给心理健康教育工作带来了可变动的空间。

学生群体的多样性，意味着在开展心理危机预防教育过程中，需要更多地关注不同学生群体的个性特征，有的放矢，因材施教。

（二）教育方式的滞后性

作为传统较为常见的心理健康教育活动，当前仍然主要以心理咨询、心理培训、心理宣传（网站、报刊等平台宣传）、心理主题活动（系列讲座、文体活动、心理电影等）、心理课程等教育活动为主，虽然在普及心理知识方面发挥着积极作用，但是活动辐射人群以及活动持续性、影响力都有待进一步提升。心理健康教育活动，在面向大学生开展的过程中，不能为了办活动而办活动，对活动的有效性、传播性等应当有一个后期的调查总结，从而加以改进，形成各自具有特色的、富有影响力的、行之有效的、可以被学习借鉴的心理健康教育活动，而且个别高校并未将心理健康教育放在突出重点的位置，相关活动也并未全面开展。其实学生在大学中接触最多的就是老师、同学和日常的学习活动，如果无法在这些方面保证学生接触到心理知识，也会在很大程度上影响学生内心世界的成长。同时，部分心理咨询教师的专业性、部分心理教育活动的有效性也有待商榷。

就心理课程而言，部分高校开展了"心理学""大学生心理健康教育"等必修课，也开展了"心理咨询"等公共选修课程，但部分高校仅开设公共选修课程，缺少可以普及全部学生的必修课程。这一问题的结果就是，大学生能自主选择心理课程并加以学习，但不能保证在读的所有学生都接受心理健康教育，心理学知识并不能普及每一个人。同时，随着网络的进步和发展，线上授课、慕课等课程也在建设和更新中，部分高校并未将心理健康教育课程列入发展之列，对心理健康知识普及的重视程度可见一斑。

在大学中，教师、学生是教育的两大主体，学校的学习生活环境是学生的"主战场"，这个环境中包含着课程、课外活动、社会实践等内容。学校开展心理危机预防的教育，要考虑到诸多因素，使这一教育策略行之有效。

二、对大学生心理危机预防教育策略的反思

近年来，大学生心理问题层出不穷，给家庭、个人带来了很大伤害，也给高校管理带来了一定的考验。我们在感慨当代大学生心理素质有待提升的同时，也要反思心理健康教育的有效性。

（一）对现实困境的思考

社会环境的多变性、学生群体的多元性、教育方式的滞后性，这些都给高校开展大学生心理健康教育带来很大困扰。而问题的背后，是时代发展和教育水平之间不相适应的矛盾。社会日新月异，给教育提出了一大难题，如果教育水平、教育方式等无法跟随时代发

展的步伐，就容易导致问题产生。从心理危机预防出发，社会环境让学生的心理呈现新的特点，高校在开展心理危机预防教育的时候也要面临与之前不同的外部环境。在这种情况下，想要行之有效的心理危机预防教育策略，需要把现实的环境考虑在内，内外因共同作用，才能形成合力，服务于大学生心理健康教育。

所以，针对大学生心理危机预防的教育策略：一方面，我们需要了解当下大学生的个性特征，知晓大学生的心理健康现状，掌握教育策略面向对象也就是学生这一主体心理危机形成的原因。只有将学生的情况摸清楚、弄明白，才能在此基础上做到对症下药，分门别类地提出预防心理危机的办法，同时针对个性和特殊性问题实施与之相匹配的教育策略和方法。另一方面，也需要分析高校在校大学生接受心理危机预防教育时所身处的环境，包括社会和校内的方方面面，既要看到社会的进步和发展，发现社会风气，立足发展前沿，用发展的眼光看待外部环境的变化；也要了解高校在校大学生心理健康教育方面采取了哪些策略，与其他高校相比有何不足之处，反思当下教育活动开展的有效性等，才能真正发现问题并加以改进。

总体而言，在大学生心理危机预防教育过程中，教育策略的开展和实施有实施主体也就是学校自身的局限性，如教师队伍配比不够、专业性有待加强、教育活动没有发挥作用等原因；也有面向对象也就是学生群体的多样性，如性别、阅历等不同造成的应对心理危机的不同，又如，心理危机产生原因的不同导致教育策略的不同等。大学生心理健康教育是一个需要深入研究和思考的话题，它所面临的现实困境涉及多个主体，有内外部环境的共同作用，需要在开展教育活动的过程中多加关注，从多个方面，多个角度加以研究，才能构建有效的心理危机预防教育体系。

（二）对教育策略的思考

目前，很多高校高度重视心理健康教育工作，心理危机预防的工作也在逐步得到重视和加强。心理危机预防教育，属于防患于未然的工作，需要在日常工作中多加重视，但在现实中却也正是薄弱的环节，很多学生觉得与自己无关，很多老师更关注有心理问题的学生。当下的心理危机预防教育，涉及所有大学生，面向的是高校的全体大学生，在此基础上展开的教育活动具有普及性。但同时，心理危机易感群体是无论何时都应被关注的存在，这又使心理危机预防教育活动具有一定的特殊性。

作为教育主体的学生，受内在因素和外部环境的影响，首先要做好学生自身的心理建设，需要通过正确的理想信念教育、生命教育、挫折教育等加以引导，提升大学生的心理素质和抗挫折能力，让学生能通过自身的资源解决问题，做到从容应对心理危机。当然，也要注意到新时代青年大学生与之前大学生的差异性，学生状态的不同，势必需要学校、社会变通教育方式，在新时代话语体系下对大学生开展心理健康教育，从个体出发，针对主要矛盾，解决主要问题，挖掘内生动力，学生才能在新的社会环境和时代条件下，不断适应新的变化，做到从容应对。

高校是管理、教育、服务学生的主要场所，对大学生心理危机的预防，涉及每一个学生个体，是一个长期且全面的工作，需要渗透到学校学生工作的方方面面。当然，对大学生的心理健康教育，不仅是辅导员、班主任等学生工作部门的任务，而且是教学过程中需要关注的地方。既需要调动专业学生工作团队，打造高水平、高素质的人才队伍，形成有效的心理危机预防网络，也需要通过课程和日常教育管理活动，让实践育人、文化育人、课程育人等与心理育人有效融合，为学生的健康成长保驾护航。

三、大学生心理危机干预的案例及反思

（一）大学生心理危机案例分析

通过对 HB 省 L 大学三例危机干预案例的干预负责人及相关人员进行了深度结构访谈，访谈内容包括危机发现途径、参与干预人员、干预过程、干预中遇到的困难、干预效果、干预中存在的问题与建议。

1. 案例一：因考研压力大而引发的心理危机

某男生，性格内向，很少主动跟老师和同学谈话，面带愁容，家人对他的要求很高。因此，他的压力非常大。他总觉得来某大学念本科是非常失败的，立志考研时必须选个好大学，从大一开始就做了考研的准备。大三开学以后考研压力加重，出现了情绪烦躁、睡眠不好等情况。因为怕影响学习，他向女朋友提出分手，这更加重了他的内疚和痛苦，在与其他同学的微信谈话中流露出轻生的念头。该生的女朋友（两人为同班同学）向班主任汇报了他的异常反应。

班主任了解基本情况后，第一时间找他谈心，让他感觉到还有人关心他、爱着他，暂时稳定了他的情绪；同时向辅导员汇报。辅导员又及时上报学院领导。学院领导立即组织辅导员、班主任和当事人的宿舍同学以及班干部召开紧急会议，对此事件安排了以下工作：

第一，请班主任以最快的速度与家长取得联系，了解情况，并如实告知他的情况。

第二，指定一名辅导员专门负责关注该生的情况，并说服他去接受心理咨询。

第三，请宿舍同学、班干部多与他接触、关注他的一举一动，并把情况及时上报学院心理辅导站。

三天后，经过该生的家人及班主任、辅导员的劝说，他愿意接受心理咨询中心老师的帮助。心理咨询师对他进行了放松训练和改变认知的心理辅导后一直与他保持微信联系。班主任与辅导员也与咨询师联系，进一步掌握该生的危机状况，并针对性地提供辅导与帮助。

班级同学、宿舍同学，还有他的女朋友也给予了很大关心和帮助，一方面陪他吃饭、上课、上自习等。另一方面，对他密切观察，注意他近期的变化。在学校多方面的努力下，该生精神上也有了很大的好转。学院领导建议家长留下来陪读到考研结束。但其家长认为孩子没事，已经到了独立生活的年龄，拒绝陪读。半月后，咨询师收到该生的短信，说不想参加考研考试了，咨询师马上把情况告诉学院。知道该生放弃考研的消息，班主任非常着急，迅速与学生的家长取得联系，让他们过来给孩子陪读，但该生的家长仍坚信孩子能够独立处理自己的事情而没有来。班主任和心理咨询师为确保其不会发生危机状况，再次对其进行干预，表示尊重他的选择，鼓励他将精力投入接下来的学习生活中，又嘱咐班级

和宿舍同学对他密切观察。当事人最终放弃考研,但精神状态良好,能主动找班主任、辅导员、心理咨询师谈话,目前已顺利毕业。

参与本案例的干预工作人员包括家人、女朋友、宿舍和班级同学、班主任、辅导员、学院领导、心理咨询师。干预工作人员认为干预过程中存在的问题表现为以下两个方面。

①没彻底说服家长,与家长的合作以失败而告终。

②学院缺少专门负责处理危机事件的工作人员,而辅导员、班主任、班干部、宿舍长等人也没参加过有关危机干预的专业培训,故干预缺乏专业性。

干预工作人员对危机干预的建议如下。

①思想政治教育工作者需要掌握一些能够与家长进行有效沟通的技能和技巧,力求在处理危机事件过程中得到家人的支持。

②希望学校能够举办有关心理危机干预知识的讲座,组织心理危机干预技能的培训,以提高思想政治教育工作者对心理危机的识别和应对能力。

③让《心理健康教育课程》成为必修课,普及心理健康知识,提高学生的心理健康水平,预防危机事件的发生。

2. 案例二:因新生适应性障碍而引发的心理危机

某男生,独生子,父母都在外地打工,从小由爷爷奶奶带大。曾经是很开朗的孩子,学习成绩在班里居上游。上大学是他第一次离开家,之前没有独立生活的经验,家里的一切都是爷爷奶奶打理。军训的时候,他每天迟到,并因被子叠不好而被教官罚站。他很少说话,因其普通话讲得不标准,带有很重的地方口音,怕被别人嘲笑。他不仅觉得身边的同学知识面要比自己广,而且在穿着打扮上也要比自己洋气得多,常常觉得自己在各方面都不如他们,所以比较喜欢独处,不愿和别人结伴,与寝室同学存在隔阂。军训没几天他就出现了食欲减退、头疼乏力等症状。军训结束,正式开始上课后,他自己曾用埋头苦学的方式来摆脱这些烦恼和痛苦,但由于注意力很难集中,上课时间经常发呆,学习效率很差,这些因素更加重了他的痛苦,感觉快要到精神崩溃的边缘了。

辅导员深入学生寝室时,从该生慌忙关计算机的行为和表情中敏锐地觉察到了他的反常。辅导员发现当事人的异常反应后,第一时间与家人取得联系。在了解该生及其家庭的基本情况后,辅导员与其班主任经过商量,同时联系了班干部、宿舍同学,并向他们讲述了该生的严重情况,让大家平时务必好好关注该生的言谈举止,一有什么异常的行为,立即向老师汇报。辅导员又以谈谈新生学习方面的问题为借口,把他叫到办公室进行面对面的谈话。庆幸的是,该生主动跟辅导员谈及了自己的不适,说:"真后悔来这里上学,离自己家乡太远,没有亲戚朋友在身边,这里的校园又这么小,看人家电视上的大学都是骑着自行车还走半天呢,学校宿舍条件还不如我的高中时期。食堂的饭不好吃,还贵。高中同学跟我聊他的大学生活多么丰富多彩时我就很气愤,心理也很不平衡。我学习很刻苦,成绩并不比他差,怎么也应该上一个比他好的大学啊。家人都对我抱有很大希望,亲戚们也都知道我学习不错,来这里上学都不愿意让亲戚们知道,觉得很丢人。现在宿舍同学关系也不好,我不愿意跟他们说话,因为我的普通话不好,一说家乡话他们就会嘲笑我。他们每天都很开心的样子,我也看不惯他们,真不知道该怎么办,最苦恼、最着急的是我想学习，可根本学不进去，上课时间，总是脑子一片空白，越想学习的课程越觉得听不进去，烦死了，觉得自己真的快受不了了。"辅导员耐心地听完他的倾诉，让他发泄内心的所有烦恼。近一小时的谈话，他平静了很多。辅导员初次跟他建立信任关系后，隔天就与心理咨询中心的老师联系，带他去进行心理测验。咨询师根据该生的自我陈述以及自己多年的工作经历，诊断该生的不适为新生适应性障碍，属于严重的心理问题。

辅导员确定该生属于因新生适应性障碍而引发的心理问题后，仔细分析了是什么因素导致他不适应新环境，并做了以下三方面的工作。

第一，再次与该生进行谈话，辅导员诚恳地为该生分析出现种种不适的原因，并坦诚地讲述了自己在刚刚步入大学时与该生相似的经历，比如，对新环境的不适应以及很难建立新的人际关系等，表示也曾一度陷入类似的痛苦中，并介绍几位有过和他类似情况的学长与其进行交谈，让他认识到面临这种困境的普遍性：环境改变，有不适应的情况是很正常的现象，每个人都会有类似的经历。

第二，辅导员让班级同学和宿舍同学和他多接触，让他感受到同学们对他的关心。

第三，辅导员和任课老师打招呼，并简单介绍了该生的基本情况，拜托老师们在课堂上多给他回答问题的机会，练练他的普通话，让他感觉到他的语言能力并不差，鼓励他多与别人进行沟通交流。他现在几乎适应了新生活，饮食、睡眠等都基本恢复正常，人际关系也得到逐渐改善，学习效率也得到了提高。参与本案例的干预工作人员包括家人、宿舍和班级同学、班主任、辅导员、任课老师、心理咨询师。

干预工作人员认为干预中存在的问题表现为以下三个方面。

①学院学生人数庞大，但专门负责管理学生日常生活的老师的数量极度缺少，不可能帮助到每一位学生。

②危机方面的专业知识欠缺，发现了问题，也不知道怎么去处理，只能转移给心理咨询中心。

③面对心理危机，学校思想政治理论课程缺乏应对危机教育的知识及应对方法。

干预工作人员对危机干预的建议如下。

①扩大辅导员队伍，学校和学院最好配备受过专业训练的处理危机的老师。

②辅导员、班主任、班级心理委员、宿舍长应多了解有关危机的知识，提高危机应对能力，认真完成上级交给的心理危机干预任务。

③在保密范围内请任课老师在课堂上关注那些有异常行为的学生，面对问题学生任课老师能够尽自己最大能力与学办老师配合，共同帮助学生度过困境。

3. 案例三：因潜伏隐藏的问题受刺激而引发的心理危机

某女生，性格内向、孤僻。高中时候就感觉有人骂她，当时家人没有在意。大学开学不久，她来学院学生工作负责人（后称A，也是该生的临时班主任）办公室说自己没进特困生档案，并介绍了自己家里的情况，她的情绪有些激动。A在谈话中发现该生有些异样，判断其很可能存在心理问题。听完该生的阐述后，A安抚了她的情绪，并承诺说学院可以单独给她一个名额，让她不用再为此事难过，放心地回家度过国庆假日。随后，A立即与其家人取得联系，在了解其家庭基本情况后，说明了她的一些异常反应，嘱咐家人多多关注她。假期结束后，A立即召集辅导员、班干部、宿舍长开紧急会议，特别讨论了该生的情况，并让辅导员、班干部、宿舍长专门负责监督她的日常学习和生活，发现有异常情况马上汇报学院。半个月后A接到辅导员的电话，说有紧急事。辅导员和班长拿着该生的遗书跑到A的办公室。A立即向保卫处、学生处、心理咨询中心汇报情况，并给家长打电话，让他们以最快的速度来学校。同时，又组织20多个学生和辅导员展开寻找该生的工作。终于找到了该生，并把她带到A办公室，让辅导员在屋子里陪她，5个同学在屋外守护着她。一小时后，心理咨询中心的老师来了解情况，后家人赶到。学院简单介绍了她的情况后移交给家长，建议带她去医院检查，并妥善安排了食宿问题。第二天，班长陪他们去医院，医生认为情况很严重，必须吃药治疗，但其家长不相信这事，总以为问题不大。下午A接到家长的电话，说孩子没事，自己要回家。无论学院怎么劝其留下来陪读孩子，或者带孩子回家好好观察一下，家长还是选择独自回家。

5天后，学校领导和学院领导开会议专门讨论该事，并制定了以下四方面的措施：

第一，跟医院负责人密切沟通，隔半个月复查，吃药的费用一半由学校承担。

第二，加强与家长的沟通，让他们来陪读孩子，租房的费用也一半由学校承担。

第三，让宿舍长、班级同学、辅导员好好关心她，不能刺激她。

第四，请心理咨询中心的老师对她进行一周一次心理辅导。A负责给家长打电话说明了校方的想法，家长半个月后来学院见了A，仍坚持认为孩子没事，不用陪读。

现在，该生仍受到学校和学院的高度关注，且还在吃药，还没彻底康复，有时还会有异常举动。参与本案例的干预工作人员包括宿舍和班级同学、班主任、辅导员、任课老师、学院领导、学校领导、心理咨询师、精神科医生。

干预工作人员认为干预中存在的问题表现为以下三个方面。

①该生的问题早在高中时候就有，但当时家长并没有重视，更没有及时治疗，现在家长又不配合，让她彻底康复较难。

②如果家人陪读，让她居住在一个较安静的环境，让她的饮食和睡眠好起来的话，现在就有可能康复了。仅仅依靠班级同学、宿舍同学的监督还不够，同学们也有自己的事，不可能时时刻刻关注她，担心某天突然因什么事情而受刺激又触动她的情绪。

③缺乏危机干预的专业人员。

干预工作人员对危机干预的建议如下。

①应提高家长的危机意识和应对危机的能力。

②尽量与家长沟通，请家长多多与校方配合，共同努力挽救孩子，减少损失。

③需要运用专业知识向家长陈明利害，尽量做到在孩子出现问题后积极采取正确的挽救措施。

（二）危机干预案例的评价与分析

1. 思想政治教育在上述危机干预案例中的成功之处

学校在处理上述案例中的许多成功之处值得我们借鉴，总结起来以下几点。

（1）早期发现、及时介入

善于发现问题是在所有工作中解决问题的关键环节。在上述案例中，思想政治教育工作者具有敏锐的洞察力和决策能力，在日常学生管理中能够及时发现问题并及时干预，成功避免了过激行为的发生，挽救了学生的生命，降低了损失。这是思想政治教育工作者高度责任心的体现。

（2）协调配合

从案例中参与的人员来看，有学校领导、学院领导、辅导员、班主任、任课老师、班级骨干、心理咨询中心老师。在学校领导的统一领导下，学院领导、辅导员、班主任、任课老师、宿舍和班级同学、心理咨询中心老师等人员统一行动，齐心协力，协调配合，共同努力给危机个体提供了物质上的帮助、精神上的支持、心理上的援助、身体上的保护；减轻了当事人的痛苦，并能使当事人脱离危险的反应倾向，防止了风险，如自伤、自杀或攻击等极端行为的发生。

（3）跟踪回访

为了使当事人经历的危机转变为帮助当事人迅速成长的教育契机，该校的思想政治教育工作者在危机个体基本恢复正常的情况下仍然进行了跟踪回访，了解危机个体的现状及变化，根据当事人的需要，要给予针对性的辅导和帮助。

2. 思想政治教育在危机干预案例中存在的问题

案例中有吸取学习的成功经验外，还存在着诸多问题，总结起来，主要有以下五点。

（1）大学生思想政治教育队伍建设滞后

随着高等教育体制改革的深入，很多高校都多层次、多渠道、多形式办学，各类招生人数逐年增多。而高校的教师数量，尤其是专职思想政治教育工作者的数量却严重缺乏。第二个危机个案所在的学院，学生工作的专职教师只有两个，师生比例是1∶1200。国家规定的正常比例应该是1∶200。在学院资源有限的情况下，有些时候很难体现"以人为本"的工作理念，对学生的尊重、关心和爱护不够，对大学生的情感困惑、择业迷茫、适应环境困难、人际关系不和谐等问题不能及时正确引导，对大学生面临的生活挫折不能及时给予解决。除此之外，部分工作人员还存在工作态度生硬、工作方法陈旧、缺乏爱岗敬业的职业道德等不良现象，这样的老师即便发现行为异常的学生也因害怕承担责任，想尽办法把问题学生推给家长。

这两个问题，从某种程度上反映出高校应对大学生心理危机时思想政治教育队伍建设的滞后。

（2）大学生思想政治教育内容需要扩充

目前，各高校主要是通过思想政治理论课对大学生进行思想政治教育。根据国家颁布的方案，高校思想政治理论课主要是由马克思主义基本原理、中国近现代史纲要、毛泽东思想和中国特色社会主义基本原理、思想道德修养与法律基础这四门必修课构成。很多学生在看待思想政治教育课程内容里是否有危机识别和预防教育、生命安全教育、法制教育等内容时，认为在这些课程中，只有思想道德修养与法律基础课的内容稍微体现，对于他们进入大学面临的一些困惑和人生的思考有所涉及，但没有一个章节专门涉及危机方面的知识。相比之下，其他几门课程更为理论化、抽象化。这种过于理论化的教育内容，无法调动学生学习的积极性，学生也很难从所接受的教育内容中找出与其自身生活贴近的契合点，应用性不强。

（3）家长工作不到位

三个案例中两个案例向我们说明了一个事实：在校方尽一切能力挽救学生、减少损失时，家长却以为自己孩子问题不大，不和学校好好配合。其中第一个案例中，如果家长听取学校的建议，陪读孩子并好好鼓励他，给他点信心的话也许该生就不会放弃考研了。第三个案例中，若是家长听取校方的建议，把孩子带回家好好休养或者陪读，给她一个安静舒适的环境，让她的饮食和睡眠好起来的话，现在就可能康复了。但这两位家长由于缺乏危机意识，更没有危机应对能力和危机干预方法，不知道危机所带来的严重后果而以为自己孩子没什么大事，不跟学校好好配合。面对这样缺乏危机常识的家长，学校思想政治教育者应发挥思想政治教育特有的功能，根据家长的性格特点运用一个合适的、巧妙的方法和技能好好做家长的思想工作，不能因为一次两次沟通失败而放弃与家长合作。当然上述两个案例中，学校努力过说服家长，但可能用的方式或态度不正确，最终还是没能说服家长，学校工作中还是存在家长工作做得不到位的现象。

（4）极度缺乏受过严格培训的专业人员

在对危机事件处理中，要是尚未系统地学习心理危机的理论和实践，再加上老师们的工作任务繁重琐碎和工作对象较多，他们很难及时进行危机的预警和甄别，即使及时发现了问题学生，也给不了正确的引导，更不能帮助学生化危机为机遇。因此，在大学生心理问题不容乐观的今天，缺乏科学化、专业化的师资队伍是思想政治教育干预大学生心理危机中面临的现实问题。

（三）思想政治教育干预大学生心理危机的路径

依据近几年对大学生心理危机的干预现状以及存在问题的研究，特别是对干预案例的深入探索，可以认为，思想政治教育工作在危机干预中起着举足轻重的作用，思想政治教育干预大学生心理危机需要遵循一定的原则。从时间和人员层面上提出可行的具体干预方法。

1. 思想政治教育干预大学生心理危机中应遵循的原则

（1）坚持"以人为本"的教育理念原则

以人为本作为一种价值取向，表达了"以人为重、以人为尊、以人为先"的思想，突出了人在社会发展中的地位和作用，它要求尊敬人、重视人、关爱人、维护人的生存权利，保证人在社会发展中的重要地位等。将"以人为本"的思想贯彻到大学生心理危机中，就是坚持以学生为本，把学生的利益作为工作出发点和落脚点。学生是学校的主体，当他们面临用自己现有的方法应付不了生活环境中的危机事件和应激事件以及自然环境中的灾难性事件时，容易陷入心理失衡状态。心理失衡状态长时间得不到缓解的学生可能出现自伤、自杀或攻击他人等过激行为，他们急需学校的帮助。因此，用思想政治教育对大学生心理危机进行干预时必须把学生的利益放在第一位。首先，维护学生的心理健康。心理危机的产生对学生心理上的危害最大，思想政治教育干预大学生心理危机时，应每时每刻注重危机个体的心理动态，及时进行心理安慰和心理援助，消灭潜藏的过激行为。通过心理辅导和心理援助帮助学生走出心理失衡状态，并恢复到健康。其次，保障学生的生命权。在日常思想政治教育工作中，积极推广生命教育，帮助学生认识并体会到自身和他人生命的价值，争取在心理危机发生时避免自伤、自杀或攻击他人等过激行为的出现。此外，思想政治教育工作者在危机干预过程中，应注意保护危机个案的隐私，尽量缩小知情人范围，同时要求掌握信息的老师和同学保密。

（2）预防优先原则

实践层面上的思想政治教育对大学生心理危机的干预分为预防性干预、解决性干预、跟踪性干预三种。多一分准备，就少一分危险，因此，思想政治教育对大学生心理危机的三种干预中应以预防性干预为主，把预防工作放在全部干预工作的着力点，即坚持预防优先原则。这要求学校将"预防"二字渗透于日常思想政治教育工作中。

首先，了解大学生的情绪反应、心理状态、思想倾向、行为改变，尽早发现大学生身上的隐患和教育中的滞后，及时扼杀潜伏期的心理危机，维护大学生的身心健康。

其次，帮助大学生树立自我危机意识。在日常教育中积极开展危机预防教育，通过各种途径，提高大学生的心理健康水平，增强其抗挫折能力、应急能力以及解决问题的能力等，从源头上防止心理危机的发生。

（3）教育与自我教育相结合原则

思想政治教育干预大学生心理危机的最终目标是使当事人能够独立应对危机，并在危机中成长，增强其日后面对应激事件的抵抗能力，以便更好地适应社会。因此，思想政治教育对大学生心理危机进行干预时不仅要充分发挥思想政治教育工作者的教育引导作用，也要充分调动学生自我教育的积极性和主动性，如自己积极调节情绪、找人倾诉、建立良好的人际关系等，不断增强学生的自我心理调适能力。

（4）立足于整体性教育原则

危机干预除了要处理当事人的问题，还要考虑周围人的心理和情绪创伤是否得到稳定与恢复。因此，思想政治教育干预大学生心理危机，不能只针对出现心理问题的学生，而应立足于整体性教育，把与危机事件有关的学生，甚至需要把全体大学生作为教育对象。从整体出发，根据大学生的思想、心理、行为等特点制订相关的危机教育方案，确保全体学生共享思想政治教育的资源。通过思想政治教育，使学生学习应对挫折的技能，提高自己的心理素质，保持思想健康，更好地预防危机的发生。

2. 从人员层面上，思想政治教育干预的具体路径

思想政治教育面对大学生心理危机的干预，并非一己之力可以解决的，需要各方面人员的努力与协作。通常而言，学校是学生长时间居住的场所，在干预大学生心理危机中应发挥其主导地位。在整个干预工作中学校扮演着主力军角色，学生层面的主力军包括宿舍长、心理委员；教师层面的主力军包括辅导员、思政老师、班主任、心理咨询师；领导层面的主力军包括院系和校级领导干部；专家层面的主力军是专业危机管理人员。

（1）学生层面——宿舍长、心理委员

当下很多高校都实施了宿舍长制度。宿舍是大学生的"家"，学生在宿舍中学习和生活，其重要性不言而喻，很多危机事件征兆都可能在宿舍中表现出来。因此，宿舍长在干预大学生心理危机中扮演着很重要的角色。学校应选拔优秀的学生担任宿舍长，并通过培训，提高其识别和处理心理危机的能力；通过奖励的办法调动其积极性，从而激活宿舍这个基础集体在应对危机处理中的作用。选拔出来的宿舍长，具有关心宿舍里的每一位同学，活跃宿舍气氛，向相关人员反馈信息等职责，并充分发挥自我在心理危机干预中的自我教育、自我管理、自我服务的作用。

心理委员是班里的学生，和大家一起学习和生活，最容易发现班级同学的心理异常。所以，现在很多高校都设立了心理委员这一职位。心理委员的任务：一是在班级宣传心理健康的知识，二是依据相关指标观察班级同学的行为和心理状况，如有发现行为反常或情绪不稳定的同学，及时向班主任或辅导员汇报，同时也可以对当事人进行朋辈咨询，为他提供心理上的支持和引导。需要注意的是，心理委员所汇报的信息是直接资料，信息的准确度直接影响危机处理结果。因此，为了保证信息的真实性和有效性，学院首先要对心理委员进行严格筛选，要选择责任心较强、人际关系较好、观察力敏锐的学生，且要对他进行专业培训，让他掌握基本的心理健康知识和识别心理异常的指标，以提高其工作成效。

（2）教师层面——班主任、辅导员、思政老师、心理咨询师

班主任在学校教育组织系统中是最基层的教育者，承担着教书育人的双重任务。班主任直接面对学生，在主持班级日常工作、教书育人等教育教学工作中，与学生有着广泛的、直接的接触，最能够观察学生的一举一动、言行变化。因此，在干预大学生心理危机中具有得天独厚的优势。班主任把思想政治教育工作渗透到日常工作中去，多与学生沟通交流，多鼓励学生参与健康向上的校园文化活动和社团、班级活动。如发现心理、思想、行为等异常的学生，要多关心他，并给予帮助，把心理问题严重的学生转介给心理咨询机构或者专业心理危机管理人员。除此之外，作为班主任平时要和家长保持沟通，建立一个良好的相互信任关系，一旦发现存在心理问题的学生，及时汇报给家长，并且想尽办法，力求得到家长的支持。

如今，我国高校大多数采取辅导员的形式。高校辅导员是大学生思想政治教育的开展者，是他们学习和生活的管理者，也是培养合格的社会主义建设者和接班人的实践者，是学生个性发展的榜样和引路人。面对大学生心理危机问题，辅导员一定要深入学生当中，特别是那些问题多、矛盾尖锐的地方，要及时捕捉学生的情绪热点，准确把握学生的思想动态、发展倾向和趋势，对学生的要求或意见进行理性分析；要了解学生存在的困难，帮助学生解决生活和学习上的实际困难；要与学生成为知心朋友，树立辅导员在学生心目中的良好形象。此外，辅导员也要充分发挥学生干部的作用，从最基层的检测点抓起，自下而上，层层落实，形成信息链条，保证信息准确上传下达。辅导员对大学生心理危机的预防工作可以采取以下三种方法。

首先，抓好主要干部这支队伍，定期召开会议。辅导员定期召开学生干部会议，一方面可以及时传达学校、学院的最新规定和要求，也可以通报最新的动态等；另一方面可以了解学生的主要思想动态，及时发现学生面临的问题，并解决问题。

其次，辅导员为了工作上的便利，可以组织党员和学生宿舍的联系制度，发挥学生党员的积极作用。辅导员组织党员与学生宿舍的联系制度，让每个党员联系几个宿舍，定期走访，关心所联系的宿舍同学，帮助他们解决实际问题，一旦发现异常情况，及时向辅导员报告。

最后，辅导员定期亲自深入学生宿舍和班级，了解学生的学习和生活状况，发现问题，及时进行干预。

高校思政教师肩负着思想政治教育所涉及的众多责任。思政老师扮演的角色类型多，即思政老师是管理者，担负着高校学生的日常管理工作；也是政治工作者，担负着大学生的日常思想政治教育工作；还扮演着指导老师、大学生的朋友等不同角色。面对大学生心理危机的干预工作，作为思政老师，在课堂上给予学生支持，提供一种亲切、温暖、相互信任的教学环境，让学生适当表达他们在危机中的感受，释放他们的压力，以评估学生的心理状态，鼓励学生积极应对危机。课后，不断与学生谈心，全面了解学生的情况和现状，及时把握学生的思想脉搏，尤其要掌握学生中的一切热点和难点问题，加强引导，强化管理。不管课堂上还是课后，思政老师只有熟悉大学生的思想、心理、行为等，才能做到具体问题具体分析，实事求是地开展工作，并能做好大学生心理危机干预工作的准备工作。

心理咨询师干预心理危机时，应遵循保密原则，与危机个体建立良好的沟通关系，给当事人提供疏泄的机会，鼓励他充分表达对事情的反应、感受、思想等，并在此基础上，对当事人的心理危机程度给予诊断，和当事人商量制订心理咨询计划。具体的咨询方法与当事人的特质和危机程度以及咨询师的风格有关。当事人具有自杀或伤人倾向时，则属于保密例外情况，要通知其所在的学院领导或教师，并告知家长，与这些人共同关注。当事人具有人格障碍、严重抑郁、严重焦虑、精神障碍等时，应将其转介到精神科进行药物治疗。

（3）领导层面——院系和校级领导干部

高校的领导，对于大学生的心理危机的预防性干预和解决性干预以及跟踪性干预中都具有不可推卸的责任。干预大学生心理危机的领导层面包括校级领导和院系领导。校级领导要大力投入学校心理健康与咨询机构的建设，并建立心理危机预防机制和系统性干预机制，将主要关于心理危机的教育教学工作及职责通过心理健康课程、心理健康讲座、心理咨询、心理信箱等方式来关注全校学生的心理健康状况。院系领导需要安排辅导员、思政老师、班主任等与大学生密切关系的教师受一定的专业训练，让他们在日常教育中格外重视危机认识教育、生命教育、心理健康教育等。对于已发生心理危机的同学，校级领导和院系领导尽全力给予精神上的关怀和物质上的帮助，尽早让当事人走出心理阴影，恢复正常学习。除此之外，校级领导形成总指挥小组，召集学生处、保卫处、教务处、心理咨询中心等相关部门，召开关于大学生心理危机的预防性干预、解决性干预、跟踪性干预的方案研究会议，并具体落实到每一个学院和每一班级乃至每一宿舍。

（4）专家层面——专业危机管理人员

专业危机管理人员是思想政治教育干预大学生心理危机的坚实后盾、核心力量。高校为了保证心理危机管理系统的正常运行，必须配备心理学专家、公共卫生研究人员及精神卫生工作人员等专业危机管理人员。他们必须具备扎实的理论基础和丰富的实践经验，经过心理危机干预和创伤处理的系统培训，能进行有效的心理危机干预，有个别咨询和团体辅导的能力，并承担给学校领导提供危机的相关政策、方针、工作框架的职责。同时，还应有强烈的责任心和仔细谨慎的工作态度。专业人员在从事该工作期间，必须不断地接受新的知识，接受各种培训，不断给自己注入新的活力；必须注重对大学生心理健康相关课题的研究，不断了解现实情况。

第二节　新时期大学生心理危机预防与干预实现途径

一、大学生人际交往危机的干预方法

每个成长中的大学生，都希望自己生活在良好的人际关系气氛中，如何提高个人魅力，保持良好的人际关系状态，这是每个大学生值得思考的问题。调查结果表明，那些对大学生活感到成熟度低的学生，其列在第一位的是人际关系的不适。每一个在校大学生，应从人品性格、能力、学识、体态、交际手段与社会经验等方面锻炼自己，使自己能够适应大学生活及今后的社会发展。

（一）人际关系的原则

1. 交互原则

从心理学上讲，每个人都是天生的自我中心者，个体都希望别人能承认自己的价值，支持自己，接纳自己，喜欢自己。由于这种寻求自我价值被确认和情绪安全感的倾向，在社会交往中，更重视自己的自我表现，注意吸引别人的注意，希望别人接纳自己，喜欢自己。阿伦森的研究表明，人际关系的基础是人与人之间的相互重视、相互支持，对于真心接纳我们、喜欢我们的人，我们也更愿意接纳对方，愿意同他们交往并建立和维持关系。

任何人都有着保护自己心理平衡的稳定倾向，都要求自身同他人的关系保持某种适当性、合理性，并以此对自己与他人的行为得以解释。这样，当别人对我们表示出友好，表示接纳和支持时，我们也感到应该对别人报以相应的友好，这种"应该"的意识会使我们产生一种心理压力，接纳别人，否则我们的行为就显得不合理。与此同时，如果我们友好的行动别人接纳后，我们也希望别人做出相应的回答；如果别人的行动偏离了我们的期望，我们会认为别人不通情理，从而产生一种不愉快的情绪体验，对对方产生心理排斥。同样，对于排斥、拒绝我们的人，其排斥与拒绝对我们是一种否定，因此我们必须报之以排斥与否定才是合理的、适当的，否则难以达到心理平衡。可见，我国古人所讲的"爱人者，人恒爱之""己所不欲，勿施于人"是有其心理学基础的。

2. 功利原则

人与人之间的交往本质上是一个社会交换过程，人们希望交换对自己来说是值得的，希望在交换过程中至少等于失，不值得交换是没有理由去实施的，不值得交互的关系也没

有理由维持，所以人们的一切交往行动及一切人际关系的建立与维持都是根据一定的价值观进行选择的结果。对于那些对自己来说是值得的，获得大于失的人际关系，人们倾向于建立和保持；对自己来说不值得，或失大于得的，人们就倾向于逃避、疏远或终止。

我国心理学家研究发现，随着人们的价值观倾向不同，人际交往中存在着不同的社会交换机制。对重内在情感价值的人而言，他们在人际交往中个人情感卷入更多，因而有明显的重情义、轻物质的倾向，与别人的交换倾向于增值交换过程。他们在人际交往中感到欠别人的情分，因此在汇报时，往往也超出别人的期望，这种过程的循环往复，就导致了卷入交往双方都感到得大于失。与此同时，对重外在物质利益的人而言，他们在人际交往中重物质利益意识多于个人情感的卷入，因此倾向于用物质来衡量自己的得失，在人际交往中处于价值交换。

3. 自我价值保护

人在任何时期的自我价值感，都是既有的一切自我支持信息的总和。自我价值支持的变化无非来自两方面：一是符合人们意愿，自我支持力量的增加；另一方面，与人们的期望相反，使人们面临自我价值威胁，因而必须进行自我价值保护的消极变化，即自我价值支持力量的失去或自我面临新的攻击。

特别是当我们面临肯定的人转向否定时，我们有两种选择：一是承认别人转变的合理性，否定我们自己，贬低自我价值；二是进行自我价值保护，尽可能维护自我价值不变，降低所失去自我价值对自己的重要性。许多研究表明，自我价值的否定是非常痛苦的，因此当面临自我价值威胁时的优先反应不是否定自身，而是尽可能地保护自己。

4. 情境控制原则

情境控制是指人都需要达到对所处环境的自我控制。因此，我们要想别人从心灵深处接纳，就必须保证别人在同我们共处的时候能够真正实现对情境的自我控制，保持表现自己的自由。如果我们增加了人们对达到情境自我控制的困难，或者与人们对情境控制的不对等，使别人的自我表现受到限制，而不得不保持一定水平的自我控制。

当人们处于平等、自由的人际情境中，才能达到真正的自我控制，获得充分的安全感。比如，我们新入学时，由于对周围环境和人都缺乏了解，因而一段时间处于高度紧张的自我防卫状态，直到我们真正对环境熟悉了，才能真正放松、真正适应。

（二）建立良好人际关系的途径

建立良好的人际关系，是一个人事业成功的基础，左右逢源，游刃有余，需要一颗宽容的心，需要真诚，需要积极交往的主动性，塑造良好的个人形象，善用各种交际手段，克服社会知觉中的偏见。

1. 克服社会知觉中的偏差

（1）首因效应

近因效应印象实际上是指第一印象或最初印象，在社会心理学中，由于第一印象的形成是最初获得的信息比后来获得的信息影响更大的现象，因而也被称为首因效应。与首因效应相比，在总的印象形成上，新近获得的信息比原来获得的信息影响更大的现象，被称为近因效应或称为最近效应。

第一印象一经建立，它对于后来获得信息的理解和组织起着强烈的定向作用。由于人的认知平衡和心理平衡的作用，人们必须使后来获得信息的意义与已经建立起来的观念保持一致。如一位大学生刚入大学，出色的自我介绍在同学的头脑中留下强有力的第一印象，即使以后他的表现不如以前，学生认为不是能力问题，而是不够尽力；相反，有的同学在寻求职业时留下很不称职的第一印象，那么要转变就需要很多长时间。

最初获得的信息及由此信息形成的第一印象在总的印象形成过程中作用更大，因为我们在最初接触陌生人的时候，注意的投入完全而充分，此时印象最为鲜明、强烈，而后继信息的输入，我们的注意力会不自觉地游离，从而使其对我们的影响下降。人们已习惯用先入为主的最初印象轨道解释一些心理问题。

近因效应不如首因效应突出，它的产生往往是由于在形成印象过程中不断有足够引人注意的新信息提供，或者是原来的印象已经随时间推移而淡忘。近因效应还与个性有关，一个心理上开放、灵活的人倾向于产生近因效应，而一个高度一致、稳定倾向的人，他的自我一致和自我肯定会产生首因效应。

建立良好第一印象的方法是善于表现自己，给别人留下良好、深刻的印象。

（2）晕轮效应

人们将从已知的特征推知其他特征的普遍倾向概化为晕轮效应。其正面效应是通过某一方面建立有关别人的印象，最迅速、最经济，帮助人们尽快适应多变的外部世界；其消极的一面在于以偏概全，使人们对别人的印象与本来面目相去甚远。人们习惯按照自己对一个人一种品质的存在推断出他还具有一些品质，是一种普遍倾向，如知道某人是正直的，则容易把这人想象成刚直不阿、真诚可信、办事认真、可信赖等甚至爱屋及乌。外表的吸引力有着明显的晕轮效应，当一个人的外表充满魅力时，其与外表无关的特征，也会得到更好的评价。

晕轮效应既是快速认识他人的一种策略、方式，但有时却可能产生有害的结果。

（3）刻板效应

有些人习惯机械地将交往对象归于某一类人，不管他是否表现出该类人的特征，都认为他是该类人的代表，而总是将对该类人的评价强加于他，从而影响正确认知，特别是当这类评价带有偏见时，更会损害人际关系。

刻板印象的形成途径主要有两类：亲身经验和社会学习。当人们第一次与一个群体接触时，他们与其成员的互动就成了刻板印象形成的基础。一个群体中特殊的成员对刻板印象的形成起着重要作用；一个群体的行为对我们的知觉起着很大作用，群体的社会角色往往限制我们所看到的行为，即一个群体所承担的社会角色，所要完成的工作决定了他们如何做。刻板印象还从父母、老师、同学、书本及大众媒体习得而来。

刻板印象的好处是能快速了解一个陌生或不太熟悉的人或群体的特征，但刻板印象也有其弊端：一是它夸大了群体内成员之间的相似性，从而对个体的知觉产生先入为主、以偏概全的偏差；二是夸大了群体间的差异性，容易产生偏见与歧视。

（4）定势效应

定势效应是指人们头脑中存在的某种固定化的意识，影响着人们对人和事物的认知和评价。当我们与他人接触时，常常会不自觉地产生一种有准备的心理状态，做一种固定了的观念或倾向进行评判。如成语的"邻人偷斧"是定势效应的例子。再如大学里对学生的评价：好学生与差学生，这些评价往往是单纯的学业成绩的评价而非对学生全面的评价。同样，我们与陌生人人际交往的开始，往往要借助定势效应，将我们准备的心理状态用于对待人与事上。

（5）投射效应

人际关系中的投射效应，即"以小人之心，度君子之腹"，指与人交往时把自己具有的某些不讨人喜欢、不为人接受的观念、性格、态度或欲望转移到别人身上，认为别人也是如此，以掩盖自己不受人欢迎的特征。如自私的人总认为别人也很自私，而那些慷慨大方的人认为别人对自己也应不小气。由于投射作用的影响，在人际交往中很容易产生误解。

2. 塑造良好的个人形象

社会交往中，个体的知识水平与涵养直接影响交往的效果，良好的个人形象应从点滴开始，从善如流，"勿以善小而不为，勿以恶小而为之"，优化个人的社交形象。

（1）提高心理素质

人与人之间的交往，是思想、能力、知识及心理的整体作用，哪一方面欠缺都会影响人际关系的质量。有的学生在人际交往中存在着社交恐惧、胆怯、羞怯、自卑、冷漠、孤独、封闭、猜疑、自傲、忌妒等不良心理，这些都不易建立良好的人际关系。因此，大学生应加强自我训练，提高自身的心理素质，以积极的态度进行交往。

（2）提高自身的人际魅力

应该说，每个个体都有其内在的人际魅力，人际魅力是一个人综合素质的社交生活中的体现，这就要求在校的大学生要丰富自己的内心世界，从仪表到谈吐，从形象到学识，多方位提高自己。心理学研究表明，在初次交往中，良好的社交形象会给对方留下深刻的印象，而随着交往的深入，学识更占主导地位。特别是大学生的个性培养，有助于拓展自己的内涵。

3. 善用交际技巧

（1）换位思考

这对建立良好的人际关系很重要。如我们经常用，如果我在他的位置上，我会怎样处理？经常站在对方的角度去理解和处理问题，一切就会变得简单多了。一般而言，善于交往的人，往往善于发现他人的价值，懂得尊重他人，愿意信任他人，对人宽容，能容忍他人有不同的观点和行为，不斤斤计较他人的过失，在可能的范围内帮助他人而不是指责他人。他懂得"你要别人怎样对待你，你就得怎样对待别人"；懂得"己所不欲，勿施于人"；懂得"得到朋友的最好办法是使自己成为别人的朋友"；懂得别人是别人而不是自己，因而不能强求，与朋友相处时应存大同，求小异。

（2）善用赞扬和批评

心理学家认为，赞扬能释放一个人身上的能量，调动人的积极性。"赞扬能使羸弱的身体变得强壮，能给恐怖的内心以平静与依赖，能让受伤的神经得到休息和力量，能给身处逆境的人以务求成功的决心"。有报载，一位欧洲妇女出门旅行，她学会了用数国语言讲"谢谢你""你真好""你真是太棒了"等，所到之处，都受到热情接待。真心真意，适时适度地表示你对别人的赞扬，赞扬要对人也对事，才能增进彼此的吸引力。

要善于落落大方地说谢谢。我们经常认为特别亲近的人不需要说谢，太小的事不需要说谢，我们在生活中不太愿意直接表达我们的感谢，而是愿意记在心中。事实上，真诚地发自内心地感谢闪烁着人性的光辉。

与赞扬相对的是批评。一般情况下，应多做赞扬，少用批评，批评是负性刺激。通常只有当用意善良、符合事实、方法的当时，才有可能产生积极的效果，才能促进对方的进步。批评时应注意场合与环境，应对事不对人，不能对一个人产生全盘否定，这样会挫伤对方的积极性与自尊心，应就现在的一件事而不是将以前的事重新翻出来，措辞与态度应当是友好的、真诚的。

（3）主动交往

对一个风华正茂的大学生来说，都需要有丰富的人际关系世界，并在这个世界上帮助与被帮助、同情与被同情、爱与被爱、共享欢乐与承受痛苦。在社会交往中，那些主动交往，主动去接纳别人的人，在人际关系上较为自信，主动交往的稀少源于两方面的原因。一是缺乏自信，担心遭到拒绝，担心别人不会像自己期望的那样理解、应答，从而使自己处于窘迫的局面，伤害自己的自尊。事实上，问题远没有我们想象得那么严重，因为人际关系中，双方都需要适应，需要人际关系支持陌生情境。二是人们在人际关系方面有许多误解，如先同别人打招呼，在别人看来低人一等，"那些善于交往的人左右逢源，都有些世故，有些圆滑""我如此麻烦别人，别人会认为我无能，会讨厌我"。大学生的主动交往也很重要，特别是当面临人际危机时，主动解释，消除误解，重新建立良好的人际关系就非常重要。

（4）移情

人际关系的本质是人与人之间情感的联系与沟通，情感的沟通越充分，双方共同拥有的心理领域就越大，人际关系就越亲密。移情不是同情，而是交往双方内心情感的共通与同一。人是经验主义者，对别人理解高度依赖自己的直接经验。因此，自我经验的丰富，是理解与移情的必要前提。

（5）帮助别人

心理学家们发现，以帮助与相互帮助开端的人际关系，不仅良好的第一印象容易确立，而且人与人之间的心理距离可以迅速缩短，使良好的人际关系迅速建立起来。日常生活中的患难之交正说明这点。所谓"雪中送炭"的心理效应，锦上添花也很重要。

4. 加强大学生思想政治教育

（1）建立健康的人际关系模式

想要拥有良好的人际关系，适当的自我价值认同是必需的，一个人要对自身的价值有充分的了解，每个人都是独立存在的个体，都有着与生俱来的价值，更是不可替代的，有了这样认知，大学生就可以发挥自身的价值，发挥他的创造力和潜力。这种价值观让他们更好地理解别人和被别人理解，大学生对自身价值的认知，会直接影响在人际关系中的模式。

（2）创造大学生优秀的个人形象

在人际关系中，交往双方本身的知识水平和文化修养，对交往的程度产生直接影响，所以，自身要建立良好的个人形象，古言道"修身齐家治国平天下"，可见自身多重要，因而个人形象影响人际关系。大学生应当首先提升自己的心理素养，在人际关系里，是一个人的人际关系的好坏是思想、内涵、心理的综合体现，任何方面存在不足都会影响到人际关系，有些学生在人际关系中，心理素质非常不好，常会有害怕、自卑、孤独、狭隘、暴躁、忌妒一系列不良心理表现，这样的心理会导致他们无法正常地建立人际关系，应该加强自身的心理素质培养，以主动积极的心态去交友。大学生还要提升自身的个人气质。每个人都他与生俱来的独特魅力，一个人的魅力在人际关系中起着重要作用，魅力的提升对大学生来说是一个长期的过程，魅力的提升是要求大学生内涵和素质，从待人接物到学识，全方位地提升自己，心理学家研究过很多人与人初次见面，初次见面的形象会给对方留下很深刻的印象。但随着不断了解，知识涵养会起主导作用，大学生要提升自身的气质和魅力，在内涵方面加大力量。

（3）培养大学生主动交往的态度

在人际关系中，大学生容易忽视一个问题，就是我如何评价自己，是相信自己还是否定自己，是相信自己能够和别人相处得好呢，或者是失败，是觉得自己有能力还是很差，这样的心理态度会大大影响交往的效果，影响人际关系的好与坏。

大学生在步入社会之前，在大学里同样需要良好的人际关系，有助于他们对自己的认可，同时也能得到别人的帮助和爱，并能有承受痛苦的毅力，在人际关系中，如果主动去接受别人，往往在人际关系方面就很成功，导致缺少主动交往有两方面因素：一是自身缺乏自信，害怕别人拒绝自己，怕自己不被别人接受，自尊心受到伤害，严重导致自己处于尴尬的局面。但事实问题并没有想得那么严重，人与人接触是需要有相互适应的，可以通过别人来熟悉周围的环境。二就是自身在对人际方面错误的认知，比如说，先和别人打招呼，凭什么，会不自觉地矮了一块，觉得为人处世较好的人是虚伪的、做作的。

一个人如果尝试与人主动交往，当有了人际关系问题时，主动求和，可以快速地修复彼此的关系，大学生建立良好的人际关系，都主动与他人交往，但由于成长环境、性格方面种种原因，让他们自己封闭，阻碍了和别人的正常交流。影响了人际关系的发展。很多时候他们忙于学习，让自己长期处于乏累的状态，缺少了生活的热情，当他们不那么忙碌了，放松心情了，积极性就会被调动起来。有的大学生有过心灵创伤，曾经也真诚对人，但是遭到过别人的欺骗和伤害，产生错误的认知，不敢与人密切接触和交往。或者可能在学习未达到自己想要的状态，有心理落差，对自己和别人都失去信心，失去生活的热情。

二、强化大学生学业压力相关心理健康辅导

（一）引导大学生对学业压力进行正确认知

学业压力是大学生不可避免的，而且学业压力除了会给学生身心健康造成负面影响外，也对促进学生学习有着一定的积极意义。许多大学生会常年受学业压力的困扰并出现心理问题，在很大程度上是因为他们对学业压力的认知存在偏差。实际上，许多大学生都认为，学业压力是完全消极、负面的因素，会对自己的学习、生活造成负面影响，从而产生一种对学业压力的恐惧感。那么当大学生感受到学业压力时，这种恐惧感就会加剧，使大学生产生严重的焦虑、烦躁、抑郁等心理问题。

因此，作为辅导员，就可以引导大学生对学业压力进行正确认知，消除大学生对学业压力的恐惧感。

（二）端正大学生的学习态度，强化大学生的求知欲

部分大学生呈现较为严重的厌学情绪，缺乏足够的学习动力。针对这种情况，辅导员需要引导学生端正自身的学习态度，同时强化学生的求知欲，让学生积极、主动地展开学习。当然，导致厌学情绪出现的原因有很多，既有内源学业压力，也有外源学业压力，例如，学业难度过大，家长期望过高、学生学习方法错误等，都容易导致学生丧失学习动力并出现厌学情绪。但是，外源因素难以通过心理辅导进行改变和解决，辅导员还需通过其他方法加以应对。而心理辅导则需要从学生本身心理状况入手，帮助学生养成良好的学习态度和习惯，从而使学生能够正确应对学习过程中的挫折与困难，从而削减学业压力造成的负面影响，防止学生出现厌学情绪。

（三）提高大学生的信心，强化大学生的心理承受能力

部分大学生自身心理承受能力较差，同时在学业方面的成绩不够理想而感到沮丧和自卑，久而久之就会出现焦虑、自卑、抑郁等心理问题。当大学生的心理承受能力过差、感受到的学业压力过大时，都有可能导致大学生出现烦躁、厌学甚至漠视生命等不良现象，严重影响其身心健康。对此，辅导员在对大学生进行心理辅导时，一定要注意通过合理的方式来提高学生信心，强化学生的心理承受能力。其中，心理暗示是行之有效的方式，积极的心理暗示能够让学生的心理承受能力更加强大，由内而外地提高学生的自信心，让学生能够正视学业压力和学习过程中的各种苦难与挫折。

三、提高心理疾病干预能力和质量

（一）加大对大学生心理疾病的宣传力度

通过向家长和新生发放心理疾病的相关知识宣传册，达到告知心理问题普遍性、隐匿性、严重性以及正确及时干预重要性的目的。介绍学校心理咨询中心及其他相关辅助部门的工作范畴，处理心理问题、心理疾病、心理危机等问题的流程、能力和效果，方便家长、大学生及时寻求帮助。加强"家、校、医"三方联动，需加强"家、校"联系，通过家长

和学校的积极配合，以学生为中心，对其进行重点关注、心理疏导、行为训练等对症帮助、针对性地解决问题，让学生尽快回归学习生活正常轨道。面对心理疾病学生，强调"家、医"联系，家长积极配合，医院系统专科治疗，高校专人通过电话、网络随访，及时了解学生心理疾病发展、治疗、转归情况及思想动向。

（二）加强高校心理健康工作小组人才队伍的建设

高校应根据自身条件增加对现有专业人员的继续教育和考核，增加培训专业知识和技能的机会，再由本校专业人员科学合理地带领辅导员、学生干部开展大学生心理健康相关工作。校医作为直接接触学生的一线全科医疗卫生工作者，应主动加强学习心理疾病专业知识，加强生物—心理—社会的医学结构模式的疾病诊治理念，在一定程度上介入大学生心理疾病的干预，更好地与高校心理咨询工作小组协作。扩大心理辅导老师、辅导员、学生干部、校医的高校学生心理健康工作小组，尤其是培养、扩大学生心理健康小组队伍，仿效高校内红十字会形式，以志愿者、社工等方式招募并组建大学生心理健康工作组，减轻一线辅导员的工作压力，让辅导员有更多时间和精力关注每位学生。

建立心理咨询工作小组、校医与学生相互认可与信任的和谐关系，并提供科学合理的药物治疗、心理咨询与指导，是提高大学生心理治疗效果的关键因素。高校根据自身规模、经济状况、大学生心理危机事件发生率，合理定期开展大学生心理素质普查和心理危机排查，认真切实做好大学生心理健康档案，是提升干预大学生心理障碍、心理危机的效能的前提条件。

（三）注重心理健康教育模式的科学性、合理性与有效性

我们需要与时俱进地调整符合我国目前国情的心理健康教育模式。我国心理健康教育模式的基本要求是：一是以马克思主义为指导。二是以对大学生心理特点的科学认识为前提。三是注重与思想政治教育相结合，与中国传统文化相符合。四是以多学科理论为基础。我国当代大学生的心理特点是自我意识强，但社会责任感弱，情绪情感强烈，但稳定性差，竞争意识强，但抗压能力差。

现在的网络信息极度发达，世界各国文化交流活跃，大学生通过多渠道接触世界多元文化，所以我们可以根据我国当代大学生的心理特点，在保证我国心理健康教育模式的基本要求前提下，借鉴发达国家的高校心理健康教育模式，比如，英国高校心理健康教育模式：通过同学互助训练，学会怎样成为一个优秀聆听者，帮助学生更好地适应各种社会、学习、人际关系。再如，日本的高校心理健康教育模式，其受美国影响，针对学生在学习、发展、交友、恋爱、择业等方面给予指导，实施心理健康知识的启蒙、普及，分化细化咨询对象，注重人际关系问题，着眼心理咨询现实。他们心理咨询的主要实施者是心理学工作者和医务人员，具有较高的专业素养。紧密结合我国传统文化与当代大学生的心理特点，科学合理地借鉴发达国家高校心理健康教育模式来开展我国高校心理健康教育，有利于提升我国高校心理健康教育的有效性。

四、提升情绪管理能力

(一)认识情绪及强化情绪管理

在认识并了解什么是情绪后,我们就会了解,消极情绪是普遍存在的,而我们要做到的是不被消极情绪所左右。首先我们就要了解,什么是情绪,情绪的来历,当情绪来临时,如何面对并应对情绪给我们生理及心理带来的变化。通过制定策略,使我们在主观体验、外部表现和生理唤醒都可以使个体从消极的情绪状态转变为一个合理的情绪表达状态时,人的情绪状态将会体现出一种安定且和谐的状态。情绪调节自我效能感是一种有效调节个体自身情绪状态的自信程度,而所谓的自信程度,是指一种状态可以促使个体在面对消极情绪时可以采取适当的措施来应对这种不良情绪的体验,并最终影响个体的情绪状态。

学生通过学习认识并了解什么是情绪管理,大力培养自身情绪状态的识别能力。在学校,学生可以通过教师、心理社团或心理团体辅导的帮助中获得帮助。在学生长时间伴随消极情绪时,要主动提出帮助,并且在辅导员、班主任、心理咨询机构为自我效能感低的同学提供帮助时,要注意正面引导并做到不断地支持和鼓励学生,使学生可以清晰地认知自己的真情实感,同时也要在帮助他人的同时了解自身的情绪状态,不断做出调整,使自己处于一个健康积极的状态,才可以帮助更多需要帮助的学生。另外,学会怎么进行调节情绪也是十分重要的,要做到有针对性地调节,做到具体问题具体分析。比如,当个体处于愤怒状态时,我们要做的不是去谴责或是追本溯源,而是通过共情,了解问题所在选择并采取问题解决的策略。情绪管理影响着大学生心理健康,无论是学生自己还是朋友亲人、学校及社会,都要关注情绪对学生的影响,避免消极情绪左右大学生的心理健康。大学生通过对情绪管理的认识及了解,加强主观能动性,提高自我情绪管理能力,最终实现提升大学生的心理健康水平。

(二)利用朋辈心理辅导

朋辈辅导指的是在大学生进行人际交往的过程中,遇到心理问题时,得到同辈中的获得过培训的非专业人员进行心理辅导的过程。朋辈辅导有助于学生在进行心理调节的过程中,并进行情绪调节的一种方法。当代大学生在遇到挫折或者困难时,大部分学生首先想到的都是向自己的好友寻求帮助或安慰。因为在学生的印象里,家长和亲属都会对我们的挫折感到不理解或是担心更多,并不能为学生提供准确的帮助;学校里的老师对于学生也会站在制高点,教育学生,使学生难以敞开心扉,有苦难言。只有同辈的伙伴可以站在同一水平线上,有更多的感同身受,更加容易理解和沟通,可以提供更加精确的帮助。在朋辈们的帮助下,被帮助的个体在被帮助过程中,可以得到有效的情绪调节,因此可以在心理健康方面进行有效调节,所以朋辈辅导是必要的存在。

从高中步入大学校园后,大学生开始远离父母的陪伴,没有了亲人的照顾,没有了朝夕相处的同学,朋友和同伴的重要性在这时就体现出来。大学生通过朋辈辅导实现心理状态由消极向积极的转变,朋辈辅导可以建立互帮互助的朋辈关系。学校可以通过设立朋辈心理帮助热线,学生在遇到心理问题或是有困难和困扰时可以通过匿名拨打热线向工作人员寻求帮助，经过沟通和交流，大部分学生都会或多或少地得到帮助，重整旗鼓，积极乐观地融入校园生活中。同时值班工作人员要实行轮班制，并定时接受心理疏导，在帮助他人的同时，自己也要拥有健康的心理状态。学校还可以开通网上心理答疑解惑、心理辅导等公众号，通过科普心理健康问题，增强与学生的互动性，帮助其解决心理问题。朋辈辅导的特殊性在于它的主体都是学生或是与学生相同年龄阶段的个体，他们有着相同的年龄阶段、相同的生理发育阶段、相同的教育经历及正在经历相同的心理成长阶段等，这些相同点有助于大学生在咨询心理问题时，抵消大学生的消极情绪，对情绪进行有效的调节，进而在相互理解中促使大学生放下心理防线，可以更加有效地对心理问题进行疏导，实现对大学生的心理健康教育。

（三）学习自我情绪管理

大学生在学习自我情绪管理时，首先，要做到的就是感知情绪，不但要感受到其他人情绪的变化，同时也要感觉自己的情绪变化。在发现消极情绪出现时，可以对我做出提问，例如，我为什么这么消极？我为什么想哭？我为什么觉得生活无趣？发现问题，寻求方法，解决问题。通过发掘自己情绪的变化，了解自己、帮助自己，学会放下重担，自我减压，保持一种积极乐观的情绪，善待世界，你就会发现，世界对你也很友善。在了解什么是情绪，什么使我情绪发生转变及转变的情绪会给我带来什么影响后，就会发现，自己可以简单地控制自己的情绪，而这一过程，也是帮助我们提高自己心理健康水平的一个过程。

其次，要学会适当表达自己的情绪。适当地表达自己的情绪，通过外在情绪的表现，让别人了解自己的情绪状态，从而实现人际交往并从中掌握人际关系的技巧。学生通过人际交往，在互动过程中感知和体验各种情绪的变化。情绪意识和明确的表达可以表达自己的内心真实感受，在交往过程中，可以增强相互的了解并改善增进彼此之间的关系。正确的情绪表达可以帮助你获得良好的人际交往，而错误的情绪表达，可能会带来更多的误解和防备。所以，学会表达自己的情绪，让他人了解到自己想要传达出的一种态度是十分重要的。

最后，大学生要以科学合理的方式去调节消极情绪。当大学生学习压力和生活压力过大时，可以选择适当的方式去消除压力，而不是憋在心里，让它越积越多。可以通过肢体、语言等方式，发泄心中的消极情绪，实现压力的转移。例如，当感到情绪到达一个顶点，我们也是需要宣泄的，听听音乐、玩玩游戏、找朋友聊聊天、找个空旷的场所大喊一下，这些都可以帮助学生宣泄心中的苦闷，选择一种合适的方式。教师在对学生进行充分了解的过程中，做到换位思考，运用平等的方式与学生进行有效的沟通和交流，同时提高大学生的心理健康水平。

第三节　大学生心理危机预防与干预长效机制的建立

一、建立大学生思政教育主体互动机制

建立大学生心理危机防范及干预反应机制，首先应坚持"以生为本"的教育原则，其次再以优化大学生思想政治教育、强化信息沟通效果为目的，树立主体性思政教育理念。根据大学生的心理问题及个性特点，积极建立大学生思政教育主体互动机制，促进大学生思政教育者与大学生之间和谐、良好关系的建立，为大学生心理危机工作的开展提供情感支持。在此过程中，大学生思政教育者应明确认识到，若想实现大学生思想政治教育主体互动机制的有效建立，就必须实现思政教育主体之间的平等对话，深化思政教育主体之间的交流与互动，倡导思政教育主体之间的体谅与宽容。

此外，还可通过在校园内的校园网站，建立大学生心理健康档案系统，通过互联网平台对新生心理健康进行测评，将测评结果纳入大学生心理健康档案系统当中，并建立一系列完善的大学生心理健康档案管理规章制度，通过规章制度的建设加强大学生心理健康档案系统在干预反应机制中的应用力度，发挥其预警功能。

二、构建全方位的危机预警网络

大学生心理危机具有突发性和潜在性特点，在心理危机爆发前进行预测和干预，及时发现和识别潜在的或现实的危机因素和表现，进行系统评估，制定心理危机预警登记表（附录2），采取防范措施，制定家长知情同意书、安全承诺书，将心理危机消除在萌芽状态，有利于将心理危机的影响控制在最小范围内。在学校心理危机干预的过程中，可设置"四线三级"的危机预警网络，定期对学生的心理状态进行了解、评估和帮助，并将相关信息汇总于指定的危机预警和干预机构（学校心理咨询中心或学生工作指导中心），由相关部门进行分析后采取必要措施。

"四线三级"的危机预警网络中的"四线"由生活园区、院系、家庭和心理咨询中心组成，"三级"主要是指学生、家长和教师三级，这"三级"分别渗透到"四线"中完成各自的职责。

（一）生活园区

生活园区的危机预警人员主要是由学生、生活指导教师及楼栋管理和值班人员组成。在每个寝室或每几个寝室设置一名园区心理委员，每名园区心理委员所负责干预和支持的学生控制在10人以内，以便能切实了解每位学生的具体心理状态。担任园区心理委员的学生由具有较强的交际能力和信息捕捉能力的学生担任，一般通过自荐和生活指导教师选拔结合产生。一旦园区生活委员发现有学生心理、行为出现异常，要直接向生活指导教师汇报。

生活指导教师接到园区心理委员的信息后：一方面，通过各种方式和存在危机表现的学生接触，获得第一手资料，同时将有关信息与院系相关辅导员或教师进行进一步的交流，以获得更为全面的信息；另一方面，直接与学校心理咨询中心联系，汇报学生的情况。

生活园区内的危机预警系统中还有一个不可忽视的力量，是楼栋管理和值班人员。他们24小时在学生宿舍与学生接触，能够最直观地从学生宿舍的物品布置变化、整洁程度改变以及进出宿舍时的心境等了解学生的行为变化。他们在工作中所收集到的危机信息应直接向生活指导教师汇报，由生活指导教师负责与相关部门联系和沟通。

（二）院系

院系预警人员主要由班级心理委员、辅导员组成。班级心理委员的选拔和职责与园区心理委员相同。根据实际情况，每个班级可以设置一名心理委员或男、女各一名心理委员。班级心理委员与园区心理委员原则上分开，尽量避免一个学生同时担任两个职务，以便能从不同渠道获得有关学生更为全面的心理健康信息。

班级心理委员在发现有关同学的异常行为表现后，应立即向辅导员汇报。辅导员在了解并收集相关信息后向院系学生工作负责人和学校心理咨询中心汇报，共同研究对学生的干预措施。

（三）家庭

学生进入大学以后，家长对子女的关注和支持从学习、生活、经济全方面的关注和支持逐渐转向经济方面的单一支持，将学生学习、生活、心理方面的关注职责全部转交给学校，这一方面促使学校加大了心理危机的干预力度，但另一方面也让大学生的危机干预缺失了一条至关重要的渠道。学校可以在新生入学时，以校、学院和班级为单位组织召开家长会，发动家庭积极参与到学校心理危机干预的工作中来。一旦家长发现自己的孩子情绪、行为出现异常，应及时向学校教师或心理咨询中心反映，会同教师一起参与，对学生进行心理干预。

（四）学校心理咨询中心

学校心理咨询中心除了接受生活指导教师、院系辅导员和家长所反映的信息外，心理档案学生的咨询记录、选修课上的表现和课后的提问、团体辅导中的表现等都是学生心理健康状况的最直接信息，心理咨询中心一旦从中发现危机信息，就可以及时采取干预，进入危机干预环节。

三、健全大学生心理危机防范干预反应机制

首先，相关学校可通过建立大学生心理危机预警工作督察制度，通过全时段、全方位的监管，增强工作人员对大学生心理危机预防及干预反应机制相关规章制度的执行力度，以此来提高大学生心理危机防范力度。在此过程中，相关学校还可通过开通信息反馈热线、网络讨论区及举报信箱等途径，引导大学生通过此类途径，反馈自己对学校开展的大学生心理危机防御及干预反应机制意见及建议，然后根据大学生所反馈的信息进行及时调整，

以此来确保大学生心理危机防范干预反应机制的建立符合大学生心理健康发展需求。

其次，还可通过建立大学生心理危机防范干预反应机制和规章制度，引导相关工作人员在完成大学生心理危机防范工作的第一时间，及时进行汇报工作进度及工作成果，并通过向上级汇报工作中遇到的困难或阻力，与上级领导共同研究解决机制，进一步提高大学生心理危机防范干预反应机制的建立成效。

参考文献

[1] 张大均. 学校心理素质教育概论 [M]. 重庆：西南大学出版社，2004.

[2] 郑日昌. 大学生心理诊断 [M]. 济南：山东教育出版社，1999.

[3] 霍有光. 社会交往心理学 [M]. 西安：西安交通大学出版社，1996.

[4] 金盛华. 社会心理学（第二版）[M]. 北京：中国轻工业出版社，2008.

[5] 申武丹. 大学生的人际关系及其与自我概念的相关研究 [D]. 桂林：广西师范大学，2007.

[6] 黄英选. 大学生自恋人格对人际关系的影响：自尊和特质自我控制的中介作用 [D]. 西安：陕西师范大学，2018.

[7] 土小丽. 家庭环境对当代大学生人际关系的影响研究 [D]. 上海：华东交通大学，2019.

[8] 郭晓娜. 青少年抑郁症的社会心理危险因素研究 [D]. 唐山：华北理工大学，2016.

[9] 肖蓉. 中国大学生精神生活质量测评及其相关因素研究 [D]. 广州：南方医科大学，2020.

[10] 杨继玲. 大学生压力事件与心理健康的关系研究：自我同一性、心理弹性与应对方式的中介作用 [D]. 重庆：西南大学，2017.

[11] 张婷，张大均. 中学新生心理素质与社交焦虑的关系：自尊和领悟社会支持的中介作用 [J]. 西南大学学报（自然科学版），2019，41（2）：39-45.

[12] 周宗奎，孙晓军，赵冬梅，等. 同伴关系的发展研究 [J]. 心理发展与教育，2015，31（1）：62-70.

[13] 彭小凡，鲍未，钟媛媛，等. 儿童心理素质对孤独感的影响：情绪调节和同伴关系的连续中介 [J]. 西南大学学报（自然科学版），2018，40（10）：53-57.

[14] 缪绿青，张钦斐，丁慧，等. 父母冲突对大学生攻击性及人际关系的影响：认知评价的中介作用 [J]. 中国健康心理学杂志，2021，29（3）：417-422.

[15] 王沛，梁雅君，李宇，等. 特质认知和关系认知对人际信任的影响 [J]. 心理科学进展，2016，24（5）：815-823.

[16] 姜玉飞，黄恩，邵海燕，等. 大学生人际关系敏感与归因风格及相关因素的研究 [J]. 中国行为医学科学，2005（2）：56-57.

[17] 李梅，卢家楣. 不同人际关系群体情绪调节方式的比较 [J]. 心理学报，2005（4）：517-523.

[18] 范文卿，吴文静. 对不同人际关系的大学生情绪调节方式的调查 [J]. 牡丹江教育

学院学报，2011（6）：116-117.

[19] 李雄鹰，韩欣谕，孙瑾.父母心理控制与大学生人际适应的关系——情绪管理的中介作用[J].中国特殊教育，2020（1）：84-89.

[20] 鲍英善，朱方伟，崔宁，等.大学生冲突解决策略在人格特征与人际关系敏感中的调节效应[J].中国心理卫生杂志，2018，32（6）：521-525.

[21] 靳义君.亲子依恋、社交焦虑及主动性人格对大学新生人际关系的影响[J].西北师大学报（社会科学版），2019，56（5）：121-128.

[22] 陶塑，张丽瑞，何瑾.大学生人际关系适应与外向性和自我控制的关系[J].中国心理卫生杂志，2019，33（2）：153-157.

[23] 林淑玉.高校心理健康教育实施中的问题分析与对策思考[J].思想理论教育，2017（1）.

[24] 陈虹.新时代高校心理育人内涵、困境与应对[J].思想理论教育导刊，2019（7）.

[25] 潘莉，董梅昊.高校心理育人面临的现实难题及其突破[J].思想理论教育，2019（3）.

[26] 丁笑生.高校心理健康教育工作存在的问题与对策探析[J].思想理论教育导刊，2016（7）.

[27] 陈力丹，孙曌闻.2020年中国新闻传播学研究的十个新鲜话题[J].当代传播，2021（1）：12-16，36.

[28] 谭天，张子俊.我国社交媒体的现状、发展与趋势[J].编辑之友，2017（1）：20-25.

[29] 赵云泽，张竞文，谢文静，等."社会化媒体"还是"社交媒体"？——一组至关重要的概念的翻译和辨析[J].新闻记者，2015（6）：63-66.

[30] 袁立庠，刘杨.社交媒体对大学生的影响分析——基于安徽高校的调查[J].现代传播（中国传媒大学学报），2015，37（4）：144-148.

[31] 蒋俏蕾，郝晓鸣，林翠绢.媒介依赖理论视角下的智能手机使用心理与行为——中国与新加坡大学生手机使用比较研究[J].新闻大学，2019（3）：101-115，120.

[32] 龙振钊.抑郁障碍的流行病学研究现状分析[J].临床和实验医学杂志，2014，13（2）：143-145.

[33] 于旭宝，孙红妍，邢凯，等.中国大学生睡眠质量与抑郁情绪关系的meta分析[J].中国卫生统计，2019，36（3）：420-422.

[34] 史光远，崔丽霞，雷雳，等.大学生的压力、情绪与心理弹性[J].中国心理卫生杂志，2013，27（9）：703-708.

[35] 李虹，林崇德.大学生的压力与心理健康[J].心理学报，2003（2）：222-230.

[36] 刘莎，陈雅妮.大学生感知压力与手机依赖：孤独感的中介作用与性别的调节作用[J].心理研究，2020，13（6）：551-558.

[37] 黄兴芹.浅析大学生抑郁情绪的预防与干预[J].教育现代化，2019，6（19）：245-246.

[38] 陈雅赛. 重大突发疫情谣言传播与受众接触研究 [J]. 上海师范大学学报（哲学社会科学版），2020，49(6)：100-111.

[39] 周红霞. 基于生态系统视角的大学生心理危机应对案例研究 [J]. 教育学术月刊，2018(2)：87-94.

[40] 刘爱楼，欧贤才. 大学生自杀风险的类别转变：潜在转变分析 [J]. 西南大学学报（社会科学版），2018，44(2)：104-111，193.

[41] 马喜亭，冯蓉. 基于积极心理学视角的和谐"导学关系"模式构建研究 [J]. 研究生教育研究，2018(1)：67-70，95.

[42] 张亮，肖冬梅，相楠，刘畅. 积极心理学在高校心理健康教育中的应用——以东北农业大学为例 [J]. 东北农业大学学报（社会科学版），2017，15(6)：85-89，94.

[43] 叶舒颖. "积极心理学"对医学生心理危机干预的意义与实践 [J]. 才智，2017(34)：152，154.

[44] 刘复兴. 把握新时代育人方向，落实立德树人根本任务 [J]. 现代教育，2020(11)：1.

[45] 赵丽琴，阮鹏. 研究生心理危机预防体系为何失效？——基于对研究生心理危机个案的分析 [J]. 学位与研究生教育，2020(4)：45-51.

[46] 潘欣，范文辉. 积极心理学视域下大学生心理危机预防策略探究 [J]. 教育现代化，2019，6(89)：250-252.

[47] 项久雨. 品读"00后"大学生 [J]. 人民论坛，2019(9)：112.

[48] 杨雄. "00后"群体思维方式与价值观念的新特征 [J]. 人民论坛，2021(10)：18-22.

[49] 陈建文，贺青霞. "键对键"与"面对面"的联动：大学生心理健康教育新模式 [J]. 大学教育科学，2018(3)：33-37.

[50] 侯娟，朱英格，方晓义. 手机成瘾与抑郁：社交焦虑和负性情绪信息注意偏向的多重中介作用 [J/OL]. 心理学报：1-12[2021-02-28].

附　录

附录1　高校心理危机干预工作指南

为贯彻落实《教育部、卫生部、共青团中央关于进一步加强和改进大学生心理健康教育的意见》(教社政〔2005〕1号)和《高等学校学生心理健康教育指导纲要》教党〔2018〕41号等文件精神，维护高校学生身心健康，预防严重身心疾病和心理危机事件对高校学生的危害，特制定本指南，供高校在心理危机干预工作中参考。

一、高校学生心理危机及心理危机干预的操作性定义

高校学生心理危机——高校学生在校期间，身心健康平衡被打破，学生的思维、情绪情感、行为功能严重失调，感觉到强烈痛苦，无法适应学校学习、生活，表现为出现自我伤害或是伤害他人的想法、计划、实施冲动或是严重身心疾病急性发作等情况（参考：Caplan, 1964；Kanel, 2003）。高校学生心理危机干预——高校心理工作中识别、发现心理危机学生，须依靠团队的系统工作，采用专业方法向心理危机学生提供有效帮助和支持，避免出现严重不良后果，辅助心理危机学生及时就医，恢复身心健康，重新适应高校学习生活。

二、高校学生心理危机干预工作的对象与评估

各高校心理中心应当结合各自工作实际，设计心理危机评估方案。评估方案应当明确评估对象、评估人和评估方案。评估方案应包含危机风险等级分级制度，根据评估对象实施危机行为的可能性，明确不同的危机情况对应何种风险等级。如果心理危机学生在心理咨询工作中被识别、发现，需要结合《中华人民共和国精神卫生法》《中国心理学会临床与咨询心理学工作伦理守则（第二版）》等相关法律和伦理规定，考虑是否突破保密原则。

三、建立高校学生心理危机教育—预防系统

工作高校学生心理危机工作应当立足教育，重在预防。高校应当针对高校学生开展普及性心理健康教育，引导学生热爱生命，接纳自我，关心他人。高校心理咨询中心应当组织心理咨询师、辅导员、教师参加危机干预工作培训。帮助他们熟悉心理危机相关表现，指导如何应对、转介、干预。高校心理咨询中心应当组织建立职能部门及学院的信息互通

和危机响应体系，在突发学生心理危机事件时，及时联络对接。高校心理危机工作制度和相关文件，心理咨询中心可邀请法务专家审核斟酌，在条件成熟时在校内发文执行。

四、建立高校学生心理危机干预工作预案

高校心理咨询中心应当结合自身工作实际，针对不同类型学生心理危机以及不同危机风险等级的情况设计危机干预工作预案，明确干预对象、干预主体、干预方法和流程。当学生心理危机事件已经发生或是有较大可能发生时，应当迅速启动高校心理危机响应体系，执行相应预案。针对突发情况，应当优先确保学生生命健康安全。针对有自杀风险的学生做好看护工作；针对有伤人风险的学生除看护工作外还需要进行第三方预警。学生心理危机干预过程中，工作组应当对相关工作进行记录备案。必要时做好影音资料的记录、收集和保存，保证资料详细完整。在危机干预工作全程中，参与人员应当对工作所涉及干预对象的各种信息严格保密。

附录2 学生心理危机预警登记表

学生心理危机预警登记表

年　月　日

学号		姓名		性别	
出生年月		系别		班级	
辅导员		辅导员联系电话		本人联系电话	
家庭住址				所在宿舍	
家长姓名	（□父亲 □母亲）			家庭联系电话	
主要问题及表现	陈述需要关注学生的主要问题，如因情感受挫或人际关系紧张而造成的情绪情感困扰，学习困难且出现连续多门课程不及格，不与他人交流，独来独往，生活学习中遭遇巨大打击（亲人死亡、父母离异等）等多种对需要关注学生无法适应也自我调适不过来的情况，详情可参见《学生心理危机排查报告制度》中的"二、心理危机排查对象"。 错误示范1："作为留守者，思想不稳定，家庭经济压力大。"（描述事实过于单调，且未针对学生心理状况进行描述，这一状况不太像心理问题，像经济困难。） 错误示范2："家庭氛围不佳，与父母沟通少。"（陈述的是家庭状况而非学生所遇到的心理方面的问题。） 学生心理危机等级（三选一）（参考《学生心理危机排查报告制度》）： 重大心理危机事件（Ⅰ级）/较大心理危机事件（Ⅱ级）/一般心理危机事件（Ⅲ级）				
家庭情况	离异/留守经历/丧亲/父母残疾/经济状况/获助学金等级等，请详细描述需要关注学生家庭基本情况，包括经济状况，家里子女多少，本人排行老几，是否离异留守等，并了解清楚需要关注学生家庭关系如何，对学生与父母长辈关系如何，学生本人对于家庭状况的体会和想法。 错误示范："家庭经济压力大，家庭收入较低"（描述过于简单，仅是客观事实陈述，未从学生心理角度去说明学生家庭状况，对学生本人的体会和感受未做陈述。）				

续表

初步干预措施	是否需要进一步咨询（即是否需要进一步心理中心介入咨询） 1.是　2.否 请说明辅导员、心理老师和系部在了解需要关注学生基本情况、对学生心理危机状况处理和追踪关注方面所做的工作，如需心理中心介入咨询，请说明在初步干预之后所遇到的问题和困难。 示例：9月15日，第一次进行访谈时了解该生对学习不是很上心，经常请假或旷课，最近情感上没有大的问题。 11月14日，该生室友们向我反映最近一两个月她表现异常，每晚凌晨三四点睡觉，严重影响本人和其他室友睡眠。12月15日与其面谈，了解她最近状况，发现她与家里发生了矛盾，情绪不太稳定，认为室友干涉太多。 该生在交流后情况好转了一段时间，但是之后又开始晚睡影响他人，对其教育效果不佳。 情绪激动，在谈到父母时流下了眼泪，建议心理中心介入咨询。
辅导员签名	

注：本表一式两份，一份交学工部心理健康教育与咨询中心，一份系部存底。